内蒙古自治区社会经济发展蓝皮书·第三辑

总主编／杜金柱　侯淑霞

内蒙古自治区
投资发展报告
（2018）
——科技金融篇

主　编＼张启智
副主编＼金　桩　严存宝

THE INVESMENTS DENELOPMENT REPORT ON
INNER MONGOLIA（2018）

经济管理出版社
ECONOMY & MANAGEMENT PUBLISHING HOUSE

图书在版编目（CIP）数据

内蒙古自治区投资发展报告.2018/张启智主编.—北京：经济管理出版社，2018.12
ISBN 978－7－5096－5768－3

Ⅰ.①内…　Ⅱ.①张…　Ⅲ.①投资—研究报告—内蒙古—2018　Ⅳ.①F832.48

中国版本图书馆 CIP 数据核字（2018）第 086940 号

组稿编辑：王光艳
责任编辑：李红贤
责任印制：黄章平
责任校对：张晓燕

出版发行：经济管理出版社
　　　　　（北京市海淀区北蜂窝 8 号中雅大厦 A 座 11 层　100038）
网　　址：www. E－mp. com. cn
电　　话：（010）51915602
印　　刷：北京虎彩文化传播有限公司
经　　销：新华书店
开　　本：720mm×1000mm/16
印　　张：16.25
字　　数：273 千字
版　　次：2019 年 8 月第 1 版　2019 年 8 月第 1 次印刷
书　　号：ISBN 978－7－5096－5768－3
定　　价：98.00 元

本书编委会

主　编　张启智

副主编　金　桩　严存宝

成　员　赵剑英　初海英　冯丽娜　哈斯其其格

　　　　吴金虎　惠诗濛　董慧蓉　刘佳欢

　　　　董　浩　李　潇　郭建强

总　序

　　2018 年是党的十九大的开局之年和改革开放 40 周年，在以习近平同志为核心的党中央坚强领导下，内蒙古自治区各族人民深入学习贯彻党的十九大和十九届二中、三中全会精神，全面落实党中央、国务院的决策部署，积极应对各种困难和挑战，锐意进取，扎实工作，全区经济社会持续健康发展，地区生产总值增长 5.3%，一般公共预算收入增长 9.1%，城乡常住居民人均可支配收入分别增长 7.4% 和 9.7%，取得了令人瞩目的成绩，唤起了社会各界深度了解内蒙古自治区社会经济发展情况的迫切愿望。

　　为系统描绘内蒙古自治区社会经济发展的全景图谱，为内蒙古自治区社会经济发展提供更多的智力支持和决策信息服务，2013 年、2016 年，内蒙古财经大学分别组织校内学者编写了《内蒙古自治区社会经济发展研究报告丛书》，两套丛书出版以来，受到社会各界的广泛关注，也成为社会各界深入了解内蒙古自治区的一个重要窗口。2019 年，面对过去一年社会经济发展形势的风云激荡，内蒙古财经大学的专家学者们再接再厉，推出全新的《内蒙古自治区社会经济发展蓝皮书》，丛书的质量和数量均有较大提升，力图准确诠释 2018 年内蒙古自治区社会经济发展的诸多细节，以文思哲理为中华人民共和国成立 70 周年献礼。书目包括《内蒙古自治区体育产业发展报告（2018）》《内蒙古自治区服务贸易发展报告（2018）》《内蒙古自治区劳动力市场发展研究报告（2018）》《内蒙古自治区财政发展报告（2018）》《内蒙古自治区区域经济综合竞争力发展报告（2018）》《内蒙古自治区文化产业发展研究报告（2018）》《内蒙古自治区社会保障发展报告（2018）》《内蒙古自治区工业发展研究报告（2018）》《内蒙古自治区投资发展报告（2018）》《内蒙古自治区资源环境发展研究报告（2018）》《内蒙古自治区"双创"指数研究报告（2018）》《内蒙古自治区云计算产业发展报告（2018）》《内蒙古自治区农业发展报告（2018）》《内蒙古自治区战略性新兴产业发展报告（2018）》《蒙古国经济发展现状与展望（2018）》《内蒙古自治区金融发展报告（2018）》《内蒙古自治区旅游业发展报告（2018）》《内蒙古自治区物流业发展报告（2018）》《内蒙古自治区能源发展报告（2018）》《内蒙古自治区对外经济贸易发展研究报告（2018）》《内蒙古自治区中小企业研究报告（2018）》《内蒙古自治区区域经济发展报告（2018）》《内蒙古自治区商标品牌发展报告（2018）》《内蒙古自治区知识产权发展报告（2018）》。

中国特色社会主义进入新时代的伟大实践，需要独有的思想意识、价值意念和技术手段的支持，从而形塑更高层次的经济和社会发展格局。以习近平中国特色社会主义思想为指引，践行社会主义核心价值观，筑牢使命意识，恪守学术操守，应是当代中国学者的既有担当。正是基于这样的基本态度，我们编撰了本套丛书，丛书崇尚学术精神，坚持专业视角，客观务实，兼容并蓄，兼具科学研究性、实际应用性、参考指导性，希望能给读者以启发和帮助。

丛书的研究成果或结论属个人或研究团队的观点，不代表单位或官方结论。受客观环境及研究者水平所限，特别是信息、技术、价值观等迭代加速以及杂多变国内外形势复杂多见，社会科学研究精准描述的难度和发展走向的预测难度增大，如若书中结论存在不足之处，恳请读者指正。

编委会

2019 年 7 月

前　言

党的十八大明确提出要实施创新驱动发展战略，强调科技创新是提高社会生产力和综合国力的战略支撑，必须将科技创新摆在国家发展全局的核心位置。在十二届全国人大四次会议上，习近平总书记明确提出的着力推进供给侧结构性改革和着力提高供给体系质量、效率的方针，体现了我国经济工作思路和宏观调控指导思想上的新思维。"十三五"时期是我国全面推动供给侧结构性改革的重要时期，按照"创新、协调、绿色、开放、共享"五大发展理念，坚持以创新驱动发展为核心，以质量和效益为中心，通过科技创新推动新技术、新产业、新业态的发展，加快推动我国经济发展方式转变和社会生产力水平的整体跃升。

在推动供给侧结构性改革的过程中，科技创新与金融创新是经济发展的核心内容和基本推动力。科技创新推动产业布局与结构的调整和更新，为经济结构变化与增长带来持续的发展动力。而科技创新从研发到成果转化的每一个阶段均需要金融的流动性供给、激励约束、价值发现、风险管理等功能性保障。同样，金融的深化与创新有赖于科技对其运作方式与机制的改进与完善（如互联网金融有赖于科技的变革）。科技与金融深度融合所形成的科技金融范畴能够更加明确、突出地表达科技与金融互利互惠的重要作用。然而，从"十一五"到"十二五"时期表现出的科技创新动力不足，根源在于科技投入渠道狭窄、效率较低，缺乏投资退出渠道，科技研发与持续投入以及成果转化和产业转型升级过程中缺乏有效的金融支撑，科技金融中的流动性供给、激励约束、价值发现、风险管理等功能性保障没有较好地发挥。

科技创新是创新驱动发展战略实施的核心载体，是"大众创业、万众创新"

的本源，而科技创新必须配有高效的金融支撑。根据联合国教科文组织对科技创新能力的认定和世界各国发展的一般规律，R&D 经费占 GDP 不到 1% 的国家和地区，缺乏创新能力；R&D 经费占 GDP 在 1%～2% 的国家和地区，会有所作为；R&D 经费占 GDP 大于 2% 的国家和地区，创新能力比较强。为全面落实科技强区战略，推进自主创新，建设创新型内蒙古自治区，依据《内蒙古自治区中长期科学和技术发展规划纲要》（2006～2020 年），内蒙古自治区政府于 2007 年制定了"要加大科技投入，建立社会化、市场化、多元化的科技投入体系，力争实现全社会研究开发投入占地区生产总值的比例到 2010 年达到 1.5%，2020 年达到 2.5%"的政策目标。2014 年，为进一步推动实施创新驱动发展战略，内蒙古自治区人民政府发布的《关于实施创新驱动发展战略的意见》（政发〔2014〕79 号）中提出，到 2017 年要实现科技对经济增长的贡献率达到 46%，全社会 R&D 经费投入占地区生产总值比例达到 1.6%，到 2020 年，这一比例升高到 2.5%，实现科技创新能力的飞跃。然而，从"十一五"时期以来，内蒙古地区 R&D 投入强度的增幅相对缓慢，2009 年首次突破 0.5%，到 2016 年底，全社会 R&D 经费投入占 GDP 的比重达到 0.79%，与政策实施目标存在相当大的差距。与全国相比，全国 R&D 经费支出占 GDP 的比重在 2013 年已经达到 2.08%，约为内蒙古所占比重的 2 倍（如图所示）。按照政策目标，到 2020 年实现 R&D 经费突破 2%，就意味着 2020 年内蒙古自治区要在 GDP 达到 20000 亿元的预期下，对 R&D 经费的投入达到 400 亿元。

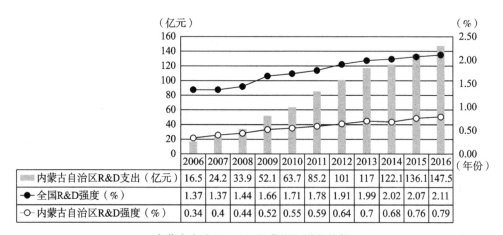

	2006	2007	2008	2009	2010	2011	2012	2013	2014	2015	2016
内蒙古自治区R&D支出（亿元）	16.5	24.2	33.9	52.1	63.7	85.2	101	117	122.1	136.1	147.5
全国R&D强度（%）	1.37	1.37	1.44	1.66	1.71	1.78	1.91	1.99	2.02	2.07	2.11
内蒙古自治区R&D强度（%）	0.34	0.4	0.44	0.52	0.55	0.59	0.64	0.7	0.68	0.76	0.79

内蒙古自治区 R&D 经费投入增长趋势

资料来源：《全国科技经费投入统计公报》（2017）。

　　显然，科技投入不足导致科技创新缺乏动力，制约了内蒙古自治区新旧动能转换、战略性新兴产业的发展、产业结构调整和升级等一系列经济发展方式的转变。因此，为了加快实施创新驱动发展战略，扎实推进以科技创新为核心的全面创新，内蒙古自治区必须加大科技投入的强度，加快形成科技与金融结合的有效机制，高效率地配置金融资源，并把推动科技创新作为全社会共同为之奋斗的目标。

　　本书共列为两大部分进行研究：

　　1. 第一部分——内蒙古自治区科技金融发展与政策研究

　　本部分在回顾和总结改革开放 40 年内蒙古自治区科技金融发展历程和取得成就的基础上，从内蒙古自治区科技金融发展的现状、问题分析角度，深入研究内蒙古自治区财政科技、科技信贷、科技保险、风险投资和资本市场等科技金融发展规律、发展问题以及政策制定落实情况，并针对科技金融发展的各个方面提出了对应的政策建议。本部分共分七章进行论述：

　　（1）导论——科技与金融结合的机理分析。金融与科技之间相互依存，又相互促进。科技创新需要金融支持，而科技创新反过来又会大力促进金融创新，因为金融业的现代化、金融创新直接依赖于科技发展。本章从理论上研究了现代科技创新与金融创新结合的内在关系问题，重点从财政科技、科技信贷、科技权益资本、科技保险和科技担保等科技金融的多层渠道阐述科技与金融结合的内在机制。

　　（2）第一章——改革开放 40 年内蒙古自治区科技金融发展成就。2018 年是我国改革开放 40 周年，本章在回顾我国改革开放 40 年科技金融发展历程和取得成就的基础上，从科技与金融结合的角度梳理了内蒙古自治区改革开放 40 年科技金融发展情况，并按照科技金融发展的财政科技、科技信贷、科技保险、风险投资以及科技资本市场等多个方面分析了科技金融发展现状以及内蒙古自治区科技金融发展过程中存在的突出问题。

　　（3）第二章——内蒙古自治区财政科技发展与政策建议。内蒙古自治区作为我国的欠发达地区，经济发展阶段的特点决定了财政科技支出是科技投入的重要来源，并在全社会多渠道科技投入中占据重要地位并发挥着引导和调节的作用。本章从财政科技投入的规模、结构以及地区分布等方面分析内蒙古自治区财政科技投入的一般规律，并提出相应的政策建议。

（4）第三章——内蒙古自治区科技信贷发展与政策建议。在多元化的科技投入渠道中，财政科技是 R&D 多元化投入中的引领者，发挥着主导性作用，而金融机构是科技投入经费的主要提供者，这是基于金融体系具有的筹融资功能、资源配置功能、项目筛选功能和风险管理功能，在推动科技创新、降低交易成本等方面具有重要作用。本章主要对内蒙古自治区科技信贷的发展、问题、原因等进行了深入分析，并在梳理科技信贷政策的基础上提出了对策性建议。

（5）第四章——内蒙古自治区科技保险发展与政策建议。科技保险是科技金融的重要组成部分，发展科技保险旨在支持高新技术企业发展，自 2006 年试点以来，我国初步建立了科技保险产品和服务体系，承担了科技企业技术创新和生产经营服务相关风险，并为国家高科技产业提供了一定的保险资金支持。相比之下，内蒙古自治区科技保险发展缓慢，在整个科技金融发展中基本处于起步阶段。本章在翔实地分析近十年内蒙古自治区保险市场发展的基础上，重点分析科技保险的发展现状和存在的问题，并在梳理科技保险政策的基础上提出了相应的对策性建议。

（6）第五章——内蒙古自治区风险投资发展与政策建议。一个国家或地区的科技创新能力与风险投资密切相关，科技创新能力越强的国家或地区，风险投资就越发达。风险投资不仅是科技创新中重要的资金来源，更是科技创新成果产业化的主要推手，并进一步催生科技创新。本章从科技创新和风险投资两个方面，分析内蒙古地区风险投资的发展现状和问题，高科技企业投入以及科技创新能力的总体态势，在此基础上提出了内蒙古自治区发展风险投资事业的相关政策建议。

（7）第六章——内蒙古自治区科技资本市场发展与政策建议。作为社会资源优化配置的最重要场所——资本市场，如何将金融资源以更有效的方式引入到创新型产业中，已成为当前资本市场发展的重要方向。本章首先对比梳理了国内外资本市场的发展现状，在分析内蒙古地区资本市场发展的基础上，重点阐述内蒙古自治区上市公司科技投入以及高新技术企业资本市场融资问题，并对内蒙古自治区科技资本市场发展提出相关政策建议。

2. 第二部分——内蒙古自治区科技与金融结合的机制创新研究

基于内蒙古自治区科技投入的严重不足和 2016 年包头市被列为国家级科技与金融结合的试点城市，从机制创新角度研究内蒙古自治区科技与金融结合的机制问题具有重要的现实意义。本部分在梳理内蒙古自治区科技金融发展现状和问题的基础上，按照科技与金融结合的内在机理，从科技与金融结合的创新要素平台构建、科技财政政策和金融配给等方面重点研究内蒙古自治区科技与金融结合的机制创新问题。本部分共分四章进行研究：

（1）第七章——内蒙古自治区科技与金融结合的评价指标体系构建。建立科技与金融结合的创新评价指标体系，有助于对科技金融的发展进行综合定量评价，从而为科技金融运作的总体和局部的分析提供有力的工具，进而更好地设置科技与金融结合的创新机制。本章通过对国内外科技金融创新指标体系的文献综述，针对内蒙古地区科技创新和金融创新的发展阶段，设置了科技创新与金融创新综合评价指标体系（3 个要素模块，8 个二级指标，共计 18 项指标），设置上述指标体系可以为内蒙古科技与金融结合的耦合度研究提供指标遴选依据，并为内蒙古科技与金融结合的创新机制设计提供基础依据。

（2）第八章——内蒙古自治区科技与金融结合的机制创新模式选择。在对待金融与科技的结合问题上，国内较多研究过多地强调金融对科技的支持，而忽视金融资本与科技创新的内在关系，导致科技金融在某种程度上变成金融部门的单边行为，与科技资源投入脱节，这不仅不能促进金融创新与科技创新的真正结合，反而增大了金融风险。本章在梳理国内外科技与金融结合的经验基础上，尤其是总结了近年来我国发达地区科技与金融结合的各类创新模式取得的成功经验，针对内蒙古地区科技与金融结合的发展现状，重点提出了三类模式：科技金融创新要素服务平台模式、科技金融期权模式、财政科技基金模式。这三类模式能够较好地反映科技与金融结合的内在关系，为科技与金融结合的机制创新设计提供了具有实际操作性的理论依据和创新引领。

（3）第九章——内蒙古自治区科技与金融结合的机制创新设计。科技与金融的深度结合是集科技创新资源合理配置和高效利用、金融创新执行机构、创新基础设施、创新环境等创新要素于一身的系统。建立创新型内蒙古，必须建立行之有效的金融支撑体系，并建立具有鲜明政策导向的金融配给长效机制。本部分依据第八章设置的三类模式，相应地给出了"科技与金融结合的平台机制设计、科技与金融结合的金融创新机制设计、科技与金融结合的财政科技引导机制设计"三大机制进行研究。

（4）第十章——内蒙古自治区科技与金融结合的机制创新实施路径。为了确保内蒙古自治区科技与金融结合的创新机制的有效实施，本章提出了推动创新机制实施的"三化"路径，即科技与金融资源共享服务平台化、科技与金融结合的科技金融期权化（股权化）、科技与金融结合的财政科技基金化。主要从科技金融资源整合、科技金融期权实施以及创新财政科技资金使用方式等方面，给出具体的结合路径，确保科技投入的可持续增长，力争到2020年内蒙古自治区全社会R&D投入强度达到1.5%。

本书研究的重要价值如下：本书以科技与金融结合的机制创新为研究对象，以科技财政、科技信贷、科技保险、风险投资和科技资本市场为主要研究内容，构建了科技与金融结合的三大创新机制：科技金融创新要素平台化机制、科技金融期权化机制和科技财政资金基金化机制。平台化机制以产业要素集聚为基本原理，以"协同 共享"为设计理念，深度整合金融资源，实现科技与金融的深度融合；期权化机制以金融产品创新、金融制度创新为基本原理，以"投、贷、保、担"联动和股权投资为设计理念，深度解决科技金融的对接问题和风险管理问题；财政科技资金基金化机制以市场和政府有机结合为原则，以发挥财政资金杠杆作用和撬起社会资本为设计理念，重在解决全区R&D投入不足和科技财政资金配置"碎片化"等问题。以上研究价值的创新性在科技金融研究领域主要体现在科技与金融结合机制的平台化、期权化和基金化三个方面，这一机制创新既能满足科技部、中国人民银行、财政部等六部委联合颁布的《关于印发促进科技和金融结合试点实施方案》和国务院发布的《关于深化中央财政科技计划（专项、基金等）管理改革方案》（2014）的进一步实施，又能推动内蒙古自治区全面实施创新驱动发展战略，进一步带动内蒙古自治区新旧动能转化和新兴产业的深入发展。

目前，内蒙古自治区正在制定科技与金融结合的实施方案和相关的鼓励性政策，尤其是包头市作为国家级科技与金融结合的试点城市正在全面实施中。因此，本书研究中给出的科技与金融结合的"三化"创新机制对于自治区政府（尤其是包头市政府）制定科技与金融结合政策的科学化决策和科技财政资金管理的现代化具有重要的理论和实践依据。其经济社会效益主要体现在以下三点：

第一，基于"创新、协调、绿色、开放、共享"理念下的科技金融创新要素平台化创新机制，可充分调动金融资源配置到科技创新领域，优化科技金融创新环境，推动全区协同创新体系建设，实现科技与金融的深度耦合。

第二，基于国家层面提出的"投、贷、保"联动机制下的科技金融期权化创新机制，可有效解决金融机构进入科技创新领域的通道问题，实现科技与金融的有效对接，提升科技金融资源配置效率，推动全区科技创新驱动发展。

第三，基于财政科技资金使用效率和"碎片化"问题下的科技财政资金基金化创新机制，可有效发挥财政资金的杠杆作用（撬起社会资本进入科技创新领域）和优化财政资金使用结构（提升科技财政资金使用效率），增加全区 R&D 投入强度，提升全区科技创新能力。

金融发展理论认为，金融体系最主要的功能是在不确定的环境中便利金融资源在时间和空间上的有效配置，并通过资本积累（持续投入）和金融服务创新两个渠道来推动科技创新。在资本积累过程中，金融体系通过动员储蓄而改变储蓄率，提高储蓄转化为投资的比例，将资源配置到最有效率的科技产业上。这是基于经济增长模型来解释金融对经济增长的作用，强调金融体系的作用在于通过改变资本形成的比率来影响实体经济增长。概括起来，金融体系具有筹融资功能、资源配置功能、项目筛选功能和风险管理功能等，在推动科技创新、降低交易成本等方面具有重要作用。

内蒙古投资学会编写组

2019 年 5 月

目　录

导　论

科技与金融结合的机理分析

　　科技与金融相结合的产业模式，即科技金融，是由向科技与技术创新活动提供融资的政府、企业、市场和中介机构等各类主体以及科技创新融资过程中的行为活动共同组成的一个体系，是国家创新体系和金融体系的重要组成部分。本章作为全书的导论部分，主要从科技与金融相结合的一般规律、内在机制和机制创新模式进行阐述，进一步厘清科技金融所包含的主要内容。

一、科技与金融结合的一般规律

"科技金融"是伴随我国金融推动科技创新与科技成果转化的实践而出现的一个本土化概念，相比起西方国家在完全市场化的情境中进行的金融交易，中国"科技金融"的实践，政府不仅制定规则并且进行监督，而且介入某些金融交易活动中。

我国科技金融实践中大体有三类金融资源配给方式：一是"政策性金融"，即在市场不能发挥决定性作用的公共科技创新活动的金融资源配置，如各类由公共财政资助的公益性科学研究与前沿科学技术研究等；二是"商业性金融"，是指由市场发挥决定性作用，同时为科技创新活动所进行的金融资源配置，如市场中各类"天使投资""风险投资""私募股权投资"等权益性投资；三是"前两者相结合的金融"，指各类公共财政资金通过"引导"或资助商业性金融为科技型中小企业融资。

根据赵昌文等的定义①："科技金融是促进科技开发、成果转化和高新技术产业发展的一系列金融工具、金融制度、金融政策与金融服务的系统性、创新性安排，是由向科学与技术创新活动提供资源的政府、企业、市场、社会中介机构等各种主体及其在科技创新融资过程中的行业活动共同构成的一个体系。"熊彼特的技术创新理论认为，技术进步是经济体系的内生变量，技术进步带动了大规模投资和资本效率的提高，并可以因此带来经济的长期稳定增长②。熊彼特阐述了宏观层面上的科技创新与投资问题，而马克思的资本有机构成则是指"被资本技术构成决定并且反映技术构成变化的资本价值构成"，其中技术构成是指生产资料和劳动力的比例，而价值构成是不变资本和可变资本的比例，资本主义的发展体现出资本有机构成不断提高的过程③。科技创新与金融创新的契合关系包括以下几个方面：首先，企业为科技创新的研发投入（R&D）所进行的融资，或者金融机构对科技型初创企业的投资是一种面向未来的投资。其次，采用权益资本的剩余索取权的间接定价方式，与由此产生的金融交易结构，可以实现二者的

---

① 赵昌文，陈春发，唐英凯. 科技金融 [M]. 北京：科学出版社，2009.
② [美] 熊彼特. 经济发展理论 [M]. 何畏，易家祥译. 北京：商务印书馆，1990.
③ 马克思. 资本论（第一卷）[M]. 北京：人民出版社，1965：672.

有效结合。最后，科技创新与金融创新之间存在互补性的契合关系。根据这些契合关系，按照技术创新的性质，政策性金融与基础科学研究、共性技术研究相契合，同时，商业性金融与应用技术研究和新产品开发相结合。

作为社会经济发展的两大动力，金融与科技存在着互生互动的辩证关系：一方面，科技型企业固有的资本密集、高风险等特征，决定了其在发展与创新的每个阶段都离不开金融的支持；另一方面，科技型企业对新的金融产品的需求也从侧面促使金融机构乃至整个金融市场自身需要不断进行创新。在历史上科技与金融的一次次结合中，科技发展与金融创新的价值都得到了充分体现。本书仅从科技财政、科技信贷、权益资本等几个方面的逻辑对科技创新与金融创新的规律做具体阐述。

（一）科技财政

科技财政是指单纯依靠公共财政资金来支持基础研究、前沿技术研究、社会公益研究等科学创新活动，目的是解决市场机制不能解决的研究问题。作为"引导"的主体，政府通过对科技财政的支出，目的是促进科技创新并推动新技术的扩散及其成果的产业化。

科技财政的主要方式有三种：一是中央政府和地方政府通过设立"引导基金"的方式，引导社会资本推动科技创新和新技术扩散；二是地方政府通过减免税收、财政补贴，以及提供价格优惠的土地、办公场地等优惠政策吸引区外的人才、项目落户，并吸引资源在本地区汇聚，以推动该地区的社会经济发展；三是公共"孵化器"或者政府服务机构扶植和培育种子期科技项目，或者国有创投机构投资于科技型初创企业的早期项目，促进科技创新以及相关成果的转化。

古典经济学认为，政府的角色就是市场的"守夜人"，而对于科技金融的资源配置而言，政府的角色显然并非"守夜人"那么简单。诚然，市场在科技金融资源配置中起决定性作用，而政府所扮演的角色则是制定规则以激励包括个人、企业以及科研院所去进行科研创新活动，同时建立并不断完善知识产权保护制度和金融体系。

（二）科技信贷

所谓科技信贷，是特指那些不具有符合银行要求的抵（质）押资产的科技型初创企业通过政府的增信而获得的银行贷款。政府对这些缺乏稳定现金流或信用等级较低的企业增信的主要方式包括"信用风险补偿"增信、政策性担保、信用保证保险等。

我国商业银行设立科技支行是其支持科技型企业的一种重要的组织举措。截至 2013 年底，我国共有超过 70 家商业银行设立了科技支行。科技支行在运作过程中主要存在以下三种运作特点：第一，以政府设立的信贷风险补偿资金池为基础来开发科技贷款产品，资金池来源于各级公共财政的共同出资；第二，开展知识产权质押贷款，并使其一度成为科技支行的标志性产品；第三，科技支行的风险容忍度较一般贷款有一定程度的提高，但对于不良贷款的问责制仍然严格；同时，我国科技信贷业务人员的风险偏好也在很大程度上影响着科技支行的贷款发放。

（三）权益资本运作

科技创新与成果转化过程中所需资金按照"风险—收益—流动性"的原则匹配，因此，只有在市场竞争中脱颖而出的金融交易形式才具有稳定性[①]。从而认为，科技创新与金融创新相结合的契合点是权益性融资，而在市场化的发展过程中，"创业投资"或"风险资本"必然成为未来科技金融的主要实践形态。

在科技创新与成果转化过程中，投资风险与相应的收益呈现出递减的趋势，同时权益资本的流动性也随之提高。所以，科技型企业与包括银行在内的金融机构会采用不同的与"风险—收益—流动性"相匹配的交易结构。因此，对初创型科技企业而言，金融交易必然会采用权益资本形式；而进入成长期后的企业则会继续追加债权资本的交易形式。因此，由天使投资、风险投资、私募股权投资，再到企业债券或银行贷款等一系列金融产品，匹配了不同的"风险—收益—流动性"的交易结构。

科技金融的本意在于推动初创期的科技创新，因此越是处在企业形成早期的金融产品对于科技创新的推动作用越大，因为权益资本的运作不仅解决了科技项目定价的问题，而且形成了对科技创新活动的激励与风险约束机制。在这个意义上可以认为，科技金融在本质上是权益资本而不是债权融资，这样的交易有两个

---

① ［英］理查德·道金斯. 自私的基因 ［M］. 卢允中译. 北京：中信出版社，2012：14.

关键点：一是权益资本的剩余索取权可以为间接定价提供依据；二是围绕科技型公司价值设置一些估值调整或风险控制的期权安排，即附加有超越价格协调机制的应对不确定型的契约安排。因此，科技金融的逻辑主线必然是"权益资本"加上"期权"的金融交易方式。

（四）创业投资基金

在我国科技型初创企业与金融机构所进行的交易活动中，创业投资基金作为近几年兴起的交易模式，在科技型企业初创期的投融资活动中扮演了越来越重要的角色。

创业投资基金一般采用有限合伙制，其组织架构有如下基本要素：投资人作为有限合伙人，以出资额承担有限责任；基金管理公司作为普通合伙人承担无限责任；有限合伙人的基金份额可以在协议认可的条件下进行转让，以保证投资者的资产能够合理流动；合伙人大会是基金管理架构中的最高权力机构，以保障投资者获得基金相关信息及有效监督基金管理；投资者则可以利用包括优先股、分阶段注资、直接股权投资、反稀释条款、优先选择权、一票否决权以及回购等方式进行风险控制。

西方国家进行创业投资基金运作已有几十年的历史，理论界对于创业投资也有许多可供我国风险投资借鉴的地方；但鉴于我国在创业投资方面各项数据的不全面，相关的定量分析可能仍需要一定时间才能进行。

（五）科技保险

一般意义上的保险多指不同标的的保险，而本书论述的科技保险是指"信用保证保险贷款"，专指科技型中小型企业为了达到"增信"目的而由保险公司提供的专门保证保险，再由商业银行发放银行贷款的行为。

奈特认为，不确定性带来的风险是不可保的。而商业保险的各大险种都能根据大量的历史相关数据，制定对应的条款及合理的费率。但由于受到各种不确定因素的影响，可以说"信用保证保险"是一种奈特意义上的"不可保"险种。

在实际操作中，我们不难发现"信用保证保险"存在着明显的瓶颈：第一，"信用保证保险"只有在参保企业数量达到一定规模后才能够发挥效力，保费总收入才能覆盖违约贷款的风险敞口；第二，"信用保证保险"的投保人是那些达不到银行贷款条件的初创型中小企业，那么包括企业履约能力及意愿、外部经济环境变化等不确定因素都会影响企业对保险的履约。因此，"信用保证保险"在实际的运作过程中难以发挥相应的作用。

（六）科技担保

我国科技信贷实践的主要形式包括科技担保贷款、知识产权质押贷款和信用保证保险贷款等。其中，科技担保贷款是我国实践科技信贷的主要形式，指科技型中小企业为了达到"增信"的目的而由政策性担保公司提供担保，然后通过商业银行发放的银行贷款，是使中小企业能够获得融资的重要渠道。"科技担保贷款"是一种在科技型企业、担保公司和银行之间进行的三方交易。首先由科技型企业与担保公司进行担保交易，目的是将银行原有的风险转嫁，然后再由企业与银行进行正式的贷款交易。

科技型初创企业的特征是既没有稳定的现金流，又缺乏银行要求的抵押资产，其"高风险—高收益"的金融交易结构与银行贷款的"低风险—低收益"不相符，风险与收益不匹配。故而银行绝不可能给这类高风险的科技企业提供贷款。为了解决科技型初创企业的融资难题，我国各地地方政府设立了"信贷风险补偿基金"，用公共财政资金来分担部分科技贷款的风险，作为"中间人"的角度促使科技企业与商业银行愿意进行交易。这样的"嵌入交易结构"可以较好地实现"市场决定性作用与政府的引导相结合"。我国科技金融实践的这种"嵌入型交易结构"大致分为两类：第一类是把政府信用"嵌入"科技贷款的交易结构中，称为"风险池资金"保证贷款；第二类是政策性担保（保险）为科技型初创企业进行"增信"，或者政府补贴担保费用或保险费用，以促进企业与银行达成最终的交易。

科技担保贷款只能通过政策性担保机构与商业银行之间的合作来推动，与此同时，政策性担保机构必须要建立严格的风险控制机制，其中，政府对政策性担保业务进行持续的财务补贴，并且要求担保公司把政策补贴计入"风险拨备"，目的是增强担保公司应对保险的能力。

二、科技与金融结合的内在机理

在21世纪的今天，科技正在成为日益重要且独立的生产要素，同时，专利、新材料及新产品等有形载体正在帮助科技在社会中快速地传播扩散。科技创新与金融相结合，是指科技创新以及相关的成果转化所需要的金融配置。而在这个配置过程中，市场、政府、金融中介、企业以及相应的制度体系都发挥了重要的作用。

党的十八大明确提出，要让市场在资源配置中发挥决定性作用。因此，科技金融资源配置的基本方针为：如果市场能够有效解决配置问题，那就让市场来做；如果市场做不到、做不好，那么政府就应相应介入，帮助各类资源有效配置。相应地，在配置过程中，金融发展与科技创新就存在互相促进、相互发展的"共生"作用。

（一）金融发展对科技创新的促进作用

1. 金融发展通过对风险管理为科技创新提供安全渠道

在改革开放以来的几十年里，我国经济和金融环境发生了翻天覆地的巨变，也催生了对于金融工具的大量需求。由于科技创新企业的项目持续时间较长、资金需求量较大、收益滞后期长等客观因素导致科技创新项目融资难，表面上看这是经济问题，但实质上却严重阻碍了科技创新的发展。金融市场为了解决这种投资和收益不匹配的问题而创造出不同种类的金融工具，相应地也带来了巨大的金融风险。通过控制金融工具与产品带来的风险，在一定条件下解除了科技创新前进道路上的荆棘，为科技创新发展提供了安全渠道。对金融风险的理解包括识别、度量和控制三个方面，我们只有抓好三个方面不放松，才能有效处置。目前我国政府和各类金融组织都在积极寻求金融风险管理的方法，为金融和科技创新的发展扫清障碍。

2. 金融借助国家政策导向促进科技创新

近年来，国家越来越鼓励重视科技创新，尤其在各大中央工作会议上均提出了相关的政策建议。各级政府也制定了一系列配套政策鼓励企业科技创新，并联合各金融单位采取有效措施，充分发挥科技政策的激励及导向功能，调动了科技企业的创新积极性。金融机构借助科技创新政策的导向作用，以新的金融工具和风险控制管理系统为科技型企业提供安全的资金，既开创了新的投融资渠道，又使其自主创新能力得到显著提高。国家政策的激励作用以及"大众创业、万众创新"理念的普及，不仅使全社会的创新意识明显加强，而且使科技创新成果的保护立法、知识产权保护体系更加完善；金融机构对科技型企业的投资，会使高新技术成果以更快的速度、更大的规模向科技产业化靠近，进一步推进科技创新的发展。

3. 金融发展通过提高科技创新成果转化速度促进科技创新

科技创新是一个漫长的过程，而其中任何一个阶段缺乏资金的支持，都会减慢产品化进程。金融机构可以通过不断注入资金缩短这个转化期，加速成果的产业化，进而加快科技创新步伐。由于自身条件限制，我国长期以来形成了科技创新与金融相分离的局面，多数科研机构独立于企业之外，缺少企业资金的支持，与金融机构的交流合作则更是有限。现阶段的解决办法，就是向西方先进的科技企业学习，将科研机构与企业相关联，让科技创新得到更多的资金支持，科技成果的转化才能得到质的飞跃。

4. 通过信息收集、项目识别、信贷支持促进科技创新

由于投资机构在收集信息时有优势，能够对企业待建项目有全面的认识和分析，对风险较小、预计收益高的项目进行投资，以期获得更高的投资收益。风险投资作为这一主体的代表投资形式，减少了科技创新企业必须在还款期内偿还银行贷款的时间压力。风险投资凭借多年的实战经验，能够为科技型企业的运营管理提供更好的融资模式与更大的发展空间。恰当地寻求风险投资的支持，是创新企业能够健康发展的前提。风险投资对众多科技创新项目中发展前景最好、资本获利最大的项目进行资金支持。在优胜劣汰的竞争市场中，风险投资恰好遵循了这一规则。而作为风险投资的一部分，天使投资，多指个人出资协助具有专门技术或独特概念的原创项目或小型初创企业，进行一次性的前期投资。天使投资的存在，在很大程度上弥补了风险投资只对大型企业或是有巨大发展潜力的项目进行投资的局限性，它可以为一个有构思的小项目做投资，如当下许多 APP 研发团队中，有许多团队通过这样的方式进行融资，进而走进我们的智能手机中，天使投资这种投资方式对科技创新做出了很大贡献，也从侧面解决了中小企业融资困难的问题。因此，积极创建类似天使投资模式的风险投资，将更好地推动科技创新。

5. 通过寻求政府担保促进科技创新

政府在企业和公民中的地位和实力一直不可撼动，那么政府可以凭借自身的优势拿出一定量的资金作为担保资本，为中小微企业在银行提供贷款担保，并以

此担保获得银行、基金管理公司、信托公司等金融机构的融资支持。这不仅会降低金融机构对科技型企业贷款的风险，而且使企业获得现金流的支持，更进一步的，科技产品将更加便利地转化为现金流，为后续的科技创新提供资金支持，让现金流不断循环于科技研发和创新的过程中，企业发展也进入了一个良性循环的状态，科技产品的数量和质量都有一个很大的提升。随着科技产品的广泛使用和大量生产，科技企业不断发展壮大，金融机构也越来越愿意将资金贷给这些企业，因为企业的良性发展降低了金融机构的风险，并从侧面促进了科技的创新。这个时候，政府就可以"功成身退"，继续寻找新的需要担保的企业进行扶持，以政府信誉作为有效手段，使我国科技企业自主创新能力持续提高。

6. 金融力量通过自身需求促进科技创新

金融业一直追求的是"快""准"原则，速度决定了金融企业的生存，在国际资本市场中甚至会造成巨额亏损；可以毫不夸张地说，数据准确性高低将直接决定金融业各单位的生死存亡。因此，金融体系需要最精准的硬件设备和最先进的技术手段将从业者的能力发挥到最大，新技术和新设备的研发也同样促进了科技创新。

（二）科技创新推进金融发展

1. 科技创新使企业对金融产品的需求扩大

由于资金需求的长期性、风险性等特点，科技型企业的融资需求使金融机构必须能够开发出新的金融产品，来有效满足市场需要。所以，科技创新对金融产品的需求要求金融机构在激烈的竞争中不断地提高自身研发能力，提供适应企业需要，并且能够有效控制风险的金融工具和产品，使金融机构在竞争中能够更长远地发展。

2. 科技创新对金融外部环境的优化起到了很大作用

从我国当前的形势上来看，科技型企业已然成为我国经济在改革转型时期的重要增长点，它在促进就业和经济增长上起到了巨大作用，同时科技型企业创造出了极大数量的专利产品，这一点是其他类型的中小企业不能与之相比的。科技产品的研发和生产需要投入大量人力和物力，这在一定程度上解决了人员的就业问题。其销售量也决定了一个国家或地区 GDP 增长速度的快慢，在一定程度上也影响了金融业的发展。

3. 科技创新对拓宽金融信息的宣传渠道有促进作用

很多服务性金融机构为了更好地促进产品的销售情况以及优化自身形象、提升服务水平的需要，会推出一些官方平台，如官方微博、官方微信等，及时通告本公司资讯、吸引用户参与互动，并通过公众平台在线办理业务、购买产品，利用全新的渠道和媒介为企业创造效益，进一步促进了金融业的发展。

4. 科技创新提高了金融行业效率

信息科学技术的出现极大地解决了数据处理时间长、错误率高的难题，从根本上提高了各个行业的办事效率。科技创新为金融业的发展提供了强有力的技术保障，办事效率的极大提高方便了大众的生活，也扩大了客户源，企业收益也随之大幅度提高。各类走向市场的电子产品都能为人们提供更加便捷的服务，很多金融机构和企业通过电脑、手机客户端等办理业务，都直接或间接地促进了金融业的发展。

三、科技与金融结合的机制创新

科技与金融结合的机制创新是指在科技开发与科技成果转化过程中，各个环节及其所处的环境诸因素，与金融有机结合所构成的"关联互动、相互匹配、协同促进"的过程，并在此基础上进行发展创新。要使科技创新与金融有效结合，形成良性互动的耦合机制，不仅要依靠二者自身的不断发展及完善，还要不断探究二者耦合机制的原理，不断创造条件使金融更好地为科技创新服务，最终起到推动经济发展的作用。

（一）科技与金融结合的机制创新基本原理

1. 科技与金融结合的关联互动机制创新

构成金融系统的结构及要素是客观的。在科技创新与金融结合的发展过程中，政府、金融中介、科研院所、资金供需主体以及资本、人力资源、技术、信息等，都作为系统要素存在。在科技创新与金融结合系统的运行过程中，要素与系统间、要素与环境间以及各要素之间都时刻在进行着包括资金、人力资源、技术、信息的关联互动。

现阶段下的经济条件、制度条件、战略需要以及人文环境，作为主要外部因素直接影响着科技创新与金融结合的深度和广度。而科技创新与金融结合的发展状况同时又对这些外部环境形成激励或者制约。

政府、金融中介、科研院所、企业与个人都是科技创新与金融发展的参与主体。政府主要发挥政策引导与激励等宏观调控作用，金融中介则具备专业的知识与技能；它们以此为基础建立了与创新主体——企业的密切联系，为科技创新提供了不可替代的支撑性服务。政府与金融中介联手，可以有效地降低企业创新风险，并加速科技成果产业化进程；作为科技创新的主力，科技企业的主体作用贯穿于整个创新的全过程。在各个参与主体的互动中，科技创新成果成功实现转化，带来的收益直接刺激了经济发展。经济发展通过生产力水平提高、就业扩充、信息的大量传播与新技术的运用直接反馈在资本、人力资源、技术与信息的流动上，这些要素的关联互动为金融创新的发展提供了动力。

在金融与参与主体的关联互动中，金融主体主要通过工具创新、市场创新、制度创新以及金融安排创新实现其融资、风险控制、公司内部治理等功能，最终促进科技创新。在科技创新与金融结合系统各要素的互动中，科技进步极大地提高了各类金融机构的经营效率，从根本上改变了服务方式，同时促进了金融制度的创新、金融工具的创新（交易成本不断降低）、金融市场组织形式的创新（金融企业组织形式逐渐走向虚拟化、智能化）、金融服务技术的创新（自动化结算业务的普及）。有效的金融制度、金融市场、金融工具和金融服务的产生为科技创新提供更高效、更精准的资金支持，并以完善的监管机制保证了资金的配置与使用效果，从而有效地提升科技创新的效率和质量。

2. 金融创新与科技创新供需双方的相互匹配机制创新

从当代科技创新与金融结合的参与主体来看，其中金融创新的主体主要是作为供给主体出现的，包括个人、金融中介和政府，而科技创新的主体则主要作为需求主体出现，包括高新技术企业、科研院所等。个人和政府在科技创新与金融的结合中，科技创新的需求主要体现为融资需求、风险管理需求、激励需求及服务需求几个方面。融资需求是科技创新中最主要的需求，这里我们可以根据融资目的不同以及科技创新活动的不同阶段，分为研究、发展、成果转化、产业化四个阶段。风险管理需求主要通过科技保险市场的配合来满足；激励需求可以理解为激励企业家奋斗和风险投资家投资创新型高新技术企业的需求，这一点主要通过科技资本市场来满足；服务需求则是指科技创新活动所需要的其他金融服务，如投资分析、兼并收购、财务咨询与政策法律解读等。

作为科技投资的需求方，高新技术企业从事科技创新时需要一定的科技财政投入。处在种子期、初创期和扩张期的高新技术企业尤其需要风险投资的支持，而扩张期和成熟期的企业需要资本市场的支持，从事高风险活动时需要科技保险保驾护航。科研院所不仅是财政性科技投入的需求方，而且是科技贷款和科技保险的需求方。

与之相对应的是科技创新与金融结合的供给方之一——金融中介机构，包括银行、创业风险投资机构、科技保险机构和科技资本市场等。各类金融机构提供有差异的金融供给。其中，创业风险投资和科技资本市场为企业提供直接融资，主要为权益性融资。科技贷款机构提供的融资方式主要是间接融资和债务融资，科技保险机构则主要提供风险管理服务。作为金融的特殊供给方，政府一方面弥补了科技创新与金融结合产生的部分市场失灵，引导科技创新与金融产业的发展，为科技创新活动注入资金，并发挥资金的"杠杆作用"，放大了社会资本的投入，增加了社会财富总量；另一方面发挥引导作用，制定相关政策，提供科技创新与金融结合的供需双方匹配方面的政策供给。

3. 金融创新与科技创新系统发展的协同促进机制创新

德国物理学家哈肯于1969年提出了"协同学"的概念（Synergetic），协同学的研究对象主要是指系统各部分的协作，通过协作引导系统在空间、时间和功能上从无序状态转变为有序状态。科技创新与金融结合的协同促进机制主要表现为通过系统要素间的协同作用，使两者有序结合，形成系统有序的内部结构作用。

协同促进机制的创新主要表现为协同效用原理创新和自组织原理创新。在科技创新与金融相结合的发展过程中，科技创新与金融结合的协同效用就反映为两者共同构成一个局部经济系统，其中政府、企业、金融中介以及个人等作为系统构成要素，在产业发展不平衡的条件下相互作用，交换物质和信息，并通过信息扩散和内部作用，由原来混沌无序的状态转变为一种功能上的有序状态。科技创新与金融结合的自组织原理创新反映如下：当外部环境对所构建系统没有影响时，各子系统之间遵循一定的规则，同时自动形成一定的结构，并实现相应的功能，具有内在性和自生性。随着外部环境的变化，协同效应影响与系统本身的反馈机制，会使科技创新系统与金融创新系统向形成新的时空结构，向结合目标发展。科技创新与金融结合是一定时间与空间的特定组合形态，它们的结合共生发展可以被定义为市场机制作用下两个系统的自组织活动。一是科技创新与金融在长期的结合发展中形成了一套高效的自循环系统，二是该系统是从简单到复杂、从小范围到大范围、从低聚合度到高聚合度演进，三是系统结合过程中各个层次个体间的相互作用是推动科技创新与金融结合的根本动力。

（二）金融创新与科技创新结合的新兴机制创新领域

根据前文中对金融创新与科技创新系统发展的原理探究，结合当下新兴的融资渠道，对新兴的投融资渠道进行简单的前景展望。这里我们探究的新兴渠道包括科技众筹、知识产权质押贷款以及科技银行的转型。

1. 科技银行转型

当前，政府资金对初创型科技企业资本运作的助力效率不高，在风险与收益匹配原则下，能够得到政府各类科技创新资金的企业大多是已经进入成熟期发展的大中型企业。因此，作为金融创新的主体，科技银行的发展对于初创型科技企业的发展有着重要意义。而科技银行要想发展，对应的转型就变得必不可少。

当前科技银行的转型方向有两个：其一是转型为政策性银行，在以自身资本从事相关资本运作的同时，获得政府对于初创型中小企业发展的支持，解决中小科技企业融资难的问题，以这两股现金流为全社会提供专项的服务；其二是转型为科技企业专营银行，为处于各种企业生命周期的科技企业提供包括存贷款、资产管理、资产估值等服务。

以上两种转型的方向，可以为科技银行在 21 世纪发展提供一定的参考。同时，包括我国三大政策性银行和各国中小企业的贷款援助计划均可以作为科技银行未来发展转型的样本参考借鉴。

2. 知识产权质押贷款

科技型企业把其所拥有的知识产权质押给商业银行，并由商业银行发放担保贷款。这就意味着，科技型企业的知识产权可以作为重要的风险资本和被社会认可的技术资源，在市场配置中起到相应的作用。

我国最常用的是"抵押担保型贷款"，使用的原因是因为企业与银行间的信息不对称无法消除，因此，将变现能力较强的房地产以及各类有价证券作为抵押资产是一种非常好的选择。但是，在实践过程中，知识产权的变现极其困难，因而知识产权不符合企业对于银行担保物的要求。原因有以下三点：第一，知识产权的交易者非常有限，找到交易者非常困难；第二，知识产权的交易非常复杂，且没有权利人的配合难以完成；第三，知识产权的定价非常困难，因此其抵押价格难以确定。

鉴于知识产权在抵押过程中的独特性以及产生的困难，商业银行开展这类业务也必然存在其他的原因，而在这个过程中，"生产力促成中心"这类中介机构的作用必不可少。首先，科技型企业将知识产权提供给促成中心，由促成中心进行评审，同时，促成中心独立进行调查，并根据银行的信贷政策决定是否授信或贷款。然后，银行与促成中心签订担保合同，并酌情给予一定的担保比例。这样，促成中心就作为第二还款人，为拥有知识产权的企业进行相应担保。

现在，拥有诸如"生产力促成中心"这类知识产权鉴定资质的各类评估机构在我国已兴起，相信在不远的未来，知识产权质押贷款必然能够迎来蓬勃发展的时代。

3. 科技众筹

"科技众筹"的基本逻辑是指通过互联网降低投资风险和交易成本，降低对科技企业的投资门槛，让更多的投资者能够进入并参与其中。在实操的层面上，"科技众筹"不仅可以通过专业的众筹平台推广，还可以将其与各类科技金融服务网站、创业平台、专业技术网站、科技杂志等媒介相结合，进行全方位的推广。所以，"众筹"是存在发展前景的。但是，"科技众筹"意味着更多地将中小型科技企业发展的巨大风险由更多普通的投资人承担，而相应的投资人保护以及众筹监管就成为了问题。

第 一 章

改革开放40年内蒙古自治区科技金融发展成就

　　科技金融的发展对一个国家或地区的经济结构调整、产业转型与升级以及经济高质量发展具有巨大推动作用。在科学技术对国家经济发展的重要性凸显之后，国家积极促进科技在企业中的应用，"科技金融"成为企业转型升级及国家经济持续发展的重要措施，并将科技金融体制建设写入国家规划成为国家持续创新发展的源动力。2018年是我国改革开放40周年，本章在阐述我国科技金融发展的基本态势下，重点分析了改革开放40年来内蒙古自治区科技金融发展中取得的成就和存在的问题。

一、改革开放 40 年我国科技金融发展历程

我国提出的"科技金融"最早产生于 1993 年，深圳市科技局提出采取科技金融手段携手推进高新技术的发展。尽管采用"科技金融"一词，却并未详尽解析科技金融本质，因而早期所指的科技金融实际上仅指科技与金融的结合。

"科技金融"在加速科技创新的现实条件下提出来，并在我国产业化升级的经济发展战略指引下被我国多个省市积极展开实践。全国各省市地方政府通过引导金融资源在创新性应用的基础上向科技领域配置，并为科技创新提供持续适时的资金支持，加快促进科技成果转化及高新科技产业的培育与发展。

改革开放 40 年，我国科技金融发展大致分为三个阶段。

第一阶段（1978~1985 年），计划经济主导的科技投入。1978 年我国进入改革开放阶段后，由计划经济主导资源配置方式逐步向市场经济体制转化，但科技投入领域因对国家经济及社会发展至关重要，仍然由国家统一通过财政拨付手段由行政统一供给给相关研发机构及部门，形成以财政拨付为主要科技资金投入的国家战略导向。为了有效利用科技成果发展国民经济，国家采用财政专项拨款方式开始实施我国第一个国家统筹的指令性科技项目——国家科技攻关计划。在行政统一调控作用下的我国首个科技攻关计划，对当时我国科技发展起到了显著的促进作用，决定了当时我国的产业发展方向，同时培育科技人才。该时期行政拨付资金为专项资金，因而主要配置于进行对应科技研究的高校与科研院所。尽管统一拨付资金能集中资源解决科技发展难题，但统一行政资源配置的方式仍然会导致资源投入后使用效率不高的问题出现。

第二阶段（1985~2006 年），市场化资源配置阶段。1985 年伊始，中央为改进科技创新体制，作出《关于科学技术体制改革的决定》（以下简称《决定》），强调科学技术对经济建设的重要性。《决定》中改变单一由财政拨付资金发展技术的体制机制，提出凭借"鼓励部门、企业和社会集团向科学技术投资""设立创业投资给予支持""商业银行开展科学技术信贷业务"，为科学技术发展的资金来源开拓渠道，除丰富财政资金拨付种类如采用贷款贴息、投资补助及引导基金等外，还增加其他市场资源配置的资金，包括科技贷款、风险投资及资本市场建立，形成多元化、多途径的资金供给，表现为科技股及高新区企业债券的发

行。此外,高新技术开发区的建立使得高新技术企业借助产业集聚化的优势加速发展。该阶段表现为金融资金在国家政策指导下积极参与科技创新,而创新主体也逐渐由科技研发专业机构逐渐转变为最具市场活力的企业,为科技研发的市场化及产业化提供更加便捷的途径。

第三阶段(2006 年至今),科技金融协调发展阶段。2006 年我国进入《国家中长期科学和技术发展规划纲要(2006~2020)》(以下简称《规划纲要》)的实施阶段,《规划纲要》中配套银行、保险、担保、创业投资、资本市场及债券等多种金融保障措施,在国家各部门的积极配合下促进金融机构参与科技创新过程,并着力构建科技金融创新体系。此后,金融机构协力科技发展全面铺开,2006 年科技部与保监会选取北京、天津、重庆等 12 个城市的高新区进行科技保险试点,开始着手构建科技金融的创新体系;2007 年财政部会同科技部设立科技中小企业的创业投资引导基金,采用政府资金投入结合现代资金运作管理方式,如阶段参股、风险补贴等对创新型中小企业科技发展提供资金支持;2009 年在《证券公司代办股份转让系统中关村科技园区非上市股份有限公司报价转让试点办法》实施后,形成"新三板"市场,为高新技术企业提供来源于多层次资本市场的资金;此外,商业银行也积极推出知识产权抵押贷款及科技银行贷款参与科技金融体系构建,创业板的推出不仅为高新技术企业筹集资金提供更具效率的方式,而且使为科技创新提供资金的多层次资本市场基本形成。在科技与金融融合发展的过程中,中央政府各部门大力推进,2011 年科技部、人民银行、金融监管机构及财政部等部委联合出台《关于促进科技和金融结合加快实施自主创新战略的若干意见》,认定进行科技金融结合的试点城市。此后各地方政府积极参与科技金融建设,形成各有侧重点的科技金融模式。

二、改革开放 40 年我国科技金融发展成就

改革开放 40 年,我国科技金融工作取得了骄人的成就,以政府为引领的财政科技发挥显著的杠杆作用,一系列科技激励政策密集出台,极大地激发了我国科技金融事业的发展。

(一)科技与金融结合的政策环境日益完善

从《国家中长期科学和技术展规划纲要(2006~2020 年)》及其配套政策颁

布以来，国家密集出台了系列科技与金融结合的相关政策。2007年，《国家科技计划和专项经费管理暂行办法》颁布；2009年，《民口科技重大专项资金暂行办法》出台，把科技和金融结合工作推向了新系统建设阶段。为了进一步促进科技和金融结合，加快形成多元化、多层次的科技投融资体系，2010年，科技部会同中国人民银行、中国银监会、中国证监会、中国保监会等部门和单位出台了《关于促进科技和金融结合试点实施方案的通知》，并会同有关部门出台了多项促进科技和金融结合的政策；2012年6月，科技部制定了《科技部关于进一步鼓励和引导民间资本进入科技创新领域的意见》，首次提出了民间资本进入科技创新领域的鼓励性政策；2015年6月，国务院颁布《关于大力推进大众创业万众创新若干政策措施的意见》，明确提出构建普惠性政策扶持体系，推动资金链引导创业创新链、创业创新链支持产业链、产业链带动就业链等实施意见；2015年10月，中共中央、国务院印发《深化科技体制改革实施方案》，明确提出，"建立健全科技和金融结合机制"，强调"金融创新对技术创新具有重要的助推作用"。

（二）科技与金融结合的创新力度不断加大

近年来，金融系统按照党中央国务院统一部署，加大政策支持力度，加强跨部门沟通合作，积极构建多元化融资渠道，取得积极成效。

1. 科技信贷的金融创新力度显著提升

近年来，中国人民银行不断加强沟通合作，先后配合行业主管部门制定出台关于促进科技创新战略新兴产业，信息消费发展政策等措施，指导银行业等金融机构优化信贷配置结构，通过金融创新加快科技发展信贷支持，金融机构对科技创新的信贷投入明显加大。为积极发挥银行业等金融机构在加快实施创新驱动发展战略、大力推进"大众创业、万众创新"中的作用，支持科技创新创业企业健康发展，2016年4月，银监会与科技部、人民银行联合印发了《关于支持银行业金融机构加大创新力度开展科创企业投贷联动试点的指导意见》，鼓励和指导银行业金融机构开展投贷联动业务试点，并确定了第一批投贷联动试点地区，包括北京中关村国家自主创新示范区、武汉东湖国家自主创新示范区、上海张江国家自主创新示范区、天津滨海国家自主创新示范区、西安国家自主创新示范区。第一批试点银行业金融机构共10家，涵盖政策性银行、国有大型商业银行、股份制商业银行、民营银行、外资银行、城商行等多种类型。试点地区开展以来，试点地区和城市加大了对科技型企业的贷款力度。例如，作为国家产融合作试点城区，上海嘉定推出大数据产融合作服务平台，以强化金融服务实体经济的功能，建立和完善产业信息与金融机构对接机制，形成"基金＋基地＋产业"产融合作新模式。在平台上，企业可以发布融资需求及意向，以此对接金融产品；各类金融机构也可以发布金融产品信息，挑选意向服务企业，最终实现线上线下的精准对接。截至2016年6月末，上海市的主要银行共为5326户科技型中小企业提供表内外授信余额722亿元，其中以投贷联动模式为155户初创型科技中小企业提供信贷余额超过12亿元[①]。

2. 科技与金融结合试点工作有序推进

促进科技和金融结合试点工作是融合创业投资、银行信贷、多层次资本市场、科技保险等多元化金融资源，共同支持科技创新发展的有效方式，对突破企业融资瓶颈，促进科技成果转化，培育和发展战略性新兴产业发挥着重要的助推作用。为此，2011年，科技部、中国人民银行等5部门确定了中关村国家自主创新示范区、天津市、上海市、深圳市、江苏省等16个地区为首批促进科技和金融结合试点地区。2016年6月，又一次确定在郑州市、厦门市、宁波市、济南市、南昌市、贵阳市、银川市、包头市和沈阳市9个城市开展第二批促进科技和金融结合试点。通过科技与金融结合试点工作引导带动金融资本在产品、组织和服务模式等方面与科技不断融合，鼓励和支持金融领域的创新政策在试点城市先行先试，形成并推广更多有效的经验和模式，提升科技金融整体工作水平，加快实施创新驱动发展战略。

3. 金融组织机构和金融产品的创新力度持续加大

近年来，为加大科技信贷支持力度，金融机构纷纷设立科技支行、科技金融创新中心等专业性机构，通过配备专业团队，实施单独的考核和奖励政策，设置科技贷款专项风险容忍度和专项拨备机制，为科技型企业提供专业化服务。金融产品除了供应链融资、知识产权、股权、专利权质押得到推广之外，从金融服务方式来看，"一站式"综合金融服务模式得到了广泛应用，通过整合各类金融服务部门，为科技型企业提供综合性的融资服务，较好地满足了各类科技企业的融

---

① 资料来自上海银监局网站。

资需求。

4. 支持科技创新的多元化融资渠道逐渐形成

近年来，中国人民银行大力推动银行间债券市场发展，陆续推出了短期融资券等适合科技企业的债务融资工具，截至 2015 年底，有近 500 家科技企业在银行间市场发行了债券，募集资金达到了 2.9 万亿元，并通过无偿资助、股权投资、风险补偿等方式引导和带动社会资本参与创新创业，仅全国各级政府创业投资引导基金出资达 363.27 亿元，引导和带动社会资本规模超过 1800 亿元[①]。

（三）科技与金融结合的服务平台建设初见成效

为贯彻落实《关于加强科技金融结合促进科技型企业发展的实施意见》的精神，实现科技、金融资源集聚共享和科技、金融业务高效衔接，完善科技金融支撑服务体系，全国各地借助于互联网的发展优势，相继组建各级特色的科技金融服务平台。各平台集中汇集了科技项目、科技企业、科技园区、科技人才、科技政策、科技金融、创投机构和科技中介等专区，有的平台还开通了在线服务，重点提供科技型企业融资需求信息发布、金融机构和创投机构投融资信息对接和结果查询、科技金融政策法规宣传、财务和法律咨询等在线服务。

组建科技金融联盟是科技与金融结合的又一大创新，如中国科技金融产业联盟，它是在中国几家政策性银行和商业银行推动下，由半导体行业、云计算与数据中心行业、软件和信息服务行业、电子商务和互联网行业、新能源行业、新材料行业等高新技术企业共同发起，并自愿组成的非营利性和开放式的行业合作协作组织。该联盟作为管理平台向银行、投资机构等金融机构推荐符合要求的企业，帮助企业整理汇总信息、制定商业计划书，并充分利用"管理平台、借款平台、担保平台、信用协会"的模式深度发展。联盟下一步将扩大规模，大量吸引战略新兴产业优质企业加入联盟，合作建立科技产业园区和科技金融示范区，使其成为对金融市场、科技创新、国民经济发展起到推动作用的重要力量和发展平台。

科技金融服务中心是以提高科技资源和金融资源整合对接效率，服务科技型中小企业投融资需求为目的，提供一站式、全方位、个性化服务的科技金融服务

---

① 资料来自中国科技网。

平台。科技金融服务中心数量上增长很快，特别是近几年呈现加速增长的趋势，据统计，各地科技金融服务中心汇集各类金融及投资机构 4000 余家，累计服务企业超过 2.4 万家，通过平台化的服务，使企业获得银行信贷超过 2700 亿元。目前科技金融已成为现代服务业发展的新兴业态。武汉、天津、成都等城市开发了科技型中小微企业数据库。北京、上海、江苏、浙江、陕西等省市创新开展科技企业信用体系建设、科技金融专员服务和科技金融服务热线等。中关村科技园区实施"瞪羚计划"，将信用评价、政府资助和企业融资相结合。

三、改革开放 40 年内蒙古自治区科技金融发展历程与成就

改革开放 40 年，内蒙古自治区科技金融发展大致分为三个阶段。

1. 第一阶段（1978～1988 年），计划经济主导的科技投入阶段

1978 年我国进入改革开放阶段后，内蒙古自治区科技投入领域由国家通过财政拨付手段统一供给给相关研发机构及部门，形成了以财政资金投入为主的国家科技投入战略导向机制。

（1）科技体制改革不断深化，科研队伍不断壮大。为了积极响应改革的春风，内蒙古自治区科技体制的改革开始试行课题承包机制，即大部分科研院所实行对内课题承包，对外有偿服务，首次出现了科研进一步面向经济的良好势头。到 1988 年底，全区自然科学研究机构与区内外生产企业建立了各种形式的科研生产联合体 33 个，用于企业技术改造和研发投入达 3 亿多元，横向收入总额达 3591.2 万元，并有 7 个研究所实现了经济自立。科研队伍从 1978 年不到 10 万人增至 1988 年的 38.5 万人，其中，自然科技人员 18 万人，社会科技人员 20.5 万人。此外，民办科研机构在改革中出现，到 1988 年底，经各级部门批准的民办科研机构已经发展至 96 个，成为内蒙古自治区科技战线上一支不可忽视的科技力量。

（2）大批科技人员深入基层，农村科技事业得到发展。在科技体制改革的推动下，农村牧区的科技体制改革也在不断深化，大批科技人员深入第一线，通过科技示范、推广先进实用型技术、提供科技服务、培训技术骨干等行之有效的形式，有效地实现了科技与生产实践的紧密结合。到 1988 年底，全区农村科技服务站已发展到 1009 个，共有 10246 名科技人员深入到第一线，共培训农牧民

2171743 人（次），科技示范乡镇达 106 个，科技示范村 3000 多个，科技示范户 3 万多个。

（3）科技"星火计划"稳步推进。为了有效利用科技成果发展国民经济，国家采用财政专项拨款方式开始实施我国第一个国家统筹的指令性科技项目——国家"星火计划"。"七五"期间，内蒙古自治区共安排星火项目 150 项，总投资 1.6 亿元，在已完成的项目中，有 40 项获"自治区星火科技奖"，6 项获"国家星火科技奖"，到"八五"期间，星火计划实现总投资 2.5 亿元，新增产值 5 亿元，新增利税 1 亿元以上。星火计划的实施有力地推动和引导了农村、牧区支柱产业的形成和发展，引进了一大批先进技术和优秀技术人员，相继建立星火技术密集区。①

2. 第二阶段（1988~2006 年），科技资源市场化配置阶段

20 世纪 90 年代中期，随着科技体制改革阶段目标的基本实现，科技发展进入一个新的阶段，即创新发展阶段。这一阶段的内蒙古自治区科技政策主要以市场化配置科技资源、发展高科技、调整产业结构、提高产业整体竞争水平、增强自主创新能力为主要特征，以实现建设创新型内蒙古为总体战略目标。并首次提出以"科教兴区""建设创新型内蒙古"为科技发展战略目标，注重强调区域创新体系的建设，加强研究与发展投入（R&D），根本目标是加强创新能力建设，提高区域竞争力。

（1）科技鼓励性政策相继颁布，极大地推动了自治区科技事业的发展。1988 年 6 月，邓小平同志根据当代科学技术发展的趋势和现状，在全国科学大会上提出了"科学技术是第一生产力"的论断。随着"科学技术是第一生产力"的思想观念逐步深入人心，内蒙古自治区越来越多的科技工作者领悟到科学技术对经济建设的影响，大力宣传科技观，推广科技成果，积极推动了内蒙古自治区科技的发展。这一阶段是内蒙古自治区执行国民经济发展第八个、第九个五年计划时期，内蒙古自治区政府就科技体制改革、科技管理、科研投入、科技成果推广与技术开发等方面制定了一系列的政策和规章制度，尤其是以 1992 年发布的《关于推动科技进步，振兴内蒙古经济的决定》（内党发〔1992〕第 19 号）为主要标志，以全面实施"科教兴区"战略，推进自主创新，建设创新型内蒙古自治

---

① 内蒙古统计年鉴（1989）.

区为主要政策目标，将促进高新技术及其产业化发展、成果转化、农牧业科技进步作为制定科技政策的重点。1995 年内蒙古自治区党委和政府发布的《关于实施科教兴区战略加速科学技术进步的意见》（内党发〔1995〕31 号）、1996 年内蒙古自治区第八届人民代表大会常务委员会第二十次会议通过的《内蒙古自治区科学技术进步条例》、1997 年内蒙古自治区政府发布的《关于印发深化科技体制改革实施方案的通知》（内政发〔1997〕93 号）、1999 年内蒙古自治区党委、政府发布的《关于加强贯彻中共中央国务院关于加强技术创新，发展高科技，实现产业化的决定》的意见（内党发〔1999〕16 号）和 2000 年内蒙古自治区第九届人民代表大会常务委员会第十九次会议通过的《内蒙古自治区促进科技成果转化条例》等政策性文件相继出台。

（2）科技投入显著增加，进一步推动了科技成果产业化进程。"七五"期间，全区科技经费总投入 2.2 亿元，自治区区级财政核拨科技三项经费 1.1 亿元。"八五"期间，全区共安排科技项目经费投入 6.8 亿元，安排各类项目 1598 项，转化成果 498 项，推广成果 219 项，转化率和推广率分别为 34% 和 15%，达到历史空前水平。这一时期，为了进一步推动科技转化工作，内蒙古自治区政府相继颁布了《关于技术市场减免税优惠政策以及有关问题的通知》（1992）和《关于进一步培育和发展技术市场若干问题的意见》（1993）以及自治区八届人大四次会议通过的《内蒙古自治区市场管理条例》等，有力地推动了科技资源市场化作用，5 年间全区共签订技术合同 7767 项，成交额达 6.74 亿元，技术贸易机构发展到 760 多家，从业人员 1.3 万人，进一步推进了科技成果的商品化、产业化过程。

（3）"火炬计划"成效显著。随着内蒙古自治区政府有关科技鼓励政策的相继出台，全区 R&D 投资呈现多元化的投入格局，有力地推动了内蒙古自治区实施国家"火炬计划"战略。这一时期，内蒙古自治区共组织实施"火炬计划"项目 60 项，其中国家级项目 17 项，自治区级项目 43 项，投入项目资金 26940 万元，其中银行贷款 13558 万元，国家科委周转金 78.9 万元，自治区科委周转金 627 万元，企业自筹 11475 万元，地方及部门支持 1201 万元。例如，包头市从 1989 年至 1994 年六年间共实施火炬项目 21 项（其中 5 项是国家级），到 1995 年已鉴定验收 13 项，约占项目数的 62%，这些项目完成投资 1000 万元，实现产值 539 万元，利税 1543 万元，投入产出比达 1:5，带动了内蒙古自治区高新技术产业化的发展①。

3. 第三阶段（2006年至今），科技与金融结合的发展阶段

2006年，内蒙古自治区人民政府颁布《自治区中长期科学和技术发展规划纲要（2006～2020年)》，2007年，为全面落实科教兴区战略，推进自主创新，建设创新型内蒙古，内蒙古自治区政府制定了"要加大科技投入，建立社会化、市场化、多元化的科技投入体系，力争实现全社会研究开发投入占地区生产总值的比例到2010年达到1.5%，2020年达到2.5%"的政策目标。这一阶段，为内蒙古自治区科技金融发展的关键时期，也是自治区科技与金融结合的形成阶段。

（1）科技与金融结合的政策相继出台。2010年12月，为全面贯彻党的十七大和十七届五中全会精神，加快实施《国家中长期科学和技术发展规划纲要（2006～2020年)》及其配套政策，促进科技和金融结合，加快科技成果转化，培育发展战略性新兴产业，支撑和引领经济发展方式转变，科技部、中国人民银行、中国银监会、中国证监会、中国保监会决定联合开展"促进科技和金融结合试点"，并正式颁布《促进科技和金融结合试点实施方案》。2011年12月，为贯彻落实科技部等有关部委制定的《促进科技和金融结合试点实施方案》和《关于促进科技和金融结合　加快实施自主创新战略的若干意见》，内蒙古科技厅发布《关于将包头国家稀土高新技术开发区列入自治区科技和金融结合工作试点的决定》，正式启动自治区促进科技和金融结合试点，并提出关于内蒙古自治区科技和金融有效结合的配套政策——《推进内蒙古自治区科技金融结合工作的若干意见》。该政策对创新财政科技投入方式、推动开展科技信贷业务、推进科技保险工作、引导开展科技信用贷款、支持成立各类科技信贷专营机构、引导并支持企业进入多层次资本市场等方面进行了详细阐述。

党的十八大以来，内蒙古自治区把深化科技与金融融合作为实施创新驱动发展战略和科技体制改革的重要着力点，先后制定并出台了《内蒙古自治区科技与金融结合实施方案》《内蒙古科技保险实施方案》《内蒙古知识产权质押贷款管理方案》等政策文件。2015年，内蒙古自治区科技厅出台了《内蒙古自治区科技保险试点工作方案》，以支持各类科技项目中小额贷款保证保险为主，同时开展科技部和保监会批准的高新技术企业产品研发责任保险等其他试点险种，从而

---

① 内蒙古自治区科学技术委员会编. 内蒙古科学技术年鉴［R］. 内蒙古人民出版社，1995.

有效降低科技研发成本。此方案的出台，为促进内蒙古自治区科技金融结合，加快科技成果转化，分散和化解科技投融资风险，优化投融资环境，为科技型企业科技研发和产业升级改造提供了科技保障服务。

（2）科技与金融结合成效显著。为了进一步落实和推动政策的实施，内蒙古自治区科技厅、财政厅等部门与国家开发银行、内蒙古银行、兴业银行、中信银行、财信担保等金融机构签订了合作协议或者达成合作意向，常年向各大合作银行推荐科技项目和科技型企业，吸引金融机构对科技型企业的贷款支持；引导设立了支持科技型中小企业发展的内蒙古协同创新股权投资基金，基金总规模达到 6.98 亿元，截至 2017 年底，已累计投入 7.1 亿元，完成 9 个股权投资项目，撬动社会资本 6.6 亿元；积极推动知识产权质押融资工作，自治区政府牵头设立了 1000 万元的质押融资风险补偿金，采取"风险补偿基金 + 担保 + 银行"的运作模式，放大融资规模达 1 亿元，截至 2017 年，全区已有 5 家银行、1 家保险机构和 1 家担保机构加入自治区知识产权质押融资体系，有 300 多家企业入选了首批风险补偿基金支持企业名录，知识产权质押融资额累计已达 32.94 亿元。2018 年初，内蒙古自治区财政厅又设立了 6.5 亿元科技创业投资子基金，支持初创期企业开展科技成果转化①。

（3）包头市被列为国家级科技与金融结合的试点城市。近些年，内蒙古自治区包头市为开辟创新驱动发展战略，建设创新型包头，不断加大科技投入，引进和培养科技人才，在科技与金融结合方面取得了显著的成就。2017 年 6 月，包头市被国家科技部、中国人民银行、中国银监会、中国证监会、中国保监会联合确定为国家第二批促进科技和金融结合试点城市。此次获得"国家促进科技和金融结合试点城市"，将助力包头市"区域性创新创业中心""区域性新型产融结合中心"建设，对包头市率先建成西部地区科技金融中心具有重大意义。包头市以国家促进科技和金融结合试点城市为契机，进一步推进科技体制和金融体制改革，推动科技创新与金融创新深度融合，建立并动态完善政府、银行、风险投资等各类资金多元投入的科技金融体系，实现产业链、创新链、资金链更加高效的衔接和互动，力争把包头市打造成在国内有一定影响力的区域性创新创业中心和金融中心。

---

① 资料来自内蒙古科技厅。

　　为促进科技与金融的进一步结合，作为科技与金融结合的试点城市，包头市充分发挥金融对科技创新的支持作用，从科技信贷、科技保险、创业投资以及上市融资四个角度入手，不断加大科技创新投资基金规模，并与符合条件的投资机构共同发起设立以市场化、专业化方式运作的创新创业投资子基金，为种子期、初创期、成长期等不同发展阶段的科技型中小企业提供股权投资。尤其是在稀土高新区，成立了政府创新创业投资引导基金，充分发挥引导基金的带动作用，采用"资金＋项目"模式，由包头市稀土产业发展基金、包头稀土高新区、包头市专项基金等共同出资12亿元建设包头稀土新材料深加工基地，2017年12月26日，内蒙古稀土功能材料创新中心挂牌成立，极大地提高了高端稀土功能材料的研发效率，提高了投融资精准度，振兴了稀土新材料产业的发展。与此同时，在稀土高新区内不断推进企业的上市辅导工作。2016年，包头稀土高新区对132家企业进行了上市辅导，帮助企业进行股份制改造，对优选出的企业进行扶持，从而实现了惠民务务、新达科技、宇亚科技等5家企业挂牌"新三板"之路。在信贷支持上，包头市不断加强担保贷款力度，仅在稀土高新区就计划在3年内，每年提供不低于2000万元的专项资金，用于科技企业的前期资金支持和后续的资金补充，并培育天使投资机构和天使投资人，支持种子期、初创期科技型中小企业发展。

四、内蒙古自治区科技金融运行概况

　　科技投入经费，联合国教科文组织规定为经法定程序批准的政府、机关、团体和企业事业单位在一定期间（年、季、月）的收支预算中分配给某项科学技术活动的各类资金数额。科技经费按照其来源可分为政府资金（中央、地方）、企业事业资金、特别资金、外国资金和其他资金。我国的科技活动经费是指从各种渠道筹集到的计划用于科技活动的经费，包括政府资金、企业资金、事业单位资金、金融机构贷款、国外资金和其他资金等。政府资金是指各级政府部门获得的用于科技活动的经费，包括科学事业费、科技应用技术研究与开发资金、科研基建费、科学基金、教育等部门事业费中用于科技活动的经费以及政府部门预算外资金中用于科技活动的经费等，简称财政科技。企业科技资金是指从企业自有资金中提取或者接受其他企业委托的，科研院所和高校等事业单位接受企业委托获得的用于科研和技术开发的经费，即企业 R&D 投入，不包括来自政府、金融机构以及国外用于科技活动的资金。金融机构贷款是指各类金融机构获得的用于科技活动的贷款，即科技信贷。

（一）科技财政

近年来，内蒙古自治区对科技创新的重视程度不断加强，财政科技拨款呈现逐年递增的趋势，从 2006 年的 7.9 亿元到 2016 年底财政拨款已经增加到 32.38 亿元。10 年时间翻了将近 5 倍。尤其是 2008 年以后，内蒙古自治区加大了科技投入的力度，科技经费筹集额为 75.04 亿元，比 2007 年（49.57 亿元）增加了 51.4%，全社会研究开发投入占地区生产总值的比例从 2006 年的 0.34% 上升到 2016 年的 0.79%。但是从财政投入的比重来看，科技财政拨款在财政支出中的比重却在下降，从 2008 年的 1.07% 下降到 2016 年的 0.72%（见图 1-1）。

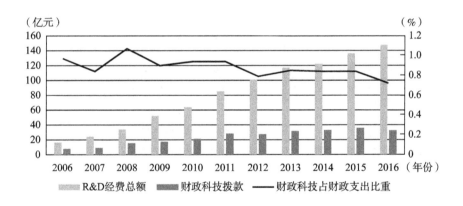

图 1-1　内蒙古自治区财政科技经费投入统计

资料来源：《内蒙古统计年鉴》（2017）。

（二）科技信贷

科技信贷是科技与金融结合的主要组成部分，内蒙古自治区科技与金融结合的力度显著提高，耦合的程度也越来越高，其中，政策性银行和国有商业银行是内蒙古自治区科技投入的主要信贷支持来源。在内蒙古自治区各类贷款逐年增加的同时，对科技信贷的投入也明显上升。2004 年，内蒙古自治区各类贷款总额是 2276 亿元，其中对科学研究和技术服务类的贷款仅有 0.89 亿元，占全部贷款的比例是 0.03%；到 2016 年底，科技贷款总额达到 52.78 亿元，占全部贷款的比例是 0.27%。尽管科技信贷总额在逐年上升，但科技信贷占全部信贷规模的比重在下降，特别是 2013 年开始的经济低潮，导致 2014 年全区科技贷款总额出现显著下降，科技信贷占比为 0.21%，随后有所增加，但总体占比处于下降趋势（见图 1-2）。

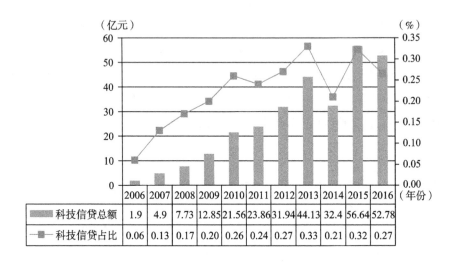

（亿元）	2006	2007	2008	2009	2010	2011	2012	2013	2014	2015	2016
科技信贷总额	1.9	4.9	7.73	12.85	21.56	23.86	31.94	44.13	32.4	56.64	52.78
科技信贷占比	0.06	0.13	0.17	0.20	0.26	0.24	0.27	0.33	0.21	0.32	0.27

图 1-2　内蒙古自治区科技信贷投入情况

资料来源：内蒙古自治区银监局．内蒙古自治区主要经济金融指标．2017．

（三）企业 R&D 投入

科技投入是指全社会投入到一国科技活动中的全部人力、物力、财力的总和，其目的在于支持科技活动的开展，科技投入的数量和使用效果直接影响科技水平和科技竞争能力、物质基础和知识基础，是科技成果产生的先决条件，其规模和结构将在长期内决定一国经济发展的结构与潜力。其中，企业科技投入是一国或地区科技投入的主要来源，也是衡量一国或地区科技创新能力的重要标志。近年来，内蒙古自治区的企业科技投入持续增加，是内蒙古自治区科技经费投入的主要渠道，从企业 R&D 经费支出的增长来看，呈现了强劲的增长态势，尤其"十一五""十二五"期间，各类企业加大了对科技创新的投入（见图 1-3），企业 R&D 经费支出从 2006 年的 8.19 亿元增加到 2016 年的 128 亿元,十年间翻了近 16 倍。

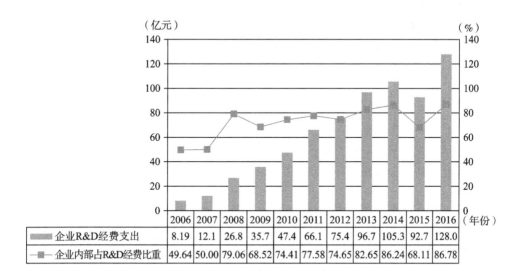

	2006	2007	2008	2009	2010	2011	2012	2013	2014	2015	2016
企业R&D经费支出	8.19	12.1	26.8	35.7	47.4	66.1	75.4	96.7	105.3	92.7	128.0
企业内部占R&D经费比重	49.64	50.00	79.06	68.52	74.41	77.58	74.65	82.65	86.24	68.11	86.78

图 1-3 内蒙古企业 R&D 经费支出及占比

资料来源:《内蒙古统计年鉴和全国科技经费投入统计表》(2017)。

在内蒙古自治区有 R&D 经费支出的工业行业中,只有纺织业、石油加工、炼焦及核燃料加工业、塑料制品业、金融制品业、专用设备制造业、交通运输设备制造业的 R&D 经费占销售收入的比重超过 1%,而国际上一般认为,R&D 经费占销售收入不到 1% 的企业难以生存,达到 2% 左右的为勉强维持,达到 5% 以上的企业才有竞争力。R&D 经费投入强度超过 2% 的只有塑料制品业(4.94%)和专用设备制造业(2.57%)。因此,从整体来看,内蒙古自治区大多数工业企业 R&D 经费投入强度过低的形势是相当严峻的。

(四)政府投资引导基金

我国政府引导基金始于 2002 年,近几年在数量和规模上呈现爆发式增长。根据 Wind 数据显示,截至 2016 年底,我国共成立 900 多支政府引导基金,总规模达 23960 亿元,平均单支基金规模约 26 亿元,其中 2016 年新增规模达到 5032 亿元。2009 年,为了促进内蒙古自治区创业投资企业的发展,推进经济结构调整、产业升级，扩大就业，提高城乡居民收入，保持经济平稳较快发展，依据国家《创业投资企业管理暂行办法》，内蒙古自治区人民政府颁布《内蒙古自治区创业投资引导基金管理办法（试行）》（内政办发〔2009〕42号），进一步推动了内蒙古自治区创业投资企业的发展。2014年，内蒙古自治区设立了以科技厅为核心力量的内蒙古协同创新股权投资基金股份有限公司，作为内蒙古自治区政府引导型科技投资基金的运营主体，旨在完善内蒙古自治区科技投融资体系，促进科技成果转化，扶持科技型企业成长，进一步推动经济发展方式的转变。截至2017年底，引导基金完成投资总额2.92亿元，撬动有关盟市地方财政、银行、基金、民间投资等资金6.58亿元，杠杆放大倍数2.25，有效引导企业和民间资本的参与，实现了政府投资牵引和放大的效应。

（五）风险投资（创业投资）

内蒙古自治区创业投资起步较晚，但近年在自治区政府的大力支持下，2008年10月，国务院出台了《关于创业投资引导基金规范设立与运作指导意见》，内蒙古自治区随后出台了创业投资引导基金方案和管理办法。由图1-4可知，近十年间，内蒙古自治区创业投资金额累计达到123.95亿元，其中，2011年投资

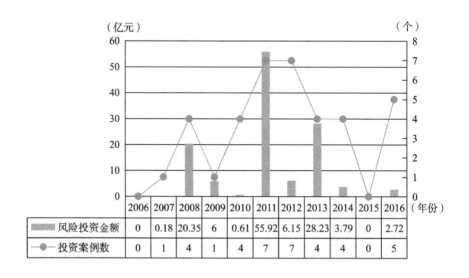

（亿元）	2006	2007	2008	2009	2010	2011	2012	2013	2014	2015	2016（年份）
风险投资金额	0	0.18	20.35	6	0.61	55.92	6.15	28.23	3.79	0	2.72
投资案例数	0	1	4	1	4	7	7	4	4	0	5

图1-4　内蒙古地区创业投资基金投资分布

资料来源：Wind资讯。

金额最多，全年投资达 55.92 亿元，投资案例数是 7 个。创业投资的发展有效缓解了中小企业的融资需求，产生了积极的经济效益和社会效益，但是规模数量较小，应继续加强创业投资方面的引导。

（六）科技担保

内蒙古自治区从"十二五"时期开始启动知识产权质押融资工作，由内蒙古自治区生产力促进中心负责知识产权质押融资平台建设及试点运营。2017 年 9 月，内蒙古自治区科学技术厅、中国银行股份有限公司内蒙古分行、内蒙古蓝筹融资担保股份有限公司在呼和浩特市签署"知识产权质押融资贷款合作协议"，共同搭建知识产权质押融资贷款合作平台。其中，内蒙古科技厅负责提供风险补偿金作为保障，并在中国银行内蒙古分行开立保证金专户对资金进行管理；中国银行内蒙古分行提供综合金融服务；内蒙古蓝筹融资担保股份有限公司提供融资担保服务。借款企业贷款需要代偿时，在新增的知识产权贷款额度内，内蒙古科技厅风险补偿金承担贷款逾期本息 10% 的补偿责任，中国银行内蒙古分行承担贷款逾期本息 5% 的风险责任，内蒙古蓝筹融资担保股份有限公司承担贷款逾期本息 85% 的风险责任。截至 2016 年底，内蒙古自治区知识产权质押融资风险补偿金已到位 1000 万元，放大融资规模达 1 亿元。目前，内蒙古自治区共有 5 家银行、1 家保险机构和 1 家担保机构加入自治区知识产权质押融资体系，有 300 多家企业入选了首批风险补偿基金支持企业名录，累计知识产权质押融资额 32.94 亿元。未来将不断加大知识产权风险补偿基金规模，降低金融机构放贷风险和企业的融资成本，推动知识产权质押融资在内蒙古自治区大范围开展，为内蒙古自治区有市场、有发展潜力但抵押不足的企业提供信贷支持，推动科技创新企业持续健康成长。

五、内蒙古自治区科技金融发展存在的问题

现阶段，内蒙古自治区经济正处于工业化和城市化加速发展时期，产业结构调整和消费结构升级进一步加快，为内蒙古自治区发挥资源优势、承接产业转移、全面提升产业分工地位、发展壮大产业集群、优化经济结构带来了战略机遇。但是，从增长方式来看，粗放型增长方式在内蒙古自治区经济增长中仍居支

配地位。当前，在挑战与机遇并存的反危机过程中，要实现粗放型增长方式向集约型增长方式转变，保持经济的可持续发展，就必须依靠科学技术创新。而科技发展在内蒙古地区除了受到体制因素制约外，面临的最大问题就是资金支持问题。如何将两者耦合对接到位，是内蒙古自治区实施创新驱动战略中亟待研究的重大问题。

（一）缺乏明确的 R&D 投入长效机制

作为 21 世纪经济增长的两大巨轮，现代科技和现代金融二者缺一不可。科技创新体系建设与金融支撑体系的有效结合是集科技创新资源合理配置和高效利用、金融创新执行机构、创新基础设施、创新环境等创新要素于一体的系统。根据联合国教科文组织对科技创新能力的认定和世界各国发展的一般规定，R&D 占 GDP 不到 1% 的国家和地区，被认为是缺乏创新能力；R&D 占 GDP 的比重在 1% ~2% 的国家和地区，会有所作为；大于 2% 的国家和地区，则表示创新能力很强。

依据《内蒙古自治区中长期科学与技术发展规划纲要 （2006 ~2020 年)》，内蒙古自治区政府于 2007 年初提出了 "全社会研究开发投入占地区生产总值的比例到 2010 年达到 1.5%，2020 年达到 2.5%" 的目标。2014 年，为进一步推动实施创新驱动发展战略，内蒙古自治区人民政府在发布的《关于实施创新驱动发展战略的意见》（政发〔2014〕79 号）中提出，到 2017 年要实现科技对经济增长的贡献率达到 46%，全社会 R&D 经费投入占地区生产总值比例达到 1.6%，到 2020 年，这一比例升高到 2.5%，实现科技创新能力的飞跃。就内蒙古自治区 R&D 经费投入而言，平均每年都以 20% ~30% 的幅度增长，内蒙古自治区 R&D 经费支出从 2001 年的 3.9 亿元增加到 2016 年的 147.5 亿元，R&D 经费支出占 GDP 比重也从 2001 年的 0.25% 提高到 2016 年的 0.79%，但与政策实施目标存在相当大的差距，全国 R&D 经费支出占 GDP 的比重在 2013 年已经达到 2.08%，2014 年为 2.05%，约是内蒙古自治区所占比重的 2 倍（见图 1 - 5）。按照政策目标，到 2020 年实现 R&D 经费突破 2%，就意味着 2020 年内蒙古自治区要在 GDP 达到 20000 亿元的预期下，对 R&D 经费的投入达到 400 亿元。

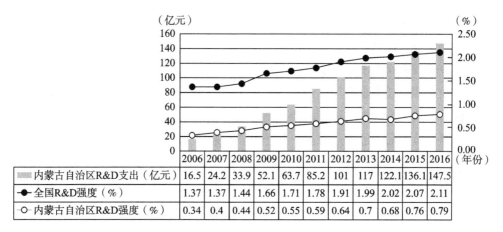

	2006	2007	2008	2009	2010	2011	2012	2013	2014	2015	2016
内蒙古自治区R&D支出（亿元）	16.5	24.2	33.9	52.1	63.7	85.2	101	117	122.1	136.1	147.5
全国R&D强度（%）	1.37	1.37	1.44	1.66	1.71	1.78	1.91	1.99	2.02	2.07	2.11
内蒙古自治区R&D强度（%）	0.34	0.4	0.44	0.52	0.55	0.59	0.64	0.7	0.68	0.76	0.79

图 1-5　内蒙古自治区 R&D 经费投入强度

资料来源：《内蒙古统计年鉴》（2017）。

截至 2017 年底，内蒙古自治区虽然出台了一系列的科技金融政策，但还没有建立稳定增加财政金融科技投入的长效机制；没有建立财政科技拨款占财政支出比例的硬性规章制度（如不低于 2% 的投入机制），无法实现财政科技投入的可持续增长；没有配置强有力的科技金融信贷支撑体系，金融市场体系不健全；风险投资发展较为缓慢；科技专项基金种类少且总量严重不足。

（二）缺乏多层次的金融支撑体系是科技创新投入不足的主要因素

内蒙古自治区是国家重要能源、资源基地，能源经济与能源金融的景气度高度关联制约了金融的创新发展。自"十五"时期以来，由于内蒙古自治区能源产业的行业利润和回报率相当可观，银行信贷资金高度集中在以煤炭为主的能源行业，尤其是鄂尔多斯市和乌海市，贷款中的 80% 资金投入能源行业，而投放技改项目的信贷资金严重不足，而能源建设中，能源产业的深加工、技术改造和节能环保投入也相对不足，金融资本过度集中在粗放型能源工业发展，造成了严重的资源浪费和环境污染，进而制约了能源资源产业链的提升。

科技资金来源渠道单一，过度依赖财政科技的投入是内蒙古自治区缺乏科技创新能力的主要瓶颈。我国的科技金融与西方发达国家相比，存在很大差距，缺乏有力的金融支撑体系，即缺乏健全的金融市场和资本市场，风险投资资本严重匮乏。而内蒙古自治区又属于我国欠发达地区，金融服务体系滞后，整体金融密集度较低，金融市场化程度低，至今尚未形成多层次、多元化的金融市场体系，严重制约了科技创新的发展和创新能力的提升。此外，资本市场不完善，资本市场的功能还没有得到有效的发挥，尤其是具有科技创新的上市公司融资能力较低，债券类和信托类金融产品占比较低，上市公司的规模、数量较少。保险业在科技投入中的风险释放功能没有得到充分发挥，由此可见，内蒙古自治区金融市场的发展严重滞后于经济的发展，将不利于科技产业的可持续发展，不利于科技产业与金融产业相辅相成，无法实现内蒙古自治区政府在 2007 年年初提出的"全社会研究开发投入占地区生产总值的比例到 2010 年达到 1.5%，2020 年达到 2.5%"的目标。

（三）科技信贷担保机制不完善，制约了高新技术企业的科技创新

在现代金融体系中，信用担保是企业参与金融市场，实现投融资活动重要的融资要素。通过第三方担保公司，高新技术企业在自身可供抵押物不足的情况下，能有效实现资金和物质融通。国际上，担保机构一般以商业性担保机构为主，这些机构拥有良好的市场运作经验和众多担保人才。而我国目前担保机构一般由政府出资设立，其资金多来源于地方财政，而且是一次性注入，缺乏后续资金补偿机制。从担保品种来看，目前国内多数担保存在担保品种单一、期限较短的情况。担保品种大多数局限于流动资金的担保，涉及企业技术改造等的担保非常少，期限也大多局限在半年以内，这些无疑制约了信用担保金融服务职能。内蒙古自治区自"火炬计划"和"科教兴区"战略实施以来，高新技术产业长足发展，截至 2017 年底，科技部火炬高技术产业开发中心已批复 256 家企业，其中，第一批批复 70 家，第二批批复 93 家，第三批批复 93 家。内蒙古自治区高新技术企业以中小企业为主，总体表现出成长性高、人才优势明显、产品技术水平高、技术创新活跃等特点。在赞叹高新技术企业对经济增长做出巨大贡献的同时，有一点被高度重视——融资难的"瓶颈"严重制约了高新技术企业的发展，截至 2018 年初，内蒙古自治区还没有一家科技担保公司，也没有一家科技银行成立。因此，高新技术企业融资困难是制约内蒙古自治区高新技术发展的主要瓶颈。

（四）缺乏高素质、结构合理的专业人才队伍

2018 年"两会"期间，习近平总书记在参加广东代表团审议时强调，"发展是第一要务，人才是第一资源，创新是第一动力。中国如果不走创新驱动道路，新旧动能不能顺利转换，是不可能真正强大起来的，只能是大而不强。强起来靠创新，创新靠人才"。"十八大"以来，内蒙古自治区在大力推崇自主创新，实施创新驱动发展战略，不断加大对科技创新的投入力度，科技事业取得了较快的发展，但由于长期缺乏培养和引进高素质科技人才，致使依托于科技创新的新旧动能转换进度缓慢，加快产业转型和升级的步伐依旧缓慢。

1. R&D 人员结构与其他省份相比差距较大

由于内蒙古地区本身的金融环境相对于北京、上海、广东等地差距很大，没有比较有实力的高校和社会科技培训机构等开展相关教学和培训，金融机构和科技部门基于相对独立的培养人才方式，在依托高校和培训机构来培育既懂科技又懂金融的复合型人才，支持科技型企业吸引和凝聚创新创业人才，建立大学生创新创业基地等方面相对薄弱。与发达地区相比，内蒙古自治区在 R&D 人员数量、R&D 人员在城镇单位在岗职工中的所占比例以及 R&D 人员分布等方面与广东、北京、上海等地有较大差距。以 2015 年为例，内蒙古自治区 R&D 人员人数从 2011 年的 69543 人增长到 2015 年的 85398 人，增长率为 22.8%，而同期广东省的增长率高达 52.32%，可以说尽管足够重视，发展速度依然较为缓慢。R&D 人员在城镇单位在岗职工中所占比例依然不够高，平均不到 1.5%，为广东省的 1/3 左右（见图 1-6 和图 1-7）。

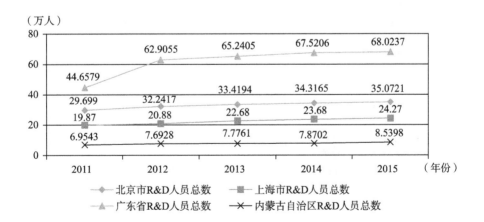

图 1-6 内蒙古自治区 R&D 人员总数与北上广比较

资料来源：各省统计局。

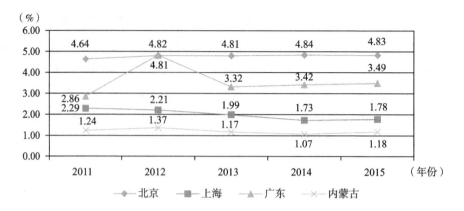

图1-7 2011～2015年R&D人员所占比例

资料来源：各省统计局。

从R&D人员分布在各部门的比例来看，内蒙古自治区也与发达省市存在一定的差距。内蒙古自治区R&D人员在企业中仅占46.44%，而在院校中占到了26.32%。这一比例在广东省分别为78.55%和8.43%。这说明内蒙古自治区存在着明显的产学研脱节问题，科研力量没有充分转化为生产力，产业化程度低，使有限的资源没有得到充分利用，也无法更好地为企业谋求发展空间（见图1-8）。

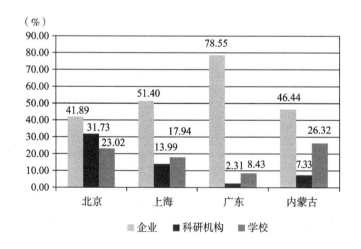

图1-8 2015年R&D人员分布情况

资料来源：国家统计局。

2. 财政科技支出占比较低

财政资金是发展科技创新的重要资金来源，内蒙古自治区在 2016 年财政总支出达到了 4526.3 亿元，但投入到科学技术上的仅有 32.38 亿元，占比不到 1%（0.7%），尚不能发挥财政科技杠杆作用。在促进科技创新的过程中，财政投入是重要一环，它引领着金融资本和民间资本进入科技创新领域，也是企业进行技术创新的最后保障。内蒙古自治区必须加强财政资金投入力度，设立更多的科技创新投资基金或成立相应的科技创新投资公司，以财政资金作为注册资本，吸引更多投资者关注科技创新，不断补充内蒙古自治区科技型企业的融资缺口，助力企业实现技术升级。

3. 企业创新能力严重不足

企业的科技创新能力是企业生存发展的重要保障，技术含量高、创新能力强的企业往往能获得规模效应和成本优势，在激烈的竞争中能够保持领先优势。内蒙古自治区这些年不断鼓励并支持企业发展自主创新，提高技术水平，但总体仍表现为创新能力低的特点。以 2015 年为例，规模以上工业企业中 R&D 人员为 8.5398 万人，占企业员工总数的 7.31%；规模以上工业企业新产品销售收入为 664.84 亿元，这一指标与创新能力强的江苏省（24463 亿元）、广东省（22642 亿元）、北京市（3564 亿元）相比仍有很大差距，发明专利的情况如图 1-9 所示。由此可见，内蒙古自治区企业的科技创新能力仍不足，还不能发挥科技对生产力的巨大拉动作用。

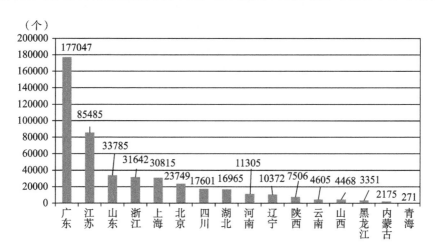

图 1-9 2015 年部分省份规模以上工业企业有效发明专利数

资料来源：国家统计局。

第 二 章

内蒙古自治区财政科技发展与政策建议

　　财政科技是指国家通过财政预算和相关科技税收政策等方式直接或间接用于科学技术活动的经费。广义上的财政科技既包括政府财政科技拨款等直接的科技经费支出，又包括科技贷款担保、科技财政贴息、税收优惠、政府采购等间接支持。内蒙古自治区作为我国欠发达地区，经济发展阶段的特点决定了财政科技支出是科技投入的重要来源，在全社会多渠道科技投入中占据重要地位并发挥着引导和调节的作用。本章从财政科技投入的规模、结构以及地区分布等方面分析内蒙古自治区财政科技投入的一般规律，并提出相应的政策。

一、内蒙古自治区财政科技发展现状

（一）内蒙古自治区财政科技投入规模分析

1. 内蒙古自治区全区 R&D 投入情况

近年来，内蒙古自治区的科技投入不断增长，2016 年 R&D 投入 147.5 亿元，是 2010 年投入的 2 倍还多，增幅达到 131.5%。从数据来看，虽然从 2014 年以后地区经济增速有所放缓，但对科技的投入强度却在增加，占 GDP 比重逐年增加，截至 2016 年底，R&D 投入强度达到 0.79%（见表 2 - 1）。

表 2 - 1　内蒙古自治区经济增长与科技投入情况

类别	年份	2010	2011	2012	2013	2014	2015	2016
GDP 增长	总值（亿元）	11672	14359	15880	16832	17770	17831	18128
	速度（%）	19.0	23.0	10.0	6.0	6.0	0.3	1.6
R&D 投入	总值（亿元）	63.7	85.2	101.4	117	122.1	136.1	147.5
	速度（%）	22.2	33.7	18.5	15.8	4.4	11.5	8.4
占 GDP 比重（%）		0.55	0.59	0.64	0.7	0.69	0.76	0.79

资料来源：《内蒙古统计年鉴》（2010～2017）、《全国科技经费投入统计公报》（2010～2016）。

从全国对比分析来看，内蒙古自治区的 R&D 投入绝对值处于全国第 20，相对于 2015 年和 2014 年，科技的绝对投入量都有所上升（2015 年为第 21，2014 年为第 20），但从 R&D 投入强度来看，一直维持在全国第 25（见表 2 - 2）。可以看出，内蒙古自治区对科技投入的重视程度落后于山西、辽宁、陕西、宁夏等地区，并且从全国平均 2.11% 的 R&D 投入强度来看，内蒙古自治区对科技投入的重视程度相对不足。

表 2 - 2　2016 年全国各地区研究与试验发展（R&D）经费情况

地区	R&D 经费		R&D 经费投入强度	
	（亿元）	排名	（%）	排名
北京	1484.6	4	5.96	1

地区	R&D 经费		R&D 经费投入强度	
	（亿元）	排名	（%）	排名
天津	537.3	9	3	3
河北	383.4	15	1.2	18
山西	132.6	23	1.03	20
内蒙古	147.5	20	0.79	25
辽宁	372.7	16	1.69	13
吉林	139.7	21	0.94	23
黑龙江	152.5	19	0.99	21
上海	1049.3	6	3.82	2
江苏	2026.9	2	2.66	4
浙江	1130.6	5	2.43	6
安徽	475.1	11	1.97	9
福建	454.3	13	1.59	14
江西	207.3	18	1.13	19
山东	1566.1	3	2.34	7
河南	494.2	10	1.23	16
湖北	600	7	1.86	10
湖南	468.8	12	1.5	15
广东	2035.1	1	2.56	5
广西	117.7	24	0.65	26
海南	21.7	29	0.54	30
重庆	302.2	17	1.72	12
四川	561.4	8	1.72	12
贵州	73.4	26	0.63	27
云南	132.8	22	0.89	24
西藏	2.2	31	0.19	31
陕西	419.6	14	2.19	8
甘肃	87	25	1.22	17
青海	14	30	0.54	30
宁夏	29.9	28	0.95	22
新疆	56.6	27	0.59	28

资料来源：《全国科技经费投入统计公报》（2017）。

2. 内蒙古自治区财政科技投入规模

近些年，内蒙古地方财政科技投入数量稳步增加。如表 2 - 3 所示，2010 ~ 2016 年，内蒙古地方财政科技投入由 21.39 亿元增加到 32.38 亿元，绝对量增加了近 11 亿元，年均增长 9.4%。从相对量的角度来看，几年中的相对变化还算稳定，除了 2012 年略有下降，地方财政科技投入占 GDP 的比重基本维持在 0.18% ~ 0.19%。但是，地方财政科技投入占地方财政总支出比重出现了下降的态势，2016 年出现明显下降，地方财政科技支出占地方财政总支出比重为 0.72%。虽然从数据上看，内蒙古自治区财政科技投入规模在扩大，但与 GDP 和财政支出的快速增长相比，财政科技投入增长相对缓慢。另外，与全国平均水平相比，内蒙古自治区的财政科技投入仍然处于较低水平。以 2016 年为例，地方财政科技投入占全国地方财政投入的比重只有 0.8% 左右，地方财政科技投入占 GDP 比重比全国低 0.34 个百分点，地方财政科技投入占地方财政总支出的比重比全国低 1.33 个百分点。总体而言，相较于前十年数据，内蒙古自治区财政科技投入与全国差距在加大，原因是全国其他地区提高了财政科技投入力度，相对地，内蒙古自治区对财政科技投入重视不足。

表 2 - 3 2010 ~ 2016 年内蒙古地方财政科技投入状况

年份	地方财政科技投入量（亿元）		地方财政科技投入增长（%）		地方财政科技投入占 GDP 的比重（%）		地方财政科技投入占地方财政总支出的比重（%）	
	全国	内蒙古	全国	内蒙古	全国	内蒙古	全国	内蒙古
2010	1588.88	21.39	21.2	18.3	0.36	0.18	2.15	0.94
2011	1885.88	28.21	18.69	31.90	0.39	0.20	2.03	0.94
2012	2242.2	27.61	18.89	-2.14	0.41	0.17	2.09	0.81
2013	2715.31	31.64	21.10	14.60	0.46	0.19	2.27	0.86
2014	2877.79	32.87	5.98	3.88	0.45	0.18	2.23	0.85
2015	3384.18	35.72	17.60	8.69	0.49	0.20	2.25	0.84
2016	3877.86	32.38	14.59	-9.35	0.52	0.18	2.42	0.72

资料来源：《中国统计年鉴（2010 ~ 2017）》、《内蒙古统计年鉴（2010 ~ 2017）》。

（二）内蒙古自治区财政科技结构分析

1. 内蒙古自治区 R&D 经费资金来源结构分析

从资金来源结构来看，政府 R&D 经费投入比重有上涨趋势。R&D 经费来源主要包括政府资金、企业资金、国外资金和其他资金。其中，政府 R&D 资金是所有 R&D 经费中最稳定、最重要的资金来源，且对各种社会资金流向科技领域具有带动作用。表 2－4 显示，近两年内蒙古自治区用于 R&D 资金增加的同时，政府资金在 R&D 资金投入中的比重上升了 1.35%，国外资金比重上升了 0.05%，其他资金上升了 0.16%，企业资金则下降了 1.54%，但企业仍然是社会 R&D 投入的主体，企业科技创新主体的地位已经确立。表明政府资金比重的上升主要弥补了企业资金比重的下降，且资金来源更加多元。

表 2－4 2015～2016 年内蒙古自治区 R&D 资金来源

年份	总额	政府资金		企业资金		国外资金		其他资金	
		数量（亿元）	比重（%）	数量（亿元）	比重（%）	数量（亿元）	比重（%）	数量（亿元）	比重（%）
2015	136.06	16.10	11.83	115.80	85.11	0.10	0.07	4.06	2.98
2016	147.51	19.43	13.18	123.27	83.57	0.17	0.12	4.63	3.14

资料来源：《中国科技统计年鉴》（2016～2017）。

2. 内蒙古自治区财政 R&D 投入活动类型分析

从 2016 年内蒙古财政 R&D 投入数据来看，基础研究投入比重仍相对较低。但相对于全国和各个地区平均水平，内蒙古自治区的基础研究投入水平明显更高，而且财政经费在基础研究、应用研究和试验发展三方面相对均衡。这是政府注重活动类型分布平衡的结果。如前所述，基础研究投入主要来自于政府，并且从世界范围来看，内蒙古自治区 20% 左右的基础研究投入水平与全球发达国家的基础研究投入水平基本持平，表明内蒙古自治区已有意识地调节三大活动领域财政投入的比例，也更加注重对基础研究的投入力度，政府 R&D 投入结构更加合理。

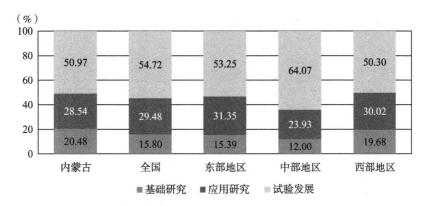

图2-1 2016年内蒙古自治区R&D经费按活动内容分类与全国比较

资料来源：《中国科技统计年鉴》(2017)。

3. 内蒙古自治区财政R&D支出执行部门分析

从执行部门来看，内蒙古财政科技经费向研究与开发机构投入最高、大中型企业次之、高校最低。2016年，内蒙古自治区财政科技经费投向研究与开发机构7.9亿元，投向大中型企业近5亿元，投向高校2.8亿元，分别占整个财政科技经费的比重为50.3%、31.9%和17.7%。政府向大中型企业拨款的比例高于向高校拨款的数量，这表明内蒙古自治区政府增大企业内部基础研究的投入力度。根据2017年内蒙古统计年鉴显示，大中型企业的基础研究费用占总体R&D投入比例从2015年的0.0066%上涨到2016年的0.0197%，增长率接近200%[1]。这说明政府利用财政科技投入引导企业更加注重基础研究的投入。

4. 内蒙古自治区财政R&D投入地区分布

从内蒙古自治区财政科技投入的盟市分布来看，财政科技投入较高的地区集中在区内经济较为发达的地区，如乌海市、包头市、呼和浩特市、鄂尔多斯市等地。乌海市以较高的科技投入比例一直占据全区第一位置，由于国家政策限制等原因，近几年乌海市、鄂尔多斯市的煤炭产业受到一定影响，财政科技投入比例有所下降，但乌海市仍是相对比例最高地区。值得关注的是，2016年以来，阿

---

① 资料来源：中国科技统计年鉴2017. 中国统计出版社，2017；内蒙古统计年鉴2017. 内蒙古自治区统计局，2017.

拉善盟的科技投入比例出现了明显上涨。

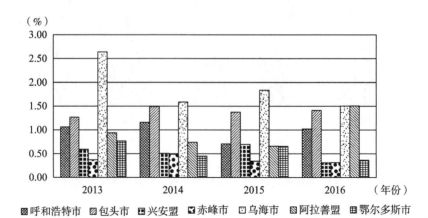

图 2-2 内蒙古自治区前七位盟市财政科技支出占地方财政支出比重（2013～2016 年）

资料来源：《内蒙古统计年鉴》（2014～2017）。

二、内蒙古自治区财政科技发展存在的问题

"十二五"时期以来，内蒙古自治区财政科技投入在各方面都有了明显的改善。但是，由于受到地区经济发展水平的限制，内蒙古自治区的财政科技存在投入不足和明显的地区结构问题，从长期来看，这些问题将会严重制约地区经济的高质量发展。

（一）内蒙古自治区财政科技投入规模不足，与全国平均水平差距增加

内蒙古自治区科技投入规模显著落后于全国平均水平。虽然受益于地区经济快速发展，近些年内蒙古自治区科技投入在绝对量上增长迅速，但是相对量增长不足，R&D 投入占 GDP 水平明显弱于经济水平相似地区。从财政科技投入角度来看，财政科技投入占地区财政总支出比重增长缓慢，并且从 2013 年开始出现明显下降趋势，甚至在 2016 年出现明显的负增长（-9.35%）。从数据中不难看出，R&D 投入强度与财政科技支出水平的相关性很强，说明财政科技支出对于拉动全社会 R&D 投入的作用是至关重

要的。而内蒙古自治区目前的财政科技投入力度与地区的创新发展规划和未来经济发展不相符合。究其原因，内蒙古自治区财政科技投入的缺乏与自治区缺乏稳定增加财政金融科技投入的长效机制有关，目前自治区缺乏财政科技拨款占财政支出比例的硬性规章制度，无法实现财政科技投入的持续性增长。

（二）内蒙古自治区科技投入结构调整明显，政府资金引导作用不足

内蒙古自治区已基本建立起以企业科技投入为主的科技投入体系，已十分接近2017年5月公布的《内蒙古自治区"十三五"科技创新规划》中"企业R&D经费占全社会R&D经费总量比例稳定在85%以上"的目标。值得关注的问题是，政府财政科技投入仅占科技投入的13.18%，相对于经济发展阶段而言，内蒙古自治区R&D经费来源中政府资金所占比重是较低的，而政府的推动和引导是全社会R&D支出增长的主要动因。

从活动类型来看，自治区的基础研究投入比例有所增长，且整体比例是优于全国平均水平的。结合执行部门结构分析，可以得出，基础研究的比例增长很可能是来自于规模以上企业提高了基础研究投入导致的。企业基础研究投入增加是政府正确引导、社会进步和经济发展的重要表现，为应用研究和试验的发展奠定基础，进而有利于自治区整体经济发展。但是这个比例上涨也有可能是由于政府资金科技投入负增长导致企业基础投入基本不变情况下的相对统计数据上涨，后者将对经济发展造成不利影响。

（三）内蒙古自治区各盟市财政科技投入差距大，地区差异增大

从自治区各盟市的财政科技投入来看，无论是绝对量还是相对量都存在较大差距，突出的表现是经济较为发达的盟市财政科技投入比例较高，以"呼包鄂"三市最显著。另外，具有明显能源优势和能源企业的盟市财政科技比例也较高，如乌海市和鄂尔多斯市。整体来讲，中西部盟市整体财政科技投入较高，东部盟市财政科技投入偏低，并且地区差异在加大，在经济增长中科技进步因素越来越发挥显著作用的今天，这种区域差距将不利于全区产业结构调整和新旧动能快速转化。

三、内蒙古自治区财政科技制度建设和政策建议

（一）内蒙古自治区财政科技制度建设

2006 年，内蒙古自治区开始实施创新驱动战略，并组织实施《内蒙古自治区中长期科学和技术发展规划纲要（2006~2020）》。2007 年提出"全社会研究开发投入占地区生产总值的比例到 2010 年达到 1.5%，2020 年达到 2.5%"的政策目标。近年来，内蒙古自治区通过全面实施科技成果转化、关键技术攻关、平台载体建设三大工程，在新材料、清洁能源、装备制造、绿色农牧业、生态环境等领域，取得了一批重大科技创新成果，科技进步贡献率由 2010 年的 35% 增加到 2016 年的 45%，成功培育了 3 个国家级重点实验室，呼和浩特金山开发区和鄂尔多斯高新区升级为国家高新区，高新技术企业超过 500 家，是 5 年前的 3 倍，全区共拥有各类创新平台载体共 874 家，其中，80% 以上产生在十八大之后。在政策制定方面，内蒙古自治区政府根据《"十三五"国家科技创新规划》《内蒙古自治区"十三五"规划纲要》和《内蒙古自治区创新驱动发展规划（2013~2020）》以及 2017 年 7 月颁布的《内蒙古自治区"十三五"科技创新规划》明确了自治区"十三五"的科技规划目标：到 2020 年，科技进步贡献率达到 55%，全社会研究与试验发展（R&D）经费占生产总值比重达到 2.2%，每万人发明专利拥有量达到 3 件，技术市场合同交易总额达到 300 亿元，创新装备条件大幅度改善，自主创新领域不断拓宽，综合科技实力在全国的排名进入前 20。

"十二五"时期以来，国家和内蒙古自治区先后出台多项科技政策，支持高新技术产业发展。不仅有像《关于加快稀土产业转型升级若干政策》《促进大数据发展应用的若干政策》这样的针对科技产业发展的系统的支持政策，引导科技促进经济产业的转型升级，也有针对科技人才的专项扶持、奖励政策。其中，财政科技投入方面的主要制度和政策包括：一是财政科技投入支出方式方法的创新，二是对高新技术企业的研发投入给予税收政策优惠。改革财政科技支出的方式主要有：直接的政策支持；设立政府专项基金，扶持科技产业发展；地价、电价优惠政策支持科技企业发展；采用政府购买服务、财政补贴等方式支持科技产业发展；结合奖惩制度扶持科技人才、科技企业发展等（见表 2-5）。

表 2-5 2010 年以来内蒙古自治区财政科技投入主要政策及主要内容

内蒙古自治区财政科技支出相关政策	内蒙古自治区人民政府关于深化科技计划管理改革加强科技项目和资金管理的意见	根据内蒙古自治区创新驱动发展战略需求和科技创新规律，充分调动科研人员的积极性和创造性，最大程度发挥政府科技计划与财政资金推动创新创业的作用，增强科技对经济社会发展的支撑引领作用，为实施创新驱动发展战略提供有力保障，布局项目如下：基础研究计划、重大专项计划、重点领域关键技术攻关计划、实用高新技术成果转化计划、科技创新平台（人才）体系建设计划和科技创新环境建设计划。在创新财政科技投入方面，推进后补助支持方式，针对科技成果转化类、科技平台载体类项目和绩效评价突出的项目实行财政后补助和奖励支持。在财政科技投入中设立科技协同创新基金，大力吸引新型科研开发机构和企业等社会资本加入，不断发展壮大基金规模，以股权投资形式扶持科技型企业快速成长
	内蒙古自治区应用技术研发资金管理办法	将基础性和公益性共性技术研究和关键技术研究开发与应用，以及为科技创新提供条件和服务的平台载体和环境建设等科技活动作为重点支持方向。简化了预算编制并下放预算调剂权限，提高了间接费用比例，增列的绩效支出不设比例限制；下放差旅费、会议费、咨询费的管理权限，可由高校、科研院所根据实际情况制定标准；增列了项目承担单位信用评价好且完成任务目标并通过验收，该单位的结余资金按规定可以留归使用 2 年，用于科研活动的直接支出；等等
	内蒙古自治区促进科技成果转移转化八项措施	①应用大数据交易平台；②实施后补助奖励政策；③引导和激励创新主体；④建立资金多元投入机制；⑤培育中介服务体系；⑥理顺科技成果使用权、收益权、处置权关系；⑦激发科技人员活力；⑧强化组织落实
	内蒙古自治区促进大数据发展应用的若干政策	内蒙古自治区人民政府设立专项资金，对信息网络基础设施升级改造、政务网络平台和公共服务平台建设等给予支持，同时，对大数据项目提供地租优惠、电价优惠等政策；从 2017 年起，内蒙古自治区战略性新兴产业发展专项资金对自治区基础信息资源数据库和公共服务信息资源数据库建设给予支持。各级政府根据政务及公众需求情况，采取购买数据或补助等多种方式，引导非政府数据资源更好地服务经济社会发展。开放数据使用和共享。在保障数据资源安全的前提下，采取购买服务、合作共建等多种方式，吸引社会资本、相关企业参与内蒙古自治区政务大数据资源开发应用项目建设，积极发挥政务数据资源促进经济社会发展的作用。另外，对于大数据企业落地、运营有相关鼓励政策，利用财政补贴支持企业的科技支出。在企业融资方面，自治区人民政府出资 20 亿元，吸引社会资本，建立规模 100 亿元的大数据产业发展引导基金，进行大数据企业股权投资、创业投资，与天使投资基金、风险投资基金、私募股权投资基金、产业投资基金等共同构建多层次投资体系，满足大数据产业不同类别企业在不同阶段的发展需求

内蒙古自治区财政科技支出相关政策	关于加快稀土产业转型升级若干政策	为发挥内蒙古自治区稀土资源和产业优势，推动稀土产业转型升级，促进稀土产业向更深层次、更宽领域、更高水平发展，制定包括与稀土产业发展相关的资金基金支持政策、税收支持政策、土地支持政策、电价支持政策、创新支持政策等
	内蒙古自治区深化科技奖励制度改革实施方案	科学技术奖对内蒙古自治区优秀科技工作者予以奖励，鼓励原始创新、集成创新和引进消化吸收再创新的体制机制
	科研基础设施和大型科研仪器开放共享管理办法	各级科技、财政等部门设立大型科研仪器及科研基础设施开放共享后补贴专项，根据仪器设施开放共享的绩效评价，对绩效突出的仪器设施持有单位进行奖励补贴，并对其申报的科技项目同等情况下优先给予支持
税收优惠政策	六大税收政策举措助推内蒙古自治区五大任务落实	重点落实好支持新办企业、公益福利性企业和高新技术企业发展、支持科技成果转化等涉及的房产税等9个税种和2个规费的相关政策规定
	企业研究开发费用加计扣除项目办法	是在企业开发新技术、新产品、新工艺的研究开发费用实际发生额基础上，再加成一定比例，作为计算应纳税所得额时扣除数额的一种税收优惠政策
	高新技术企业所得税优惠政策	国家需要重点扶持的高新技术企业，减按15%的税率征收企业所得税
	关于支持科技创新进口税收政策管理办法的通知	对科学研究机构、技术开发机构、学校等单位进口国内不能生产或者性能不能满足需要的科学研究、科技开发和教学用品，免征进口关税和进口环节增值税、消费税；对出版物进口单位为科研院所、学校用于科研、教学的图书、资料等，免征进口环节增值税

资料来源：内蒙古自治区财政厅、科技厅历年政策梳理。

（二）内蒙古自治区财政科技投入机制政策建议

1. 增加财政科技投入，完善科技成果共享机制，提高财政科技投入效率

针对内蒙古自治区财政科技投入强度不足的现状，未来内蒙古自治区应保持政府科技投入的稳定增长，发挥好财政科技投入的引导激励作用和市场配置各类创新要素的导向作用。

（1）调整财政对科技的支出范围，突出资源配置与规划任务衔接。依据公

共经济学的原理和公共财政的职能要求，并结合内蒙古自治区市场化改革的进程和科技体制改革进程，调整改进财政资金配置机制。具体而言，对于一些理论性、基础性和社会公益性研究以及战略性高技术领域的研究和国家赋予专业服务职能的科研单位，要继续纳入财政供给范围，加大财政对其支持力度，并建立起正常的财政拨款增长长效机制。例如，适度加强高等院校、重点科研机构的基础理论与应用基础研究，应用研究与试验发展比例保持在目前的结构水平。坚持扶弱壮强，弥补投入短板，加大对科研机构基本运行、重点创新平台开放运行的支持力度，体现对产学研深度合作的优先支持。对于一些重大的、关键性领域的科技攻关项目和技术改造项目，这类项目一般属于重大应用性项目，其研究成果除能给项目实施者带来经济效益外，还具有较大的外部性，加之耗资巨大，一般单位难以承受。这类项目包括：基于自主创新的重大科技研发、成果转化和产业化环节，具有自主知识产权以及培育战略性新兴产业、发展壮大高新技术产业、挖掘地方经济新增长点的项目，针对此类项目，财政在继续对其直接投入以外，可适当增加间接投入比例，通过财税政策、财政补贴等政策，积极引导相关企业、科研单位、银行等对其进行资金投入，形成以政府投入为主导，企业、银行等非政府投入为主体的多形式、多渠道的科技投入体系。对于一般生产性和竞争性领域的科技开发项目，企业或科研单位可自行面向市场筹集资金，政府可采用一些鼓励性的政策支持，如税收优惠、企业科研投入抵扣、政府信用担保、政府采购等，鼓励企业进行科技开发。

（2）充分利用政府担保的"放大器"功能，引导企业加大科技投入。根据国外的实践，政府担保的倍数在 10～15 倍。政府通过设立科技担保基金或设立贷款担保基金，为企业科技投入向银行提供贷款担保。引导激励企业加大科技投入，迅速扩大企业科技投入总量。建立自治区国有规模以上工业企业、高新技术企业、科技重大专项承担企业科技投入监测机制。各类企业技术开发费用按已有政策规定足额提取，高新技术企业中的大中型企业研发费用占比不低于相关规定。

（3）在财政科技经费管理方面，促进科技共享平台的建立。简化财政科研项目预算编制，将直接费用中多数科目预算调剂权下放给项目承担单位；项目年度剩余资金可结转下年使用，最终结余资金留归项目承担单位使用。增加间接费用比重，对劳务费不设比例限制，参与项目的研究人员、科研辅助人员均可按贡献开支劳务费。差旅会议管理不简单比照机关和公务员，高等院校、科研机构可根据科研业务需要，确定专业性会议规模和开支标准。建立科研财务助理制度，精简各类检查评审。项目承担单位要强化自我约束意识，完善内控机制，营造更好的科研环境。针对财政资金投入分散、共享效果差、投资效益低的问题，需要建立一个超部门的专门机构来统一协调各部门的意志，形成系统的、整体的财政科技投入机制，提高财政科技投入资金的使用效益。由自治区政府建立领导科技发展和管理科技资源配置、使用的综合协调机构，统一协调科技经费投入结构优化和相关科技部门的财政科技经费分配等，建立一个"科技投入、科技条件、科技成果等"信息共享平台。

2. 调整财政科技投入的投向结构和地区结构

（1）调整财政科技投入投向结构，重点加强基础研究投入。一般地说，要使地方的比较优势转化和创造为新的竞争优势，保持优势产业和技术的持续发展，在地方财政科技经费的分配上，基础研究、应用研究和试验发展经费三者之间存在着一个客观的最佳比例。

从整体数据来看，近年来，内蒙古自治区科技投入的基础研究投入比例是高于全国平均水平的，这对于内蒙古自治区的经济发展阶段来讲是有利的。未来自治区应该把加强基础研究作为发展科学技术的战略基点和科技发展基础的核心环节，逐步摆脱主要依靠外来技术的局面，优化基础科学布局，大力提高原始创新能力，加快培育一批优势学科和高起点自主创新基地，增加自主知识产权和核心技术储备。应根据地方科技发展战略，加强特色基础科学研究。具体来讲，应依据基础科学发展趋势和内蒙古自治区基础科学学科特色及发展水平，确定学科发展布局和重点研究方向，不断加大支持力度。新增自治区基础研究平台，稳定基础研究队伍，提高自治区自然科学基金和重大科技项目中用于基础研究的支持额度，显著提高基础科学研究解决重大问题的能力。以提高原始创新能力为核心，根据内蒙古自治区战略需求，优先支持能解决重大技术问题产生自主知识产权和为高新技术提供知识储备的课题，或为重大决策提供理论依据的基础理论和应用基础研究课题。强化以原创研究和系统布局为特点的大科学研究组织模式，部署基础研究重点专项，力争实现重大科学突破。建立有望引领自治区重点产业技术变革的基础研究培育机制，重点在能源化工、生命科学、区域环境质量与可持续发展、生态水利与环境水利、民族药学与医学、计算机软件与信息系统、新材料与复合材料等领域增加科学储备。

（2）结合地区经济和科技特色，不断调整各地区财政科技投入结构。对不同科技特征的地区应给予不同程度的财政支持。一般来说，对于发达地区、中心城市，由于科技资源比较丰富，经济实力较强，财政科技投入重点应在科技活动的上游、中游阶段，即基础研究和应用研究，提高原始创新能力，推动知识和先进技术的转化与扩散；对于发展中的区域，财政科技支出应重点投入在中游、下游阶段，即应用研究和试验发展活动。科技发展整体战略较适宜于"试验发展—应用研究—基础研究"模式，即采取引进、消化、吸收先进技术，以此促进试验发展。

从自治区的数据分析来看，R&D 投入强度的区域差异较大。各盟市地区财政科技支出应根据各地科技发展战略，以支持地区经济发展，建立区域科技创新体系为主要目标，确定科学合理的支出结构。内蒙古自治区东西狭长，中部、东部、西部经济特色非常不同，因而科技创新体系也全然不同。对于相对具备人才优势的"呼包鄂"地区，应依托呼和浩特云计算产业基地，联合内蒙古大学、内蒙古工业大学、内蒙古出版集团等，组建云计算和大数据产业技术创新战略联盟，形成立足内蒙古、服务京津冀、辐射全国的"草原云谷"。并且，要依托重点企业，联合区内外知名大学，组建高端装备制造产业技术创新战略联盟，充分发挥龙头企业带动作用和产学研整体优势，推动高端装备制造协同创新和技术、装备、人才资源共享，抢占国内前沿。另外，针对包头市丰富的稀土资源，提升中国科学院包头稀土研发中心的建设水平，重点突破稀土相关的应用研究和试验发展，加速稀土高新技术企业孵化进程。针对内蒙古河套平原丰富的农牧业资源，促进农牧业技术研究院创新发展，联合内蒙古农牧业科学院，重点围绕地方特色产业和盐碱地治理改造开展关键技术攻关。支持蒙东地区有色金属工业技术研究院建设，尤其是发挥赤峰市有色金属资源优势，重点开展有色金属"采选冶加"关键技术攻关，强化有色金属产业技术创新战略联盟的运行。

3. 健全内蒙古财政科技投入项目与资金管理制度

根据《内蒙古自治区人民政府关于深化科技计划管理改革加强科技项目和资金管理的意见》，为提高财政科技资金的使用效率，应建立健全相关的资金管理及保障制度。具体政策措施如下：

（1）建立财政科技投入项目与信息数据管理平台。进一步丰富自治区科技管理信息系统，充分利用科技资源数据库，构建全区财政科技投入项目与信息资源管理平台，对内蒙古自治区本级财政科技计划项目的需求征集、指南发布、项目申报、立项和预算安排、跟踪问效、结题验收等全过程进行信息化管理，内蒙古自治区本级财政科研项目数据库实现与国家科研项目数据库互联互通，向社会公开信息，接受公众监督。项目承担单位要在单位内部公开项目立项、主要研究人员、资金使用、大型仪器设备购置以及项目研究成果等情况，接受内部监督。

（2）创新财政投入方式，实施财政科技基金化。除了基础型研究保持现有的财政投入方式外，针对科技成果转化类、科技平台载体类项目和绩效评价突出的项目实行风险补偿、后补助、创投引导等方式发挥财政资金的杠杆作用，运用市场机制引导和支持技术创新活动，促进科技成果转移转化和资本化、产业化。基于内蒙古自治区财政科技投入不足的现状，在壮大现有科技基金规模的基础上，分类增设科技创新基金，如设立内蒙古科技与金融协同创新基金，大力吸引金融机构、新型科研开发机构和企业等社会资本加入，不断发展壮大基金规模，以股权投资形式扶持科技型企业快速成长。

（3）建立内蒙古自治区科技创新厅际联席会议制度。成立由自治区科技厅牵头，自治区财政厅、发展改革委等相关部门参加的科技计划管理厅际联席会议。厅际联席会议负责制定议事规则，审议科技发展战略规划、科技计划的布局与设置、重点任务的确定、专业机构遴选等事项。各相关部门提出本行业、本领域重大科技需求，并在任务组织实施和科技成果转化推广应用中发挥积极作用。并组建由科技界、产业界和经济界的高层次专家组成的战略咨询委员会，对科技发展战略规划、科技计划布局、重大专项设置和任务分解等提出咨询意见，为联席会议提供决策参考。

（4）完善信用管理制度和考核问责制度。建立覆盖项目储备、指南编制、项目申请、评审、立项、执行、验收、评估全过程的科研信用记录制度，由项目主管部门委托专业机构对项目承担单位和科研人员、评估评审专家、中介机构等参与主体进行信用评级，并按信用评级实行分类管理。建立完善覆盖项目决策、管理、实施主体的逐级考核问责机制，加强科研项目和资金监管工作，严肃处理违规行为，实施责任倒查，针对出现的问题倒查项目主管部门相关人员的履职尽责和廉洁自律情况，经查实存在问题的依法依规严肃处理。

第三章

内蒙古自治区科技信贷发展与政策建议

科技企业的发展离不开金融支持，在经济进入新常态以及企业转型升级的背景下，如何提升产业质量，科技创新是关键。然而，科技创新需要资金支持，对处于不同阶段的科技企业来说所需的资金是不同的。本章主要从内蒙古自治区科技金融角度分析科技信贷的发展、存在的问题和原因及政策建议。

一、内蒙古自治区科技信贷发展现状

（一）科技信贷规模不断增加

近年来，科技与金融结合的力度显著提高，其中，政策性银行和国有商业银行是内蒙古自治区科技投入的主要信贷支持来源。在内蒙古自治区各类贷款逐年增加的同时，内蒙古自治区科技信贷在科技金融政策的推动下，对科技信贷的投入也明显上升。2009 年的科技信贷（是指科学研究与技术服务业贷款）投入为 12.85 亿元，到 2017 年 10 月增加到 67.84 亿元，增加了 5.28 倍，尤其是 2010 年以来，随着创新驱动的深入推进以及科技与金融的不断融合，科技金融的发展越来越受到重视，科技信贷得到进一步提升，科技信贷规模首次突破 20 亿元大关（见表 3 - 1）。

表 3 - 1   内蒙古自治区科技信贷投入及占比情况

年份	2006	2007	2008	2009	2010	2011	2012	2013	2014	2015	2016
信贷总额（亿元）	3205	3767	4527	6292	7919	9730	11284	12944	14947	17140	18652
科技信贷（亿元）	1.9	4.9	7.73	12.85	21.56	23.86	31.94	44.13	32.36	56.64	52.78
占比（%）	0.06	0.13	0.17	0.13	0.18	0.17	0.20	0.26	0.18	0.32	0.28

资料来源：内蒙古自治区银监局. 内蒙古自治区主要经济金融指标. 2017.

（二）科技信贷增速显著

2006 年，国家正式出台并实施《国家中长期科学和技术发展规划纲要（2006～2020）》，2007 年，内蒙古自治区政府提出了建设创新型内蒙古自治区的战略构想，并制定了"要加大科技投入，建立社会化、市场化、多元化的科技投入体系，力争实现全社会研究开发投入占地区生产总值的比例到 2010 年达到 1.5%，2020 年达到 2.5%"的政策目标。值此，内蒙古自治区加速推进科技金融的发展，重点从金融机构入手，加大对科技信贷的投放力度，科技信贷规模和增长速度显著提升，尤其是 2007 年的科技信贷比 2016 年增长了 157%，自此，内蒙古自治区科技信贷持续增长的发展态势，只有 2014 年和 2016 年出现下降的间歇格局。2014 年和 2016 年科技信贷出现下降的情形，与这两年的科技信贷占 GDP 的比率比较一致。其中，2014 年科技信贷占比为 0.18%，比 2013 年下降了

0.08%；2016 年科技信贷占比为 0.28%，与 2015 年相比下降了 0.04%。从科技信贷的增长速度看，近十年的平均增幅为 47.5%，只有在 2014 年和 2016 年出现负增长（见表 3-2）。这两年的增幅与经济增长出现下滑有关，因为内蒙古自治区 2013 年的 GDP 增长为 9%，而 2014 年的 GDP 增长下滑到 7.8%；2015 年的 GDP 增长为 7.7%，而 2016 年的 GDP 增长则下滑到 7.2%。

表 3-2　内蒙古自治区科技信贷投入及增长情况

年份	2006	2007	2008	2009	2010	2011	2012	2013	2014	2015	2016
科技信贷（亿元）	1.9	4.9	7.73	12.85	21.6	23.9	31.9	44.1	32.4	56.6	52.8
增速（%）	—	158	58	66	68	11	34	38	-26	75	-7

资料来源：内蒙古自治区银监局. 内蒙古自治区主要经济金融指标. 2017.

（三）科技信贷成为企业 R&D 经费支出的主要资金来源

企业自有资金、银行信贷资金和政府资金是企业 R&D 经费的主要来源，从发达国家和地区的经验来看，除了企业自有资金外，外源融资是企业 R&D 经费的主要来源。近十年，内蒙古自治区积极推动科技金融的发展，通过制定鼓励性科技政策加大了对科技型企业的信贷支持，科技信贷成为企业 R&D 经费的主要来源之一，占比基本处于 40% 以上，其中，2015 年达到 61.1%（见图 3-1）。

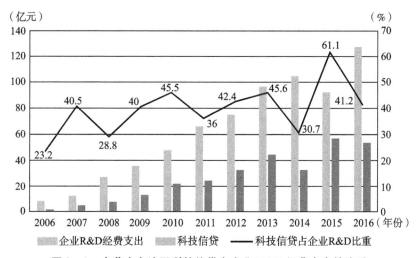

图 3-1　内蒙古自治区科技信贷占企业 R&D 经费支出的比重

资料来源：内蒙古自治区银监局. 内蒙古自治区主要经济金融指标. 2017.

二、内蒙古自治区科技信贷发展存在的问题

（一）内蒙古自治区 R&D 投入强度较低，影响了科技信贷的投入

以内蒙古地区研发经费投入增长情况来说，2009～2012 年平均以 20% 的幅度增长，2012～2016 年增幅开始下降，到 2016 年下降到 8.38%。从研发经费占 GDP 比重的情况来看，2009 年内蒙古自治区 R&D 经费支出为 52.1 亿元，2016 年增加到 147.5 亿元，是 2009 年的 2.83 倍。2009 年 R&D 经费支出占国内生产总值的比重为 0.52%，2016 年已提高到 0.79%，但与全国平均水平相比，仍然存在较大的差距，2016 年全国研发经费支出占国内生产总值的比重已经达到 2.11%，2017 年为 2.12%，是内蒙古地区研发经费占 GDP 比重的 2.68 倍。

一国或一地区的科技创新程度取决于 R&D 投入的强度，凡 R&D 投入强度达到 1% 以上，被认定为有所作为，保持在 2% 以上，被认定为具有科技创新能力。内蒙古自治区 R&D 投入强度长期处于 1% 以下，是严重缺乏科技创新能力的，这种局面对于以风险厌恶为主要特征的金融机构，难以形成以科技信贷为主的科技金融发展的良好局面（见表 3-3）。

表 3-3　内蒙古自治区 R&D 经费投入及占 GDP 比重情况

年份	2008	2009	2010	2011	2012	2013	2014	2015	2016
内蒙古自治区 R&D 经费总投入（亿元）	33.9	52.1	63.7	85.2	101	117	122.1	136.1	147.5
内蒙古自治区 R&D 经费投入占比（%）	0.44	0.52	0.55	059	0.64	0.70	0.68	0.76	0.79
全国 R&D 经费投入占比（%）	1.44	1.70	1.76	1.84	1.98	2.08	2.05	2.06	2.11

资料来源：《全国科技经费投入统计表》（2017）。

2006 年，内蒙古自治区各类贷款总额是 3206 亿元，其中对科学研究和技术服务类的贷款仅有 1.9 亿元，占全部贷款的比例为 0.06%，到 2016 年底，科技贷款总额达到 52.78 亿元，占全部贷款的比例是 0.28%，尚不足 0.5% 的最低线。尽管科技信贷总额在逐年上升，但科技信贷占全部信贷规模的比重在下降，特别是 2013 年开始的经济低谷，导致 2014 年全区科技贷款总额出现显著下降，

科技信贷占比为0.21%，随后有所增加，但总体占比处于下降趋势。这说明，由于科技创新活动的不确定性和高风险性，使得金融机构不愿对其发放贷款，因而造成了内蒙古自治区科技信贷占比较低的情况。

（二）财政科技的经费投入不足，导致科技信贷支持乏力

金融信贷在促进科技创新的过程中，财政科技资金专项投入力度不大，从财政科技投入的比重来看，科技财政拨款在财政支出中的比重却在下降，从2009年的0.9%下降到2017年11月的0.65%（见表3-4）。在国家出台的一些支持科技创新政策的指引下，内蒙古自治区地方政府及科技金融相关部门也出台了一些配套政策，但从实际情况来看，自治区在促进科技创新金融支持方面尚存在不少空白，没有建立科技型中小企业的融资补偿机制，在银行等金融机构支持的科技企业出现风险时，没有相应的风险补贴和风险补偿资金，缺乏规范科技型中小企业融资担保、贷款贴息等方面的政策支撑，特别是在科技创新转化的初创期和成长期得不到应有的财政政策的有利扶持，金融信贷的进入就更加困难，这也说明了为什么科技信贷的规模及占比较小是有原因的。

表3-4　内蒙古自治区财政经费投入及占比情况

年份	2009	2010	2011	2012	2013	2014	2015	2016	2017.11
财政科技支出（亿元）	17.4	21.4	28.2	27.3	31.6	33.04	34.83	30.98	25.32
财政科技增长（亿元）	—	22.98	31.8	-3.2	14.5	4.4	6.0	-13.3	10.2
财政科技拨款占财政支出比重（%）	0.9	0.94	094	0.79	0.85	0.85	0.84	0.68	0.65

资料来源：内蒙古自治区统计局官网。

（三）为科技型企业提供的科技信贷服务创新不足

科技型企业的发展是有其内在规律的，要经过初创期、成长期和扩张期等不同阶段，每一阶段需要不同类型的资金支持。如初创期的企业处于研发阶段，经营活动的资金流入不足，不适合银行贷款的支持；成长期的企业快速扩大经营规模，对流动性资金的需求也迅速增多，主要是依靠银行贷款的融资方式，但是由于企业信用积累不足，缺乏抵押资产，难以获得银行贷款；在扩张发展期的企业，需要获得的资金需求更多，可选择的融资方式应更加多元化。

内蒙古地区的科技信贷服务创新不足，科技和金融结合的渠道不畅通，内蒙古地区金融业推出的科技信贷产品，大多为金融机构出于自身谋利的动机，而引导资源合理配置的功能并不明显，很难引导信贷资金进入科技领域。从科技应用和科技研发的企业来说，对财政补贴的依赖性较强，不善于运用市场条件获得融资。科技企业如果在不同阶段很难对接上有效的融资渠道，技术得不到实际应用，其发展就可能面临着举步维艰的困境。

一是科技信贷金融机构出于对安全性、流动性和营利性的考虑，更加倾向于支持大型企业的科技创新活动，或在科技型中小企业发展的成熟期才提供金融支持，这可能是导致科技信贷投入不足或不稳的原因之一。这从科技信贷占信贷规模的比率可以看出，2009～2017年，没有一年这一比率达到0.5%，就说明了这一点。二是科技信贷金融机构贷款评估方法主要是考察科技企业的抵押物、未来还款能力以及未来风险的可预测性等方面，而对无形资产等与科技创新活动密切相关的软指标没有足够的重视。然而大部分的科技型企业无法提供足够的可供抵押的资产，结果导致科技信贷投入不足。

（四）科技信贷专业服务机构和专业人才能力不足

1. 缺乏科技信贷专业服务机构以及相关服务科技发展的服务体系

内蒙古自治区科技金融服务体系的建设处于探索阶段，还未建立起完备、专业的科技信贷服务机构，没有建立起互联互通资源共享的信息服务系统等体系，很多工作的开展不能得到及时有效的落实。促进科技和信贷的结合、创新科技信贷产品服务，大量涉及法律咨询、财务咨询、知识产权评估、企业信用评价、技术认证、产权评估交易和信息需求对接等专业化、个性化服务机构，迫切需要培育专业化、市场化服务运作的科技信贷服务机构，为科技企业提供合理的财务报表增值服务以及申请贷款与评估、融资培训与政策咨询服务，加强有效资源整合，建立支持科技型企业整个创新链全过程的科技信贷服务体系。

2. 缺乏既懂科技又懂金融的专业人才队伍

科技和金融结合具体工作的开展也急需一批既懂科技又懂金融的人才，需要建立健全相应的培训体系和人才引入机制，从源头保证科技金融工作顺利开展。与发达地区相比，内蒙古地区的金融环境不容乐观，缺乏像发达地区那样先进的教学设备和师资力量，缺乏有实力的培训机构，基于传统的培育人才教育方式，服务本地区的复合型人才并不多，大学生创新创业基地等相对薄弱。

三、内蒙古自治区科技信贷政策发展与建议

（一）科技信贷政策的制定与实施

2005 年 9 月，内蒙古生产力促进中心基于科技部《关于推动科技型中小企业融资工作有关问题的通知》文件精神，积极与国家开发银行内蒙古分行、包头稀土高新区中小企业信用担保有限公司、北京国家开发银行资产重组保全局专用贷款处、上海浦东生产力促进中心等地调研，向科技厅上报《内蒙古科技型中小企业融资服务平台建设方案》，提出当前应建设"科技型中小企业融资服务平台"。内蒙古科技厅对此予以积极支持，并与国家开发银行内蒙古分行进行了深入接洽，并于 2007 年 7 月，在"第四届满洲里中俄蒙科技展暨高新技术产品交易会"上，内蒙古科技厅与国家开发银行内蒙古分行签署《支持自治区自主创新和科技发展备忘录》，拟定在科技重大项目、科技园区建设以及科技型中小企业融资等方面推进合作，并在高新技术创业投资贷款、创业引导基金贷款、产学研贷款领域积极探索合作方式。

2008 年 4 月，又签发了《关于由生产力促进中心作为贷款主体的函》（内科发条字〔2008〕2 号）；2008 年 9 月，内蒙古生产力中心经过开发银行的信用评审，给予 BBB + 信用等级，授信额度为 5 亿元，即融资平台最大贷款额度。以内蒙古生产力中心作为运营主体的融资服务平台正式建立，融资平台采取统贷的借款方式，即统一借出、统一归还的贷款模式，即生产力中心以委托贷款方式向开发银行内蒙古分行申请贷款，按贷款金额的 10% 建立风险准备金，并与用款企业签订担保合同，将用款企业担保权益（产生的应收账款）质押给开发银行。贷款到期时，生产力促进中心承担统一偿还的责任，一般称为"打包贷款"。在打包贷款业务中，风险准备金按 1∶10 的比例放大，即存入 100 万元风险准备金，可以贷出 1000 万元贷款。这在全国开发银行打包贷款业务中都不多见，一般融资平台的风险准备金都按 1∶5 放大。总计平台发放贷款 3 批项目，贷出资金 2500 万元。

同时，内蒙古科技厅与内蒙古银行实施开展了战略合作，提供多种科技金融信贷支持，并给予利率优惠，缓解内蒙古自治区重大科技项目资金短缺和科技型中小企业融资难问题；同年，内蒙古自治区启动了将包头国家稀土高新技术开发区列入自治区科技和金融结合试点工作。为解决中小企业融资难题，内蒙古自治区生产力促进中心作为科技金融服务平台，通过整合资源，以促进科技和金融结合试点启动会议精神为指导，配合科技厅开展科技金融结合工作，积极向科技厅上报工作方案，同时联系金融、保险机构，准备启动"内蒙古科技金融'一站式'服务体系建设及示范"，为中小企业的技术创新提供贷款辅导、资金、管理、咨询、评估、公证、固定资产抵押、知识产权质押、科技保险等配套服务。

（二）科技信贷政策的深入发展

2011年，内蒙古自治区科技厅会同自治区财政厅、中国人民银行呼和浩特中心支行、内蒙古银监局、内蒙古证监局和内蒙古保监局，就联合开展促进科技金融结合工作提出了《推进内蒙古自治区科技金融结合工作的若干意见》。内蒙古金融机构将根据国家和自治区经济发展的需求对科技厅遴选推荐的重大科技专项和优先发展、支持的科技成果以及科技企业的创业发展提供多种金融信贷支持，并给予利率优惠，从而缓解内蒙古自治区重大科技项目资金短缺和科技型中小企业融资难问题。其措施表现如下：

其一，推进各级科技部门与各类金融机构合作，共同推动科技型中小企业发展，创新金融产品，完善服务手段，促进科银企合作向制度化、长效化方向发展。

其二，建立和完善科技专家库，组织开展科技专家参与科技型中小企业贷款项目评审工作，为银行信贷提供技术咨询意见，建立科技专家网上咨询工作平台。

其三，建立科技贷款项目储备库，通过科技投融资服务平台，吸引金融机构及社会资本参与科技成果转化和高新技术成果产业化项目投资。

其四，银行金融机构要大力支持科技创新，为科技型中小企业提供多种金融服务和金融产品。

其五，在有条件的地区开展科技型中小企业信用贷款试点，推动开展知识产权质押贷款和高新技术股权质押贷款业务。

（三）科技信贷政策的相关建议

坚持政府引导与市场机制相结合，探索发展新型科技金融服务组织和服务模式，努力构建多元化、多层次、多渠道的科技投融资体系。积极探索建设科技金融试点园区，为重点创新项目融资开辟绿色通道。综合运用各类金融工具，引导金融机构加大对科技型中小企业和高新技术企业的信贷支持，推动商业银行设立从事科技型中小微企业金融服务的专业机构或特色分（支）行，提供科技担保贷款、知识产权质押贷款等金融服务，进一步发展壮大自治区科技协同创新基金规模。

1. 健全科技与金融有机结合的政策法规保障机制

在大力增加财政科技投入的同时，必须建立健全科技与金融有机结合的相关法律政策。基于政府财政科技投入力度较低的现状，要增加政府支持科技的专项基金规模，对科技创新及科技成果转化的企业进行扶持；加大财政科技投入流向科技研发领域的比例，提升政府 R&D 投入引导企业 R&D 经费规模化和多元化的能力；鼓励科技创新企业大幅度增加 R&D 投入，增加现有投入总量，使 R&D 经费占内蒙古 GDP 的比重逐年提高。为了鼓励企业开发新产品、新技术，促进科学技术成果的转化，内蒙古自治区政府必须对这部分高科技产业制定一些税收优惠政策，调动企业科技创新的积极性。政府对落实并符合国家关于促进科技创新、加速科技成果转化以及设备更新等的企业，制定允许企业设备加速折旧的政策。

2. 完善科技企业的信用担保体系

从整体来看，内蒙古自治区的各类金融机构并没有将具有"高成长、高风险"的科技型企业和传统的一般性企业区分开来，导致了银行授信流程中的风险控制和授信机制在上述两类中并无显著差异，在授信作业中过度注重有形资产的存在。企业科技型企业一般自身固定资产有限，难以向银行提供抵押物，从而无法得到贷款。而信用担保机构虽然不直接向企业提供贷款，但是可以为企业贷款进行担保，以此提高企业的信用评级，既满足了银行的贷款条件，又使企业获得了贷款资金。

内蒙古自治区应当构建包含政策性担保公司、商业性担保公司、互助性担保公司和专项担保基金在内的多层次的信用担保体系，并采取风险补偿、奖励补助、资本注入等多种方式，提高担保机构对科技型企业的融资担保能力。此外，还应当建立完善的科技征信体系实时把握科技型企业的财务状况与信贷情况，为担保公司降低金融风险。

鼓励发展民营担保机构，组建中小企业互助担保基金。目前，在内蒙古自治区担保机构中，民资担保机构数量少，担保额度所占比例小，因此可成立以政府为背景、各类金融机构和企业参股的高科技企业信用担保机构，专门从事对科技创新型企业的信用担保业务，担保公司的人员一定具备科技金融的基本知识，必须掌握风险投资的基本原理。

3. 建设科技信贷支持体系

内蒙古自治区近几年的科技信贷投入占全贷款的比例较低，尚不足 0.5% 的最低要求。商业银行贷款门槛较高，信贷支持不足，科技型中小企业融资难，企业难以存活，技术转为产品的过程往往就会提前夭折。

内蒙古自治区应突破传统观念的限制，借鉴国内外一些在科技信贷方面先进的机制和方式，从信贷政策、信贷机制、信贷产品、信贷服务等多方面构建支持科技创新和发展的体系。

（1）要提升和加强信贷政策服务科技创新和发展的力度。要在内蒙古自治区政府主持下，形成自治区财政、人民银行、银监局、科技厅等部门联合制定的服务科技创新和发展的信贷政策和制度，要具体明确，要有相应的配套细则和措施，在各类金融机构进行科技信贷支持方面的风险能够得以补偿，起到鼓励和激励的作用。

（2）要建立和发展符合科技信贷的机制和机构。根据内蒙古自治区经济金融以及科技创新和发展的特点，制定适合自治区科技企业的科技信贷机制和机构。一是在一些有条件的银行设立科技信贷部。通过设立科技信贷部专门服务科技企业，政府可设立专项风险储备金，一旦出现风险，可先由政府专项风险储备金进行垫付，再进行评估。引导并鼓励银行扩大对科技企业的信贷规模，简化信贷审批手续，提高服务效率，为科技创新活动提供及时、充足的资金支持。政策性银行和商业银行的分行都可设立科技信贷部提供科技信贷服务。二是培育科技支行。由于内蒙古自治区金融发展水平较为滞后，因此在培育科技银行的过程中要循序渐进。可以在现有的商业银行中选取银行进行试点，设立科技支行，尽早开展专门面向科技型中小企业的科技贷款业务。同时，政府应当制定相关政策和优惠措施以支持科技支行的发展。科技支行这种模式由于在国内已经出现，而且对促进当地企业的科技成果转化，针对科技型中小企业的自身特点提供多项贷款服务，以解决科技型中小企业的融资难、融资贵等方面，都不同程度地起到了成效。三是支持依法设立小额贷款公司、企业集团财务公司、金融租赁公司和融资性担保公司，将服务科技创新作为主要战略目标，提高科技企业金融服务的专业化水平。

（3）要鼓励金融机构创新科技信贷融资产品。根据科技企业不同时期的融资需求，开展专门针对科技企业的股权质押贷款、知识产权质押贷款、信用贷款等创新信贷产品，并加强与科技部门的合作，对政府支持的重点科技企业开辟金融服务的绿色通道，并针对不同阶段科技企业的资金需求，提供多样化的金融服务。为了进一步促进科技金融结合，鼓励符合条件的金融机构在依法依规、风险可控的前提下，与创业投资机构、股权投资机构实现投贷联动，支持创新企业发展。支持商业银行开展非固定资产抵押质押模式创新，逐渐建立科技企业和中小微企业信贷风险补偿办法。支持商业银行设立互联网金融平台，利用互联网、大数据提升金融服务能力，推进信用信息及大数据在互联网金融领域的应用，依法合规开展互联网非公开股权融资活动。

（4）要探索新的科技信贷服务模式。在信贷服务模式上，积极探索新型融资模式，为初创期的科技企业拓宽融资渠道。有效利用内蒙古自治区对科技支持的政策和力度，建立自治区政府专项扶持科技型企业的风险偿债基金，设置适用于科技型企业贷款的"收益—风险"匹配机制，创新银政保企合作模式，完善"政府＋保险＋银行＋第三方信用评级"的风险共担模式和风险补偿机制，通过全面开展科技企业与金融创新的对接服务，全力推进特别是创业企业与内蒙古自治区各盟市（含区县）的各类科技园区、孵化区平台的建设。鼓励引导金融机构创新服务模式，积极运用银团贷款、并购贷款等方式支持科技创新。

4. 多渠道设立科技引导基金

为了强化政府科技投入的优先地位和杠杆作用，提高财政资金在科技投入多元化过程中的调控能力，推动建立以政府资金为引导、社会资本为主体的各类科技引导基金。

（1）建立政府资金引资机制。通过财政资金注入、吸收国有资本和民营资本入股等途径，在自治区和各盟市设立科技融资担保资金，鼓励融资担保机构创新业务品种和反担保措施，为科技类企业和项目融资提供增信服务。推广政府和社会资本合作模式，促进科技创新项目与民间资本积极对接。

（2）设立天使投资基金。建议在自治区科技协同创新基金中设立天使基金，整合财政科技专项资金，加大对自治区重点产业发展和小微科技型企业的支持力度。引进高水平专业化基金管理团队，健全基金监督管理机制，推进自治区协同创新基金规范化运作，不断壮大基金规模。支持设立天使投资、创业投资和科技成果转化引导基金，吸引区外知名风险投资机构来我区发展，积极吸引社会资本、生产要素投向科技服务业。鼓励设立科技贷款风险补偿专项资金。

（3）培育和发展科技保险市场。制定科技保险保费补贴政策，推动保险机构开发创新型科技保险产品。推动科技保险试点渐次铺开，积极完善科技保险、专利保险及知识产权质押风险补偿机制。

第四章

内蒙古自治区科技保险发展与政策建议

科技保险是国家科技部与保监会联合推出的一项以保险机制保证高新技术企业"未来收入一致性"的保障举措，旨在通过支持高新技术企业发展，促进国家自主创新战略的政策手段。自2006年试点以来，我国初步建立了科技保险产品和服务体系，不仅较好地承担了科技企业技术创新和生产经营服务相关风险，而且为国家高科技产业提供了一定的保险资金支持。科技保险作为自主创新的重要保障，对提高企业自主创新效率，增强我国科技实力有着至关重要的作用。

本章主要从内蒙古自治区科技保险角度分析科技保险的发展、存在问题及政策建议。

一、内蒙古自治区保险业发展概况

近40年来，内蒙古自治区保险业快速发展，服务领域不断拓宽，为促进内蒙古自治区经济社会发展和保障人民群众生产生活做出了重要贡献。回顾近十年的内蒙古自治区保险业所取得的发展成就，主要表现如下：

（一）保险市场主体不断增加，保险市场体系渐趋完善

2007年，全区共有保险公司省级分公司19家，其中财产险公司10家，人身险公司9家；地市级中心支公司（二级分公司）122家，支公司以下营业性机构1180家。随着内蒙古自治区保险市场规模的不断扩大，内蒙古自治区保险市场主体不断增加。截至2017年底，全区有各类保险公司39家，其中财产险省级分公司22家，地市级中心支公司124家，支公司及以下分支机构818家；人身险省级分公司17家，地市级中心支公司89家，支公司及以下分支机构789家；全区保险机构共2025家，保险代理机构119家，保险兼业代理共有4219家。保险中介市场主体快速发展，全区专业中介法人机构达37家，分支机构达297家，兼业代理机构3869家。全区保险销售从业人员达27.6万人，占全区就业人口总数的1.89%。上述数据表明保险市场主体数量明显增多，使得保险市场集中度逐步降低，市场格局正在发生显著变化①。

（二）保险业务迅速发展，保险业贡献度不断提高

从保费收入来看，原保费收入从2007年的97.75亿元快速增长到2017年的569.91亿元（见图4-1）。从保险业增加值及所占比重来看，"十一五"以来，保险业增加值绝对量快速增加，由2006年的12.69亿元增加到2011年的46.96亿元，增长了近4倍。与此同时，相对量也发生积极变化，保险业贡献度由2006年的2.57‰提高到2011年的3.30‰，增加了0.73‰，占第三产业增加值的比重由2006年的7‰提高到2010年的9.7‰，增加了2.7‰。

---

① 资料来自内蒙古保险业协会。

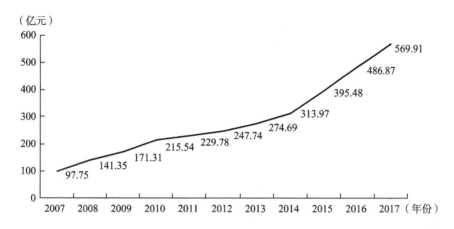

图 4 - 1　2007 ~ 2017 年度内蒙古自治区保费收入情况

资料来源：根据内蒙古自治区统计局编，中国统计出版社出版《内蒙古统计年鉴》（2008 ~ 2017）整理而成（其中 2017 年数据来自内蒙古保监局官网）。

特别是近几年，内蒙古自治区保险业适应全区经济快速发展和新型产业项目投资大、风险高的特点，不断创新保险服务，通过为全社会提供风险保障，及时组织经济补偿。在重大灾害发生后，保险已经成为补偿经济损失、缓解政府救灾压力、维护社会稳定的重要手段。

（三）资产规模迅速扩大，综合实力明显增强

2007 年底，全区保险公司总资产共计 192.70 亿元，较年初增长 19.33%，占全国保险总资产的 0.66%；负债总计 220.55 亿元，同比增长 19.12%。截至 2016 年上半年，全区保险公司资产总计 910.2 亿元，较年初增长 17.3%。保险行业整体实力不断增强。截至 2017 年 6 月末，保险资金在内蒙古自治区投资余额近 700 亿元，涉及 17 家投资主体，涵盖 11 个盟市的 60 个项目，保险资金成为推动内蒙古自治区经济社会发展的新生力量，并发挥出重要作用。

（四）赔款和给付及时，保险保障功能不断增强

2007 年，全区保险业共支付赔款和给付 32.22 亿元，较 2006 年同期增加 15.02 亿元，同比增长 87.39%。其中财产保险赔款支出 19.32 亿元，同比增长 91.78%；人身保险业务赔付（给付）支出 12.90 亿元，同比增长 81.19%。2016

年，内蒙古自治区全区保险公司累计赔付支出 137.8 亿元，同比增长 9.65%。保险机制保障民众生命财产的功能作用不断增强，如图 4-2 所示。

图 4-2　2007～2016 年度内蒙古自治区保险赔付支出情况

资料来源：根据内蒙古自治区统计局编，中国统计出版社出版《内蒙古统计年鉴》（2008～2017）整理而成（其中 2007 年数据来自《内蒙古保险市场发展报告 2008》）。

（五）服务经济社会的能力不断提高

随着内蒙古自治区保险市场发展环境的变化，近年来内蒙古自治区保险业迅速发展，保险业在经济和社会发展中的重要性日益显现，在促进经济发展和社会稳定方面发挥着越来越重要的作用。

近年来，面对错综复杂和极为困难的国际国内形势，内蒙古自治区保险业积极进取，开拓创新，保险市场保持良好发展势头：保费规模稳步增长，市场结构有所改善，一个集农业、养老、健康等专业化保险公司与综合性保险公司共同发展、专兼业代理机构优势互补的多元化市场格局初步形成；产品业务结构进一步调整，保险深度、密度等指标与全国差距进一步缩小（见表 4-1），行业资产总额超过 700 亿元，监管有度且市场环境有所改观，保险的保障功能日益提高，对经济发展的保驾护航功能充分发挥。

表4-1 2016年内蒙古自治区保险业基本情况

项目	数量
总部设在辖内的保险公司（家）	0
其中：财产经营主体（家）	0
人身险经营主体（家）	0
保险公司分支机构（家）	39
其中：财产险公司分支机构（家）	22
人身险公司分支机构（家）	17
保费收入（中外资，亿元）	486.87
其中：财产险保费收入（中外资，亿元）	163
人身险保费收入（中外资，亿元）	263
各类赔款给付（中外资，亿元）	137.8
保险密度（元/人）	1931
保险深度（%）	2.6

资料来源：Wind 资讯。

二、内蒙古自治区保险业发展成就

随着内蒙古自治区经济社会发展变化，保险机制在社会风险管理及资源配置中的决定性作用日益显著。内蒙古保险业积极推进市场化改革，改善保险有效供给，满足社会多元化的保险需求。近十年，内蒙古自治区保险业取得了显著成就，其主要表现如下：

（一）保险业务规模稳步增长

内蒙古自治区保险业恢复至今发展迅速，在经济生活中发挥着越来越显著的作用。近年间，内蒙古自治区保险市场发展较快，2001～2010 年，年均增长26%，全国排名由第 26 位升至第 23 位，保险业务规模大幅提高。2011 年以后保费增速放缓，内蒙古自治区保险业增长速度基本与全国保持一致，2016 年全区实现保费收入 486.87 亿元，同比增长 23.11%。其中，财产险保费收入 162.73 亿元，同比增长 16.27%；人身险保费收入 324.14 亿元，同比增长 32.31%。图

4－3反映了2008～2016年度内蒙古自治区保险业保险保费收入变化情况。

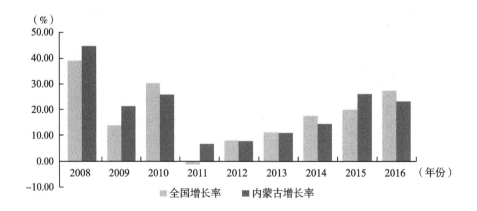

图4－3 2008～2016年度保费收入增长率对比

资料来源：根据内蒙古自治区统计局编，中国统计出版社出版《内蒙古统计年鉴》（2008～2016）整理而成。

（二）经济补偿和风险管理功能持续攀升

近年来，内蒙古自治区保险业对经济社会的贡献度显著提高，保险业支持经济发展的能力不断增强。"十一五"期间，全区保险业共承担各类风险13万亿元，支付赔款和给付194亿元，分别是"十五"时期的5倍和2.7倍。财产险赔款支出从2006年的10.07亿元，攀升至2010年的42.04亿元；人身险赔付支出从2006年的7.12亿元上升至2010年的17.41亿元。2011年全区保险业共承担各类保险金额达到3.69万亿元，保险业总赔付支出71.22亿元，同比增长19.80%。其中，财产保险赔款支出51.09亿元，同比增速22%；人身保险赔付支出20.13亿元，同比增速16%。2012年，内蒙古全区保险公司累计赔付支出85.36亿元，其中财产险赔付支出60.55亿元、人身险赔付支出24.81亿元。2013年，内蒙古全区保险公司累计赔付支出100.56亿元，同比增长17.81%。其中财产险赔付支出67.61亿元，同比增长11.66%；人身险赔付支出32.95亿元，同比增长32.81%[①]。

---

① 资料来自《内蒙古金融发展报告》蓝皮书（2016）。

图 4 - 2 反映了 2007 ~ 2016 年内蒙古自治区保险业原保险赔付支出情况。从图可以看到，保险赔付支出逐年上升，说明保险业务基数不断扩大，增加了赔付客户的数量，有效满足了客户需求，保险业经济补偿作用的发挥越来越显著。

(三) 保险业渗透水平逐步上升

保险密度是按地区人口计算的人均保费收入，反映了该地区商业保险的普及程度和保险业的发展水平。表 4 - 2 是 2006 ~ 2017 年内蒙古自治区保险密度的变化情况。从表中数据来看，内蒙古自治区的保险密度逐年上升，且增速较快，但同全国的平均水平相比较，除 2008 年外，各年份的保险密度值一直低于全国的平均水平，这表明运用保险机制的主动性还不够，全社会的保险意识还不强，居民的保险参保率处于较低水平。

表 4 - 2 内蒙古自治区保险业发展指标各年度对照

年份	保费收入（万元）	保险密度（元）	保险深度（%）
2006	719505	301.50	1.50
2007	977478	406.43	1.62
2008	858201	585.59	1.82
2009	1713104	707.29	1.76
2010	2155372	872.40	1.84
2011	2297800	926.00	2.00
2012	2477437	995.01	1.55
2013	2746909	1099.81	1.63
2014	3139692	1253.00	2.00
2015	3954784	1575.00	2.20
2016	4868744	1931.96	2.60
2017	5699122	2262	3.54

资料来源：根据内蒙古自治区统计局编，中国统计出版社出版《内蒙古统计年鉴》（2007 ~ 2017）整理而成（其中 2017 年数据来自和讯网，http：//insurance. hexun. com/2018 - 03 - 26/192708070. html）。

保险深度是地区全部保费收入与地区的国内生产总值（GDP）总额的比值，

该指标是衡量地区保险市场发展程度和潜力的指标之一，反映了保险业在地区经济中的贡献率。表4-2最后一列为2006~2017年内蒙古自治区保险深度的变化情况。2006~2017年内蒙古自治区保险深度波动不大，进入2013年后，保险深度的增长速度显著提升，尤其是2017年达到3.54%，是2007年的1.36倍，反映了内蒙古自治区保险业对国民经济相关领域的覆盖程度进一步深入。

2016年中国的保费深度为4.16%，保费密度为2239元/人；2017年全国保费深度为4.42%，保费密度为2646元/人，折合约为407美元，虽和1980年相比增加了5600余倍，发展空间还有6~11倍。发达国家（地区）的保费深度大多介于8%~12%，说明，内蒙古保险市场有很大的挖掘潜力。

（四）保险服务大局作用显著，服务"一带一路"成绩显著

内蒙古自治区保险业积极发挥保险功能作用，开发适应新型农牧业经营主体需求的保险产品，探索开展主要农畜产品目标价格保险、收入保险、牛羊天气指数保险和制种保险试点。完善农牧业保险制度，建立农牧业补贴、涉农涉牧信贷、农畜产品期货、病死禽畜无害化处理与农业保险联动机制。推进农牧林业保险气象服务业发展，完善内蒙古自治区卫星遥感应用体系，重点开展生态环境、农作物、草原生产力监测评估等示范应用，逐步向农牧业保险理赔拓展。

保险业支持"一带一路"基础设施联通，积极推动保险资金参与中俄蒙跨境铁路、中蒙输电通道等"一带一路"基础设施建设。支持"一堡一路"贸易畅通，突出与俄蒙能源矿产、加工制造业、旅游、物流和农牧业合作重点，不断丰富农业保险、旅游保险、责任险、货运险、出口信用保险保障。支持"一堡一路"民心联通，围绕中俄蒙文化周、跨境蒙医医院建设、畜牧业品种繁育及牧草优选等一系列科教文卫重点合作项目，开发科技保险、赛事保险等保险产品，提供风险保障。目前，内蒙古自治区16个开放口岸已实现保险机构全覆盖，各类涉外保险业务平稳发展，出口信用保险一般贸易渗透率达到17%，连续4年实现小微出口企业全覆盖，保险在跨境经贸活动中的作用逐步显现。

总之，随着保险业的迅速发展，保险保障能力不断增强，保险服务大局作用显著，保险服务能力再上新台阶。

三、内蒙古自治区科技保险发展现状与问题

（一）我国开展科技保险情况

作为保险支持创业创新的重要举措，科技保险是国家科技部与中国保监会于2006年联合推出的一项以保险服务于高新技术企业的重要举措。2007年，北京、天津、重庆、深圳、武汉和苏州高新区被确定为首批科技保险创新试点城市（区）。2008年，上海、成都、沈阳、无锡及西安高新区、合肥高新区，被批准为第二批试点城市（区）。此后，贵州、四川、南京、嘉兴、青岛等地，都相继加入推进阵营。

目前各地推出的科技保险产品主要包括研发责任保险、关键研发设备保险、营业中断保险、产品质量保证保险、雇主责任保险、环境污染责任保险、专利保险、小额贷款保证保险、项目投资损失保险以及出口信用保险等险种。2016年，首台（套）保险和科技保险分别为我国装备制造企业和科研机构、科技型自主创新企业提供风险保障486.62亿元和1.03万亿元，同比大幅增长196.72%和631.25%；出口信用保险累计为8.22万家出口企业提供风险保障4167亿美元，促进外向型经济发展。从支持科技创新来看，科技保险为科技创新提供风险保障金额1.19万亿元。

在保险业，科技保险机构还是新面孔。由太平财产保险有限公司、浙江省金融控股有限公司等九家企业共同发起设立的太平科技保险股份有限公司，在杭州召开创立大会，标志着国内首家专业科技保险公司成立。太平科技保险于2016年6月7日获保监会批准筹建，注册资本5亿元。2018年1月9日，保监会下发相关批复。这是国内首家获准开业的科技保险公司，将为我国科技产业提供高效专业化的保险服务。

公开资料显示，目前市场上仍有多家科技保险公司正在筹备中。据悉，2016年底，金发科技发布公告称，拟与广东省粤科金融集团、和谐爱奇投资管理（北京）公司和深圳市华超投资控股集团等7家公司共同发起设立粤科科技保险有限公司；2017年9月，飞利信也发布公告称，拟发起设立科创科技保险股份有限公司。

（二）内蒙古自治区科技保险发展情况

党的十八大以来，内蒙古自治区科技厅（知识产权局）把深化科技与金融融合作为实施创新驱动发展战略和科技体制改革的重要着力点，先后制定并出台了《推进内蒙古自治区科技金融结合工作的若干意见》《内蒙古科技保险实施方案》《内蒙古知识产权质押贷款管理方案》等政策文件。根据内蒙古自治区科技与保险结合的相关政策，自治区科技保险制度的构建是以政策性资金引导，多元化集聚，市场化运作，专业化管理为目标的可持续发展的科技保险服务体系。

在过去十余年的时间里，内蒙古自治区科技保险从无到有，取得了一些进展。但总体来看，效果不明显：科技保险的覆盖面很窄，投保率还很低。据保监会2014年的数据表明，参保科技企业不足全国科技企业总数的3%。截至2016年底，科技保险的保费收入77.66亿元，占全国原保费收入3.1万亿元的0.25%。

上述数据表明，当前作为一项重要社会技术的科技保险显著地落后于物理技术。经济和社会进步是由物理技术与社会技术共演化推动的过程，社会技术落后将阻碍物理技术，不利于重点领域技术创新和适用技术转化、推广。

（三）内蒙古自治区科技保险发展瓶颈

政府功能在科技保险体系构建中作为基础和后盾，通过财政科技投入等政策安排和保障条件，对整个科技保险运行起到引导和扶持作用。由于内蒙古自治区整体金融业不够发达，再加上缺乏科技创新能力，多重因素制约了内蒙古科技保险的发展速度。

1. 科技风险的专业性和复杂性，决定了科技保险推动的难度

内蒙古自治区的科技保险处于起步阶段，由于科技风险因素复杂多变，且受主客观因素、内外因素的交互影响，保险产品的开发和应用缺乏精算数据和技术支持，在保险费率、损失赔偿金的确定、责任认定、技术鉴定等诸多方面难以找到科学统一的标准，历史损失数据缺乏，同时相关精算技术还不成熟，这对于保险公司的核保和理赔是一个极大的挑战。短时期内相关从业人员的素质难以达标，急需既懂保险又懂技术的复合型人才。

2. 现有科技保险产品不能充分满足科技企业需求

像任何其他商品一样，保险产品只有满足消费者的需求才能有市场。科技型

企业发展有其独特规律，对无形资产的投资往往会超过有形资产。例如全球市值最高的苹果公司几乎不拥有任何实物资产，创造价值的是它的无形资产：把设计和软件融入一个品牌。科技型企业对研发、软件、数据库、艺术创作、设计、品牌建设和业务流程等无形资产的投资规模越来越庞大。

目前，我国推出的科技保险产品主要包括研发责任保险、关键研发设备保险、营业中断保险、产品质量保证保险、雇主责任保险、环境污染责任保险、专利保险、小额贷款保证保险、项目投资损失保险以及出口信用保险等险种。而在无形资产方面开发的科技保险产品所占比重较低，已远远不能满足科技型企业对保险的需求。在内蒙古地区，基于既没有专设的科技保险公司，也没有适合于本地科技型企业的保险产品，只有政策层面的 2017 年出台的实施方案——《内蒙古科技保险实施方案》，推动科技保险的市场化运作需要政府、企业和社会各界共同参与。

3. 缺乏相关配套措施

保险业服务科技创新发展，对于引导社会资源向科技领域流动，对于促进科技创新能力提升以及国家创新体系完善都有重要的意义。在财政方面，用于科技金融结合的专项经费规模一直较小，创投引导基金对初创期、种子期的企业投资引导作用有限，科技成果转换引导基金尚未建立，科技型中小企业风险分担机制和信用体系建设进展较慢，专利质押融资缺乏完善的专利评估和流通体系，科技保险存在基础风险数据缺乏、产品开发难度大的问题，这些都是制约内蒙古科技保险发展的重要原因。

4. 科技保险专业服务机构和人才建设能力不足

科技保险的参与主体包括需求方、供给方和中介机构、政府等利益相关者。当前国内首家科技保险公司刚刚获准开业，内蒙古自治区在科技保险机构建设方面几乎空白。内蒙古保险市场上尚缺乏科技保险专业中介服务机构。当前自治区科技保险服务体系的建设处于摸着石头过河的阶段，还未建立起完备、专业的中介服务体系、互联互通资源共享的信息服务系统等体系，很多工作的开展不能得到及时有效的落实。促进科技和保险结合、创新科技保险产品服务，大量涉及法律咨询、财务咨询、知识产权评估、企业信用评价、技术认证、产权评估交易和信息需求对接等专业化、个性化服务机构，迫切需要培育专业化、市场化服务运作的科技保险中介机构，为科技企业提供合理的财务报表增值服务以及风险评估与政策咨询服务，加强有效资源整合，建立支持科型企业整个创新链全过程的科技保险中介服务体系。

正如业内专家所言，"缺乏对风险进行评估的定量工具是目前科技保险发展的最大桎梏。科技保险需要有定量的工具进行风险评估，需要设定风险定量评估的标准，如果无法对风险进行定量，也就难以确定保费"。内蒙古自治区还缺乏既懂科技又懂保险的专业人才队伍建设。科技和保险结合具体工作的开展也需一批既懂科技又懂保险的人才，需要建立健全相应的培训体系和人才引入机制，从源头保证科技保险工作顺利开展。

四、内蒙古自治区科技保险政策实施与建议

（一）保险科技相关政策实施

从 2006 年 6 月开始，国家层面相继出台了《国务院关于保险业改革发展的若干意见》《关于加强和改善对高新技术企业保险服务有关问题的通知》《关于进一步支持出口信用保险为高新技术企业提供服务的通知》等相关政策，为科技创新提供风险保障。《国家中长期科学和技术发展规划纲要（2006～2010 年）》及其配套政策明确提出"鼓励保险公司加大产品和服务创新力度，为科技创新提供全面的风险保障"。

根据《国务院关于印发实施〈国家中长期科学和技术发展规划纲（2006～2020 年）若干配套政策的通知》（国发〔2006〕6 号）精神，结合自治区实际，内蒙古自治区政府制定《内蒙古自治区中长期科学和技术发展规划纲要（2006～2022 年)》，为全面落实科教兴区战略，推进自主创新，建设创新型内蒙古自治区，确定了行动指南。内蒙古自治区政府并于 2007 年制定了"要加大科技投入，建立社会化、市场化、多元化的科技投入体系，力争实现全社会研究开发投入占地区生产总值的比例到 2010 年达到 1.5%，2020 年达到 2.5%"的政策目标。

2011 年，内蒙古自治区科技厅联合多部门，为贯彻国家科技部、中国人民银行、中国银监会、中国证监会、中国保监会《关于印发促进科技和金融结合试点实施方案的通知》文件精神，落实《内蒙古自治区中长期科学和技术发展规划纲要（2006～2020)》及其金融保险配套政策，促进科技和金融保险的有效结

合，加快科技成果转化，培育发展战略性新兴产业，推动自治区经济发展方式转变，出台了《推进内蒙古自治区科技金融结合工作的若干意见》，该政策对创新财政科技投入方式、推动开展科技信贷业务、推进科技保险工作、引导开展科技信用贷款、支持成立各类科技信贷专营机构、引导支持企业进入多层次资本市场等方面进行了阐述。

2015 年，内蒙古自治区科技厅出台了《内蒙古自治区科技保险试点工作方案》，以支持各类科技项目中小额贷款保证保险为主，同时开展科技部和保监会批准的高新技术企业产品研发责任保险等其他试点险种，从而有效降低科技研发成本。2017 年出台了《内蒙古自治区科技与保险结合的实施方案》，此方案的出台，为促进内蒙古自治区科技与保险结合，加快科技成果转化，分散和化解科技投融资风险，优化投融资环境，为科技型企业科技研发和产业升级改造提供了风险保障服务。

（二）保险科技相关政策建议

科技保险是以与企业技术创新活动相关的有形或无形财产、人力资源、对第三方应承担的经济赔偿责任以及创新活动的预期成果为保险标的，当发生保险合同约定的保险事故，并造成被保险人损失时，由保险人承担保险责任的一种保险[①]。高新技术企业单位在研发、生产、销售等活动中面临技术风险、经营风险、管理风险、责任风险、出口信用风险及政治风险等诸多财产风险以及包括关键研发人员的人身安全、人力资本流失等人身风险。科技企业通过投保科技保险，将各种潜在财产损失、科研经费损失、利润损失以及其对利益相关者如股东或第三者的各种民事赔偿责任转嫁给保险公司。当投保企业发生保险合同约定的事件时，保险公司通过给予保险赔偿或给付保险金的方式有效地分散科技企业经营环节的诸多风险，提高了各参与主体对于科技研发的积极性，同时降低了科技研发项目因科技风险而失败的可能，提高了科技研发的效率，从根本上推动了社会科学技术发展。

1. 提高认识健全保险制度

众所周知，大数定律是保险制度的技术基础和数理基础。保险制度就是从大

---

① 杨文. 科技保险发展创新研究——基于成都市科技保险试点情况［D］. 西南财经大学硕士学位论文，2012.

量累计风险出发，测定其发生率，组织客户群等程序开始的，通过计算出过去的客户群的事故发生率，就可根据大数法则预测未来客户群的事故发生概率。然后，由事故发生率预测损失总额、计算每个投保人的保险费，并在事故发生时支付保险金，这就是保险的基本原理。大数据时代到来，将对保险业产生巨大影响，大数据时代，保险集团将能够从车上的追踪盒或安装在家里的传感器中获取信息，并利用这些信息制定高度个性化的保单，科技保险的"小众性"属性从此将被克服。

2006 年初，保监会和科技部联合下发了《关于加强和改善对高新技术企业保险服务有关问题的通知》，由此启动了科技保险试点工作，至今已有十余年，科技保险覆盖面窄的一个很重要的原因是科技企业的"小众性"[①]使保险机构很难运用"大数定理"的原则来"熨平"风险程度。为鼓励企业投保科技保险，国家出台了税收优惠政策。根据（原）保监会和科技部联合下发的 129 号文件规定，科技保险保费支出纳入企业技术开发费用；国家财税〔2006〕88 号文件规定，企业技术开发费在实行 100% 税前扣除的基础上，允许再按当年实际发生额的 50% 在企业所得税税前加计扣除。为推动内蒙古自治区科技保险的发展，应该从保险制度上完善政策，加快出台《内蒙古科技保险保费补贴资金管理办法》和《内蒙古高新技术企业创新综合保险项目服务方案》。

2. 加快建立科技保险基金

鉴于科技保险的特性、功能和作用，从政府的角度要大力支持建立科技保险基金；政府是科技金融特殊的"供给方"，政府可以弥补科技保险市场的失灵，通过为市场直接注入资金来引导科技保险市场发展；同时，政府还可以进一步加大对科技保险的税优和补贴的支持力度，整合科技创新的各类资源，促进重点领域技术创新和适用技术转化、推广。保险机构应当履行其应承担的社会责任，关注科技创新带来的各种风险，努力为科技企业提供全面的保险服务。

3. 继续完善产品设计，更好地覆盖科技风险

科技保险能够为科技企业有效分散风险。然而在内蒙古自治区，高新企业投保科技保险的只是少数。产品缺乏针对性，相关风险也并未完全覆盖，也是高新

---

① 孙祁祥. 科技保险路在何方？[EB/OL]. 中国保险报·中保网，http://pl. sinoins. com/2017 – 08/ 22/content_240288. htm, 2017 – 08 – 22.

企业没有投保的重要原因之一。当前新技术和新发明层出不穷，如区块链、人工智能、物联网、云计算、大数据、基因检测、可穿戴设备等。这些技术被应用于产品创新、保险营销和保险公司内部管理等各个领域，正在全方位重塑保险业。保险机构通过广泛收集数据，在充分把握高新技术产业发展规律的基础上，对科技创新过程中的财产风险、人身风险、责任风险、信用风险以及投资风险进行研究，为全面开发高新技术保险产品提供有效的依据。

未来，科技保险产品库将进一步研发完善，形成一套全系列的科技保险产品，覆盖科技企业全产业链风险需求提供合理的风险转移和补偿服务，使该险种进一步惠及更多科技型企业，实现共赢。

4. 加强对科技保险人才的引进和培养

随着经济全球化，资金、人员及技术跨国流动，以及技术进步，带动我们已经进入了加速时代，这种趋势对保险专业人才的培养提出了更高的要求。保险机构在依托高校和培训机构，培育既懂科技又懂金融保险专业的复合型人才。今天从事科技保险的人员在具备保险专业的基础上，还需对科技企业的风险管理有充分的认识，才能保障产品设计、推广经营时满足市场要求。只有高校、研究机构和保险机构各方面通力合作，才能使得科技保险这一良好的风险管理机制得到更好的发展。因此，内蒙古地区科技保险的发展，需要从政策层面设计，加快培养和引进高层次科技人才，鼓励政府相关部门、保险公司、高新技术企业加强相互之间的合作与交流，并借助高校丰富的资源、与高校合作进行订单式的人才培养，加大对科技保险人才的培训力度，提高科技保险领域专业人才水平，推动科技保险的发展。

第 五 章

内蒙古自治区风险投资发展与政策建议

一个国家或地区的科技创新能力与风险投资密切相关，科技创新能力越强的国家或地区，风险投资就越发达。美国和以色列是全球风险投资最活跃的国家，北京市和深圳市是我国风险投资最集中的地区。反之，风险投资越是活跃或集中，该国家或地区的科技创新能力就越强，即风险投资可以加快催生科技创新。本章从科技创新和风险投资两个方面，分析内蒙古地区风险投资的发展情况、存在问题，并提出相关政策建议。

一、内蒙古自治区风险投资与私募股权发展现状

（一）内蒙古自治区风险投资与私募股权投资规模

内蒙古自治区风险投资与私募股权发展起步较晚，从 2003 年至 2017 年的投资规模来看，总投资规模为 122.78 亿元，平均投资规模为 2.61 亿元（15 年间）。2004 年和 2005 年为内蒙古自治区风险投资与私募股权投资最低迷的两年，投资案例数为零。从 2008～2015 年的 8 年是私募与风险投资比较活跃的年份，2012 年投资案例数最多达到 9 个，总投资规模为 6.15 亿元。2016 年及 2017 年投资案例数分别仅有 2 个，投资规模也不大。

从 2003 年至 2017 年的 15 年期间，披露投资规模的有 47 个项目（见表 5 - 1），涉及被投资企业有 38 家（见表 5 - 2）、44 家私募与风险投资机构（见表 5 - 3），共发生过 64 起私募与风险投资活动。

从投资资金规模来看，2011 年是内蒙古自治区风险投资与私募股权投资最为活跃的一年，投资案例数为 7 个，总投资值高达 55.92 亿元，平均投资规模为 7.99 亿元。在内蒙古自治区最大的风险投资与私募股权投资案例为 2011 年 12 月，鄂尔多斯市新能矿业[①]从合源投资、联想控股、泛海资源投资、涛石能源基金、北京新奥建银能源基金、平安创新资本等 6 家投资机构分别投资 8.64 亿元、2.16 亿元、2.16 亿元、11.00 亿元、10.00 亿元、7.00 亿元，总投资规模为 40.96 亿元[②]。其中，涛石能源基金[③] 11.00 亿元规模的投资为目前内蒙古自治区

[①]　新能矿业有限公司成立于 2008 年 5 月 7 日，隶属新奥集团股份有限公司，是新奥集团的成员企业。公司注册在内蒙古自治区鄂尔多斯市伊金霍洛旗，该公司依托集团雄厚的资金实力和科技力量，致力于高科技现代化矿井的建设和高品位煤炭的生产，为集团公司能源的清洁生产提供源头产品。

[②]　2011 年 12 月，新奥建银能源基金以 10 亿元受让江西信托持有的新能矿业 15% 的股权；廊坊合源基金以 5.76 亿元、2.88 亿元分别受让新奥控股、新奥光伏持有的新能矿业 8%、4% 的股权；涛石能源基金以 10.8 亿元、2000 万元分别受让新奥控股、新奥集团持有的新能矿业 15%、0.2778% 的股权；泛海资源投资、联想控股各以 2.16 亿元受让新奥光伏持有的新能矿业 3% 的股权；平安创新资本以 7 亿元受让新奥集团持有的新能矿业 9.7222% 的股权。

[③]　成立于 2010 年 10 月 18 日，并于 2014 年 4 月 22 日在中国基金业协会备案，基金目前由涛石股权投资管理（上海）股份有限公司担任基金管理人。涛石能源基金由中国平安旗下的平安创新资本与三山资本发起设立，是国内专注于能源和资源领域最大的投资基金之一。

表 5－1 内蒙古自治区风险投资与私募股权投资规模变化趋势（2003～2017 年）

年份		2003	2004	2005	2006	2007	2008	2009	2010	2011	2012	2013	2014	2015	2016	2017	合计
内蒙古自治区	投资案例数	1	1	0	0	1	4	1	4	7	9	4	5	6	2	5	47
	投资金额（亿元）	0.08	0.02	0.00	0.00	0.18	20.35	6.00	0.61	55.92	6.15	6.50	21.80	5.07	0.00	0.10	122.78
中国	投资案例数	2854	3062	3571	2347	1220	1188	1589	1453	851	929	963	572	331	282	209	21421
	投资金额（亿元）	5875.60	3726.20	3793.21	2416.97	872.52	1318.74	1885.06	7957.12	1768.20	1294.10	1398.71	1272.40	906.08	223.39	196.77	28905.07

资料来源：Wind 资讯。

规模最大的一次私募股权投资。其次，融资规模较大的案例有 2011 年 3 月，巴彦淖尔市内蒙古大中矿业股份有限公司（简称大中矿业①）从同创创投、杭州联创永溢基金、杭州联创永源股权投资、上海联创永沂基金、新疆联创永津基金等 5 家投资机构分别融资到 2.00 亿元、1.66 亿元、4.20 亿元、2.30 亿元、1.00 亿元，总融资规模为 11.16 亿元②。单笔投资规模较大的案例有 2014 年 6 月，内蒙古优然牧业有限责任公司（简称优然牧业③）从中信产业基金④和云峰投资⑤机构分别融资到 10.00 亿元，总共 20.00 亿元⑥的融资。

从投资币种来看主要以人民币为主，有 3 次美元投资：2004 年 11 月，环渤海创投⑦投资瑞宝黄芪⑧24 万美元；2007 年 10 月，北极光创投⑨投资蒙羊

---

① 公司所在行业为黑色金属采选行业，主要从事铁矿石采选、铁精粉销售以及球团加工销售。自 1999 年成立后，公司一直专注于铁矿石采选业务，并致力于扩大资源占有量及采选规模。

② 2011 年 3 月，杭州联创永源基金、上海联创永沂基金、同创创投、杭州联创永溢基金、新疆联创永津基金以每股 7.44 元的价格分别受让天津众兴煤炭集团有限责任公司持有的大中矿业 5645.1613 万股、3091.3978 万股、2688.172 万股、2231.1829 万股、1344.086 万股股份，分别占股权比例的 4.38%、2.40%、2.09%、1.73%、1.04%。

③ 成立于 2007 年 8 月，注册地点为呼和浩特市土默特左旗兵州亥乡兵州亥村，注册资本 2.5 亿元。主要从事乳牛畜牧业和原料奶销售业务，业务范围包括奶牛养殖、原料奶生产及销售、粗精饲料生产及销售等，覆盖原料奶全产业链。

④ 中国中信集团公司和中信证券股份有限公司从事投资业务的专业公司，2008 年 6 月设立。旗下管理着四支基金，即规模为 93.63 亿元人民币的中信股权投资基金一期（绵阳基金）、规模为 9.9 亿美元的中信股权投资基金二期（美元），规模为 100 亿元人民币的中信股权投资基金三期（人民币）以及规模为 50 亿元人民币的中信夹层基金一期。

⑤ 云锋基金成立于 2010 年 4 月，是中国唯一由成功创业者、企业家和行业领袖共同发起创立的私募基金。云锋基金以阿里巴巴董事局主席马云和聚众传媒创始人虞锋的名字命名而成。云锋基金总部设在上海，并在香港和北京、杭州等多个内地城市设分支机构。

⑥ 2014 年 6 月 20 日，伊利股份全资子公司内蒙古伊利畜牧发展有限责任公司拟通过增资方式引入云锋投资管理（香港）有限公司所提供管理服务的基金和中信产业投资基金（香港）顾问有限公司合计不少于 20 亿元人民币等值的美元投资，合计持有本次增资完成后畜牧公司 60% 的股权，公司将持有本次增资完成后畜牧公司 40% 的股权。

⑦ 环渤海创投成立于 2000 年 5 月，是环渤海地区第一家专业从事高新技术等快速成长行业策略性投资顾问服务的公司。

⑧ 成立于 2004 年，内蒙古瑞宝黄芪有限公司是以地道药材"蒙古黄芪"为主营产品，集生产、销售、研发为一体的股份制有限责任公司。瑞宝公司是蒙古黄芪基地药材的主要供应商。公司建立 3000 亩黄芪 GAP 种植基地，计划年产商品黄芪 700 吨。

⑨ 创立于 2005 年，是一家中国概念的风险投资公司，专注于早期和成长期技术驱动型的商业机会。其针对的商机是利用中国的产业、经济和人力资源优势创建全球经济中个性独特并能永续发展的企业。

牧业①240万美元；2008年5月，新天域资本投资内蒙古大唐国际克什克腾煤制天然气有限公司②2.69亿美元③，这是近年来规模最大的美元投资。

（二）内蒙古自治区风险与私募股权投资行业分布

内蒙古自治区最吸引风险与私募股权投资的行业依次是制造业（25起）、农业（10起）、食品行业（10起）、民族特色行业（6起）和零售业（6起）（见表5-2）。专注于内蒙古自治区制造业的风险与私募股权投资机构有联创永宣（投资于内蒙古蒙药股份有限公司、彤力矿业、大中矿业）、深创投（投资于大牧场、内蒙古蒙药股份有限公司、奶联社、三隆稀有金属、圣鹿源）、新奥资本（投资新能矿业）等16家投资机构。专注于农业领域投资的私募与风险投资机构有深创投（大牧场）、优势资本（塞飞亚）、环渤海创投（瑞宝黄芪）等8家投资机构。专注于食品领域投资的机构有云峰基金、中信产业基金（优然牧业）、鼎晖投资（河套酒业）、北极光创投（蒙羊牧业）等9家机构。专注于内蒙古自治区民族特色领域的投资机构有高旗投资、吉煤投资、达泰资本、德同资本、创东方投资、世铭投资分别投资于兴安盟的莱德马业④。2012年8月28日，世铭投资与民营企业来德马业有限公司宣布共同成立内蒙古莱德马业有限责任公司，A轮融资已经过户，总金额为6000万元人民币。2013年5月，莱德马业完成了4500万元的B轮融资。此轮融资由国内领先的人民币基金创东方领投。2014年

---

① 成立于2012年，总注册资本2.6亿元。专注于肉羊产业化项目，以屠宰加工为龙头，集生产、科研、经营为一体，包含规模化牧场种植，肉羊专供饲料的研发生产，优质肉羊品种的繁育和改良，规模化肉羊育肥养殖，高中档分割肉产品以及羊副产品的精深加工，羊肉熟食制品的加工，活畜交易，冷鲜肉类物流与销售。

② 内蒙古大唐国际克什克腾煤制天然气有限公司由北京控股有限公司（392.HK）旗下的北京燃气集团、大唐发电（601991.SH）、大唐集团及新天域资本共同投资组建，并按33%、51%、6%及10%比例出资成立。克什克腾煤制气工程总投资额187.8亿元人民币，主产品天然气将供应北京市以及输气管线沿线城市。该工程利用内蒙古自治区锡林浩特市西北5千米处胜利煤田的褐煤作为原料和燃料，并使用成熟可靠的煤气化技术，投产后生产的产品为合成天然气40亿立方米/年及其他副产品。

③ 2008年5月5日，北京控股（392.HK）与大唐发电（601991.SH）发布公告，由北京控股旗下的北京燃气集团、大唐发电、大唐集团及新天域资本按33%、51%、6%及10%比例出资成立内蒙古大唐国际克旗煤制天然气有限公司。克旗煤制气工程总投资额为人民币187.8亿元，公司的最终注册资本金约为工程总投资的30%，约为人民币56.34亿元。

④ 成立于2012年11月，公司在内蒙古自治区兴安盟科尔沁右翼中旗巴镇哈日道卜嘎查，注册资本1.35亿元。是世铭集团旗下成员世铭投资与中国马业最大的民营企业莱德马业有限公司共同成立。公司主营：牲畜的饲养、饲料牧草的种植、销售、饲料的加工、马匹进口贸易、马具用品销售、马术运动服务、马术俱乐部连锁经营、娱乐型赛马赛事、牲畜交易市场经营（仅限分支机构）、骑师培训。

9 月 29 日，内蒙古莱德马业有限责任公司完成 C 轮融资，融资金额为 1.2 亿元人民币，投资方为达泰资本、德同资本旗下的德澎资产、高旗投资、吉煤投资。

（三）内蒙古自治区风险与私募股权投资区域分布

在内蒙古地区 64 起风险与私募股权投资中，投资活动比较集中的地区依次是呼和浩特市（16 起）、鄂尔多斯市（10 起）、兴安盟（9 起）、赤峰市（9起）、巴彦淖尔市（7 起）、包头市（6 起）、通辽市（5 起）、呼伦贝尔市（2起）。"呼包鄂"地区投资数量为 32 起，占总投资数量 64 起的一半。其中深创投资的区域分布较广，在呼和浩特市（3 起）、赤峰市（1 起）、包头市（2 起）、通辽市（1 起）等地区的企业都有投资案例。制造业投资主要集中在鄂尔多斯市（7 起）、呼和浩特市和巴彦淖尔市（分别 5 起）、包头市（4 起）。农业投资主要集中在呼和浩特市（4 起）、赤峰市、兴安盟、通辽市（分别 2 起）。食品行业投资主要集中在呼和浩特市（4 起）、赤峰市（3 起）、巴彦淖尔市（2 起），零售业投资集中在呼和浩特市和鄂尔多斯市。民族特色行业（马产业）集中在兴安盟（见表 5 - 2）。

表 5 - 2 内蒙古自治区风险与私募股权投资行业
分布、区域、融资方式、融资轮次情况

		制造业	农业	食品行业	零售	民族特色	能源	水务	房地产	金融	合计
区域	呼和浩特市	5	4	4	2		1				16
	鄂尔多斯市	7			2					1	10
	赤峰市		2	3	1		1	2			9
	兴安盟	1	2			6					9
	巴彦淖尔市	5		2							7
	包头市	4			1					1	6
	通辽市	2	2	1							5
	呼伦贝尔市	1					1				2
融资方式	PE	20		7			2	2	1		32
	VC	2	7	3		6				1	20
	Angel		1		4						5
	—		3	2							7

		制造业	农业	食品行业	零售	民族特色	能源	水务	房地产	金融	合计
融资轮次	Pre－A				2						2
	A	22	7	9		1	2	1	1	1	44
	B	2	1			1		1			5
	C		1			4					5
	Angel		1		4						5
	PIPE	1		1				1			3
合计		25	10	10	6	6	3	2	1	1	64

资料来源：依据 Wind 资讯整理。

（四）内蒙古自治区风险投资与私募股权融资方式

在内蒙古地区64起风险投资与私募股权投资中，32起为私募股权投资、20起为风险投资、5起为天使投资①、其余7起为内容不详。

融资方式为风险投资的投资机构有沙米、深创投、高旗投资、吉煤投资、达泰资本、德同资本、云锋基金、中信产业基金、创东方投资、戈壁创投、世铭投资、优势资本、中科招商、北极光创投、环渤海创投、申达投资等。32起私募股权投资中20起投资于制造业、7起投资于食品行业，能源行业和水务行业投资分别有2起。20起风险投资中7起为农业、6起为民族特色领域。因此，私募股权投资主要集中在制造业和食品行业，而风险投资主要集中在农业和民族特色领域。

融资方式为私募股权投资的投资机构有兴业矿业投资、杨树成长、科桥投资、深创投、昆吾九鼎投资、联创永宣、泰康资管、鼎晖投资、瑞业投资、泛海资源投资、涛石投资、新奥资本、联想控股、平安创新资本、博信资本、优势资本、鑫泽股权投资、同创创投、红杉资本中国、金石投资、新天域资本、中国人保资管、高盛集团等。从投资区域角度来看，私募股权投资主要集中在鄂尔多斯

① 天使投资是权益资本投资的一种形式。此词源于纽约百老汇，1978年在美国首次使用。指具有一定净财富的人士，对具有巨大发展潜力的高风险的初创企业进行早期的直接投资。属于自发而又分散的民间投资方式。这些进行投资的人士被称为"投资天使"。用于投资的资本称为"天使资本"。天使投资是风险投资的一种形式，根据天使投资人的投资数量以及对被投资企业可能提供的综合资源进行投资。

市（8起）、巴彦淖尔市（7起）、赤峰市（6起），风险投资主要集中在呼和浩特市（7起）、兴安盟（6起）、包头市（3起）。天使轮投资分布在鄂尔多斯市、呼和浩特市、赤峰市和通辽市（见表5-3）。

表5-3 内蒙古自治区风险投资与私募股权投资区域、融资轮次交叉

类别		PE	VC	Angel	—	合计
区域	呼和浩特市	4	7	1	4	16
	鄂尔多斯市	8		2		10
	兴安盟	1	6		2	9
	赤峰市	6	2	1		9
	包头市	2	3		1	6
	通辽市	3	1	1		5
	巴彦淖尔市	7				7
	呼伦贝尔市	1	1			2
融资轮次	Pre-A				2	2
	A	27	13		4	44
	B	2	2		1	5
	C		5			5
	Angel			5		5
	PIPE	3				3
合计		32	20	5	7	64

资料来源：依据 Wind 资讯整理。

（五）内蒙古自治区风险投资与私募股权融资轮次

融资即是一个企业资金筹集的行为与过程，一般情况下顺序为天使投资→A轮（1轮）融资→B轮（2轮）融资→C轮（3轮）融资等。2003~2017年的15年，在内蒙古自治区共发生的64起私募投资与风险投资中，A轮融资数量为44起，B轮、C轮、Angel轮融资数量分别为5起，PIPE为4起（见表5-4）。

表 5 - 4　内蒙古自治区私募股权投资与风险投资的融资轮次与区域分布的交叉表

	Pre - A	A	B	C	Angel	PIPE	合计
呼和浩特市	1	9	2	1	1	2	16
鄂尔多斯市		7			2	1	10
兴安盟		4	1	4			9
赤峰市		7	1		1		9
巴彦淖尔市		7					7
包头市	1	5					6
通辽市		3	1		1	1	6
呼伦贝尔市		2					2
合计	2	44	5	5	5	4	65

资料来源：依据 Wind 资讯整理。

A 轮融资通常是该公司产品初步成熟，开始正常运作一段时间并有完整详细的商业模式及盈利模式，在行业内拥有一定地位和口碑时私募投资与风险投资注入较多。在深创投的 7 起投资案例中 5 起为 A 轮投资，在联创永宣的 6 起投资案例中 5 起为 A 轮投资。在 44 起 A 轮投资中 27 起由私募股权资本来完成，13 起由风险投资资本来完成。A 轮投资的行业分布主要集中在制造业（22 起）、食品行业（9 起）、农业（7 起）。A 轮融资的区域分布主要集中在呼和浩特市（9 起）、鄂尔多斯市（7 起）、赤峰市（7 起）和巴彦淖尔市（7 起）。

B 轮融资为该公司经过一轮烧钱后，获得较大发展。一些公司已经开始盈利。商业模式、盈利模式没有任何问题。可能需要推出新业务、拓展新领域。资金来源大多是上一轮的风险投资机构跟投、新的风投机构加入、私募股权投资机构加入。内蒙古自治区获得奶联社、蒙水股份、沐禾节水、莱德马业、内蒙古蒙药股份有限公司等五家企业分别从深创投、天使轮投资、杨树成长、创东方投资、联创永宣获得了 B 轮投资。

C 轮融资是在该公司非常成熟，离上市较近，已经开始盈利，行业内有一定的影响力的时候。资金来源主要是私募股权投资，有些之前的风险投资也会选择跟投。2012 年 11 月奶联社从深创投获得的投资，2014 年 9 月莱德马业从高旗投资、吉煤投资、达泰资本、德同资本等 4 家机构获得的 1.2 亿元投资均属于 C 轮投资。

PIPE 是私募基金、共同基金或者其他合格投资者以市场价格的一定折价率购买上市公司股份以扩大公司资本的一种投资方式。PIPE 主要分为传统型和结构型两种形式。传统的 PIPE 由发行人以设定价格向 PIPE 投资人发行优先股或普通股来扩大资本。而结构性 PIPE 则是发行可转债（转换股份可以是普通股也可以是优先股）。内蒙华电、伊利股份、远兴能源从泰康资管、中国人保资管获得的投资均属于 PIPE。

Angle 通常是指天使投资者，是具有丰厚收入并为初创企业提供启动资本的个人。天使投资者的投资通常会要求获得被投资企业的权益资本。田小米、团氏网、车蜘蛛、洗衣盒子等互联网公司获得的投资均属于天使轮投资。

二、内蒙古自治区科技创新发展现状与存在问题分析

改革开放 40 年，内蒙古自治区以科技面向经济为指导，以引进技术为主改造传统产业，通过实施科技攻关以及"星火""火炬""863"基础性研究、工业性试验、科技成果推广等多项科技计划，推动高科技的发展，逐步实现科技产业化。尤其是"十五"至"十二五"期间，内蒙古自治区的经济和社会发展取得了巨大成就，产业结构逐步优化，农牧业生产条件进一步改善，支柱产业和优势产业得到长足发展，基础设施建设进一步加强，各项改革稳步推进，对外开放不断扩大，科技教育等社会事业全面发展。基于科技创新的主体是企业，在分析内蒙古自治区科技创新投入方面，侧重于企业 R&D 以及科技创新成果的研究。

（一）内蒙古自治区规模以上工业企业科技创新经费投入现状

1. 内蒙古自治区规模以上工业企业 R&D 项目数

从规模以上工业企业 R&D 项目数量可以判断出一个地区工业企业的科技创新能力。全国大中型工业企业 R&D 项目数由 2011 年的 161226 项增至 2016 年的 187100 项，增加了 1.16 倍。内蒙古自治区该项指标由 2011 年的 1320 项（各省平均值为 7537 项）增至 2016 年的 2260 项（各省平均值为 11715 项），增加了 1.71 倍，高出全国平均，与各省平均相比差距较大。内蒙古自治区规模以上工业企业的 R&D 项目数，所占全国比重由 2011 年的 0.82%，提高到 2016 年的 1.21%。R&D 项目数的全国排名也由 2011 年的第 24 位提高至 2016 年的第 22

位，见表 5 - 5。

表 5 - 5　内蒙古自治区规模以上工业企业科技创新投入

单位：项，人/年，亿元，%

地区		R&D 项目数		全时当量		R&D 经费	
		2011 年	2016 年	2011 年	2016 年	2011 年	2016 年
全国		161226	187100	1587165	1964441	5031	8289
内蒙古自治区	数额	1320	2260	17645	30126	70	128
	占比	0.82	1.21	1.11	1.53	1.39	1.54
	排名	24	22	23	20	20	18
各省平均		7537	11715	94384	166472	200	364

资料来源：Wind 资讯。

2. 内蒙古自治区规模以上工业企业全时当量

全时当量是指全时人员数加非全时人员按工作量折算为全时人员数的总和。在地区内规模以上工业企业全时当量由 2011 年的 1587165 人/年，增至 2016 年的 1964441 人/年，增加了 1.24 倍。内蒙古自治区规模以上工业企业全时当量从 2011 年的 17645 人/年（各省平均值为 94348 人/年）增至 2016 年的 30126 人/年（各省平均值为 166472 人/年），增加了 1.71 倍。5 年间全时当量增长速度高于全国平均水平，但与各省平均相比差距较大。内蒙古自治区规模以上工业企业全时当量占全国的比重由 2011 年的 1.11% 增至 2016 年的 1.53%，有所提高。该项经费投入的全国排名从第 23 位提高至第 20 位，见表 5 - 5。

3. 内蒙古自治区规模以上工业企业 R&D 经费投入

开展科技创新项目离不开经费投入，经费投入的多少反映一个工业企业对科技创新项目的重视程度。全国大中型工业企业 R&D 经费由 2011 年的 5031 亿元，增至 2016 年的 8289 亿元，增加了 1.65 倍。内蒙古自治区规模以上工业企业 R&D 经费投入从 2011 年的 70 亿元（各省平均值为 200 亿元）增至 2016 年的 128 亿元（各省平均值为 364 亿元），增加了 1.82 倍。5 年间经费投入增长速度高于全国平均水平，但与各省平均相比差距较大。内蒙古自治区大中型工业企业 R&D 经费投入占全国的比重由 2011 年的 1.39% 增至 2016 年的 1.54%，有所提高。该项经费投入的全国排名从第 20 位提高至第 18 位，见表 5 - 5。

（二）内蒙古自治区高新技术企业科技创新投入现状

1. 内蒙古自治区高新技术企业发展情况

（1）内蒙古自治区高新技术企业数。高新技术企业是指在《国家重点支持的高新技术领域》内，持续进行研究开发与技术成果转化，形成企业核心自主知识产权，并以此为基础开展经营活动，在中国境内（不包括港、澳、台地区）注册一年以上的居民企业。全国高新技术企业的企业数由 2011 年的 39340 个，增至 2016 年的 100012 个，增加了 2.54 倍。内蒙古自治区高新技术企业的企业数由 2011 年的 139 个（各省平均值为 1021 个）增至 2016 年的 351 个（各省平均值为 3137 个），增加了 2.53 倍。5 年间高新技术企业的企业数增长速度略低于全国平均水平，但与各省平均相比差距较大。内蒙古自治区高新技术企业的企业数占全国的比重由 2011 年的 0.35% 至 2016 年的 0.35%，没有变化。该高新技术企业的企业数全国排名从第 26 位降低至第 27 位，见表 5 - 6。

（2）内蒙古自治区高新技术企业年末从业人员。全国高新技术企业年末从业人员由 2011 年的 1508 万人，增至 2016 年的 2360 万人，增加了 1.56 倍。内蒙古自治区高新技术企业年末从业人员由 2011 年的 10.51 万人（各省平均值为 34.84 万人）增至 2016 年的 13.19 万人（各省平均值为 76.15 万人），增加了 1.26 倍。5 年间高新技术企业年末从业人员增长速度低于全国平均水平，但与各省平均相比差距较大。内蒙古自治区高新技术企业年末从业人员占全国的比重由 2011 年的 0.7% 降至 2016 年的 0.56%，有所降低。该高新技术企业年末从业人员的全国排名从第 23 位降低至第 25 位，见表 5 - 6。

（3）内蒙古自治区高新技术企业工业总产值。全国高新技术企业工业总产值由 2011 年的 14.03 亿元，增至 2016 年的 21.24 亿元，增加了 1.51 倍。内蒙古自治区高新技术企业工业总产值由 2011 年的 1.27 亿元（各省平均值为 3.68 亿元）增至 2016 年的 1.45 亿元（各省平均值为 6.85 亿元），增加了 1.14 倍。5 年间高新技术企业工业总产值增长速度低于全国平均水平，但与各省平均相比差距较大。内蒙古自治区高新技术企业工业总产值占全国的比重由 2011 年的 9.08% 降至 2016 年的 6.81%，有所降低。该高新技术企业工业总产值的全国排名从第 21 位提高至第 24 位，见表 5 - 6。

表5-6 内蒙古自治区高新技术企业概况

单位：个，万人，%，亿元

地区		企业数		年末从业人数		工业总产值	
		2011年	2016年	2011年	2016年	2011年	2016年
全国		39340	100012	1508	2360	14.03	21.24
内蒙古自治区	数额	139	351	10.51	13.19	1.27	1.45
	占比	0.35	0.35	0.70	0.56	9.08	6.81
	排名	26	27	23	25	21	24
各省平均		1021	3137	38.84	76.15	3.68	6.85

资料来源：Wind资讯。

2. 内蒙古自治区高新技术企业科技创新投入情况

（1）内蒙古自治区高新技术企业科技活动人员。全国高新技术企业科技活动人员由2011年的248万人，增至2016年的584万人，增加了2.36倍。内蒙古自治区高新技术企业科技活动人员由2011年的2万人（各省平均值为8万人）增至2016年的3万人（各省平均值为19万人），增加了1.5倍。5年间高新技术企业科技活动人员增长速度低于全国平均水平，但与各省平均相比差距较大。内蒙古自治区高新技术企业科技活动人员占全国的比重由2011年的0.77%降至2016年的0.49%，有所降低。该高新技术企业科技活动人员的全国排名从第23位降低至第25位，见表5-7。

表5-7 内蒙古自治区高新技术企业科技创新投入

单位：万人，亿元，%

地区		科技活动人员		科技活动经费内部支出		R&D经费内部支出	
		2011年	2016年	2011年	2016年	2011年	2016年
全国		248	584	62.64	126.43	29.43	78.06
内蒙古自治区	数额	1.91	2.84	0.37	0.57	0.29	0.36
	占比	0.77	0.49	0.58	0.45	0.97	0.46
	排名	23	25	24	24	20	23
各省平均		8	19	2.02	4.08	0.95	2.52

资料来源：Wind资讯。

高新技术企业的创新不仅需要研发资金的持续投入，更需要高层次科技人才和管理人才的支持。2011～2016 年，R&D 人员逐年增加，但是基数依然较小，不足以支撑内蒙古自治区高新技术企业的创新活动。究其原因，内蒙古自治区地处偏僻的西北部，再加之企业自身条件的限制，在发展中很难吸引合适的高科技人才，从而严重制约了高新技术企业创新能力的提升。

（2）内蒙古自治区高新技术企业科技活动经费内部支出。全国高新技术企业科技活动经费内部支出由 2011 年的 62.64 亿元，增至 2016 年的 126.43 亿元，增加了 2.02 倍。内蒙古自治区高新技术企业科技活动经费内部支出由 2011 年的 0.37 亿元（各省平均值为 2.02 亿元）增至 2016 年的 0.57 亿元（各省平均值为 4.08 亿元），增加了 1.57 倍。5 年间高新技术企业科技活动经费内部支出增长速度低于全国平均水平，但与各省平均相比差距较大。内蒙古自治区高新技术企业科技活动经费内部支出占全国的比重由 2011 年的 0.58% 降至 2016 年的 0.45%，有所降低。该高新技术企业科技活动经费内部支出的全国排名为第 24，见表 5－7。

（3）内蒙古自治区高新技术企业 R&D 经费内部支出。全国高新技术企业 R&D 经费内部支出由 2011 年的 29.43 亿元，增至 2016 年的 78.06 亿元，增加了 2.65 倍。内蒙古自治区高新技术企业 R&D 经费内部支出由 2011 年的 0.29 亿元（各省平均值为 0.95 亿元）增至 2016 年的 0.36 亿元（各省平均值为 2.52 亿元），增加了 1.24 倍。5 年间高新技术企业 R&D 经费内部支出增长速度低于全国平均水平，但与各省平均相比差距较大。内蒙古自治区高新技术企业 R&D 经费内部支出占全国的比重由 2011 年的 0.97% 降至 2016 年的 0.46%，有所降低。该高新技术企业 R&D 经费内部支出的全国排名从第 20 位降低至第 23 位。

R&D 活动经费是开展一切创新活动的基础，包括企业自筹资金与政府资金两种来源，其中政府资金占比衡量政府对创新活动的支持力度。从 2011 年到 2016 年 R&D 经费支出在逐年上升，而 R&D 活动经费在全国排名却在逐年下降，并且低于全国平均水平。说明内蒙古自治区高新技术企业的研发经费投入中政府资金占比严重不足，阻碍了企业创新活动的开展以及创新能力的提升，见表 5－7。

（三）内蒙古自治区高新技术产业科技创新投入现状

1. 内蒙古自治区高新技术产业发展的基本态势

（1）内蒙古自治区高新技术产业的企业数。高新技术产业是指以高新技术为基础，从事一种或多种高新技术及其产品的研究、开发、生产和技术服务的企业集合，这种产业所拥有的关键技术往往开发难度很大，但一旦开发成功，却具有高于一般的经济效益和社会效益。高新技术产业是知识密集、技术密集的产业。产品的主导技术必须属于所确定的高技术领域，而且必须包括高技术领域中处于技术前沿的工艺或技术突破。根据这一标准，高新技术产业主要包括信息技术、生物技术、新材料技术三大领域。

数据显示，全国高新技术产业的企业数由2011年的21682个，增至2016年的30798个，增加了1.42倍。内蒙古自治区高新技术产业的企业数由2011年的98个（各省平均值为686个）增至2016年的109个（各省平均值为976个），增加了1.11倍。5年间高新技术产业的企业数增长速度低于全国平均水平，但与各省平均相比差距较大。内蒙古自治区高新技术产业的企业数占全国的比重由2011年的0.45%降至2016年的0.35%，有所降低。该高新技术产业的企业数全国排名从第25位降低至第26位，见表5-8。

表5-8 内蒙古自治区高新技术产业发展概况

地区		企业数（个）		主营业务收入（亿元）		利润（亿元）	
		2011年	2016年	2011年	2016年	2011年	2016年
全国		21682	30798	87527	153796	5245	10302
内蒙古自治区	数额（个）	98	109	312	407	34	24
	占比（%）	0.45	0.35	0.36	0.26	0.64	0.23
	排名（位）	25	26	22	25	22	27
各省平均		686	976	2898	5023	169	332

资料来源：Wind资讯。

（2）内蒙古自治区高新技术产业主营业务收入情况。在高新技术产业收入方面，全国高新技术产业主营业务收入由2011年的87527亿元，增至2016年的153796亿元，增加了1.76倍。内蒙古自治区高新技术产业主营业务收入由2011

年的 312 亿元（各省平均值为 2898 亿元）增至 2016 年的 407 亿元（各省平均值为 5023 亿元），增加了 1.3 倍。5 年间高新技术产业主营业务收入增长速度低于全国平均水平，但与各省平均相比差距较大。内蒙古自治区高新技术产业主营业务收入占全国的比重由 2011 年的 0.36% 降至 2016 年的 0.26%，有所降低。该高新技术产业主营业务收入的全国排名从第 22 位降低至第 25 位，见表 5 - 8。

（3）内蒙古自治区高新技术产业利润情况。全国高新技术产业利润由 2011 年的 5246 亿元，增至 2016 年的 10302 亿元，增加了 1.96 倍。内蒙古自治区高新技术产业利润由 2011 年的 34 亿元（各省平均值为 169 亿元）降至 2016 年的 24 亿元（各省平均值为 332 亿元），减少了 0.7 倍。5 年间高新技术产业利润增长速度低于全国平均水平，但与各省平均相比差距较大。内蒙古自治区高新技术产业利润占全国的比重由 2011 年的 0.64% 降至 2016 年的 0.23%，有所降低。该高新技术产业利润的全国排名从第 22 位降至第 27 位，见表 5 - 8。

2. 内蒙古自治区高新技术产业发展的经费投入分析

（1）内蒙古自治区高新技术产业研发机构数。全国高新技术产业研发机构数由 2011 年的 3254 个，增至 2016 年的 6456 个，增加了 1.98 倍。内蒙古自治区高新技术产业研发机构数由 2011 年的 17 个（各省平均值为 192 个）增至 2016 年的 31 个（各省平均值为 443 个），增加了 1.82 倍。5 年间高新技术产业研发机构数增长速度低于全国平均水平，但与各省平均相比差距较大。内蒙古自治区高新技术产业研发机构数占全国的比重由 2011 年的 0.52% 降至 2016 年的 0.48%，有所降低。该高新技术产业研发机构数的全国排名从第 27 位提高至第 25 位，见表 5 - 9。

表 5 - 9　内蒙古自治区高新技术产业科技创新投入情况　　单位：件，%

地区		研发机构数（个）		R&D 经费（亿元）		新产品开发经费（亿元）		有效发明专利数（个）	
		2011 年	2016 年	2011 年	2016 年	2011 年	2016 年	2011 年	2016 年
全国		3254	6456	1237	2437	1528	3000	67428	257234
内蒙古自治区	数额	17	31	5.52	8.62	0.71	5.64	32	147
	占比（%）	0.52	0.48	0.45	0.35	0.05	0.19	0.05	0.06
	排名（位）	27	25	27	21	29	25	28	28
各省平均		192	443	395	856	58	115	2741	10216

资料来源：Wind 资讯。

（2）内蒙古自治区高新技术产业 R&D 经费。全国高新技术产业 R&D 经费由 2011 年的 1237 亿元，增至 2016 年的 2437 亿元，增加了 1.97 倍。内蒙古自治区高新技术产业 R&D 经费由 2011 年的 5.52 亿元（各省平均值为 395 亿元）增至 2016 年的 8.62 亿元（各省平均值为 856 亿元），增加了 1.56 倍。5 年间高新技术产业 R&D 经费增长速度低于全国平均水平，但与各省平均相比差距较大。内蒙古自治区高新技术产业 R&D 经费占全国的比重由 2011 年的 0.45% 降至 2016 年的 0.35%，有所降低。该高新技术产业 R&D 经费的全国排名从第 27 位提高至第 21 位，见表 5-9。

（3）内蒙古自治区高新技术产业新产品开发经费。全国高新技术产业新产品开发经费由 2011 年的 1528 亿元，增至 2016 年的 3000 亿元，增加了 1.96 倍。内蒙古高新技术产业新产品开发经费由 2011 年的 0.71 亿元（各省平均值为 58 亿元）增至 2016 年的 5.64 亿元（各省平均值为 115 亿元），增加了 8 倍。5 年间高新技术产业新产品开发经费增长速度高于全国平均水平，但与各省平均相比差距较大。内蒙古高新技术产业新产品开发经费占全国的比重由 2011 年的 0.05% 增至 2016 年的 0.19%，有所提高。该高新技术产业新产品开发经费的全国排名从第 29 位提高至第 25 位，见表 5-9。

（4）内蒙古自治区高新技术产业有效发明专利数。全国高新技术产业有效发明专利数由 2011 年的 67428 件，增至 2016 年的 257243 件，增加了 3.81 倍。内蒙古自治区高新技术产业有效发明专利数由 2011 年的 32 件（各省平均值为 2741）增至 2016 年的 147 件（各省平均值为 10216 件），增加了 4.59 倍。5 年间高新技术产业有效发明专利数增长速度高于全国平均水平，但与各省平均相比差距较大。内蒙古自治区高新技术产业有效发明专利数占全国的比重由 2011 年的 0.05% 增至 2016 年的 0.06%，有所提高。该高新技术产业有效发明专利数的全国排名位列第 28 位，见表 5-9。

（四）内蒙古自治区科技创新成果情况

1. 内蒙古自治区技术市场专利审计受理数

全国技术市场专利审计受理数由 2011 年的 1663347 件，增至 2016 年的 3464824 件，增加了 2.08 倍。内蒙古自治区技术市场专利审计受理数从 2011 年的 3841 件（各省平均值为 47371 件）增至 2016 年的 10672 件（各省平均值为

107088 件），增加了 2.78 倍。5 年间技术市场专利审计受理数增长速度高于全国平均水平，但与各省平均相比差距较大。内蒙古自治区技术市场专利审计受理数占全国的比重由 2011 年的 0.23% 增至 2016 年的 0.31%，有所提高。该项技术市场专利审计受理数的全国排名为第 27，见表 5-10。

2. 内蒙古自治区技术市场专利授权数

全国技术市场专利授权数由 2011 年的 960513 件增至 2016 年的 1753763 件，增加了 1.83 倍。内蒙古自治区专利授权数从 2011 年的 2262 件（各省平均值为 28427 件）增至 2016 年的 5846 件（各省平均值为 50971 件），增加了 2.58 倍。5 年间技术市场专利授权数增长速度高于全国平均水平，但与各省平均相比差距较大。内蒙古自治区技术市场专利授权数占全国的比重由 2011 年的 0.24% 增至 2016 年的 0.33%，有所提高。该项技术市场专利授权数的全国排名为第 26，见表 5-10。

3. 内蒙古自治区技术市场合同数

全国技术市场合同数由 2011 年的 256428 项增至 2016 年的 320437 项，增加了 1.25 倍。内蒙古自治区技术市场合同数从 2011 年的 1401 项（各省平均值为 8281 项）降至 2016 年的 611 项（各省平均值为 10353 项），减少了 0.44 倍。5 年间技术市场合同数增长速度远低于全国平均水平。内蒙古自治区技术市场合同数占全国的比重由 2011 年的 0.55% 降至 2016 年的 0.19%，大大减少。该项技术市场合同数的全国排名从第 23 位降至第 29 位，见表 5-10。

表 5-10 内蒙古自治区技术市场科技创新成果

地区		专利审计受理数（件）		专利授权数（件）		技术市场合同数（项）		技术市场成交金额（亿元）	
		2011 年	2016 年	2011 年	2016 年	2011 年	2016 年	2011 年	2016 年
全国		1663347	3464824	960513	1753763	256428	320437	4764	11407
内蒙古自治区	数额（个）	3841	10672	2262	5846	1401	611	23	12
	占比（%）	0.23	0.31	0.24	0.33	0.55	0.19	0.48	0.11
	排名（位）	27	27	26	26	23	29	22	27
各省平均		47371	107088	28427	50971	8281	10353	144	353

资料来源：Wind 资讯。

4. 内蒙古自治区技术市场成交金额

全国技术市场成交金额由2011年的4764亿元增至2016年的11407亿元，增加了2.39倍。内蒙古自治区技术市场成交金额由2011年的23亿元（各省平均值为144亿元）降至2016年的12亿元（各省平均值为353亿元），减少了0.53倍。5年间技术市场成交金额增长速度低于全国平均水平，但与各省平均相比差距较大。内蒙古自治区技术市场成交金额占全国的比重由2011年的0.48%降至2016年的0.11%，有所降低。该项技术市场成交金额的全国排名从第22位降低至第27位，见表5-10。

三、内蒙古自治区科技创新发展中存在的问题

近年来，内蒙古自治区认真落实中央关于科技创新发展的决策部署，坚持把科技创新作为推动发展的第一动力，紧紧围绕国家战略需求和地方经济特色，大力推进以科技创新为核心的全面创新，研究制定了《内蒙古自治区人民政府关于实施创新驱动发展战略的意见》（内政发〔2014〕79号）、《内蒙古自治区人民政府办公厅关于印发〈内蒙古自治区创新驱动发展规划（2013~2020年）〉的通知》（内政办发〔2014〕73号）等重要文件，改革科技项目形成机制，创新科技资金投入机制，健全创新发展的协调推进机制，实施科技创新三大工程，在清洁能源、装备制造、绿色农牧业、生态环境治理等领域取得一批重大科技创新成果，有力地促进了内蒙古自治区科技实力和综合经济实力的提升。但与全国科技创新各项指标的平均值相比，存在较大差距，问题较为明显。

（一）企业科技创新动力不足

1. 各地区 R&D 经费投入不均衡

根据近年来的科技统计年报数据分析，R&D经费投入严重不均衡的问题始终存在。科技研发活动主要集中在呼、包、鄂三市的企业，部分盟市工业企业科技创新能力很弱，差距较大，研发创新水平明显落后。同时，科技人才资源和科技研发资金都向市区和大企业倾斜，导致部分盟市企业没有能力进行科技研发活动。

虽然R&D经费投入逐年增加但是成果并不明显。近年来，虽然内蒙古地方财政科技投入规模在不断扩大，经费逐年增加但与全国平均水平相比，仍然处于

较低水平。

2. 科技成果不如意

虽然项目数、全时当量、R&D 经费不断增加，但是科技成果却不尽如人意。内蒙古自治区专利审计受理数、专利授权数近年来不断增加，但是技术市场成交合同数和技术市场成交额却不如往年。这就表明很多授权的专利并没有发挥出本身的优势：一是专利本身不符合市场要求，无法带来实际的经济利益；二是没有对专利技术实施有效的措施。

3. 规模以上众多工业企业科技创新意识不强

科技活动是企业生存与核心竞争力的重要保障。规模以上工业企业中开展 R&D 活动的企业只有少数几家，全区仍有大量企业尚未开展 R&D 活动，大多数企业仍满足于维持现状，对面向未来市场进行自主创新活动，实现技术储备的危机感不强，创新意识亟待提高。尤其是高新技术企业的科技创新意识与发达地区相比，应存在绩效和研发投入的巨大差距，导致科技创新意识的非主动性较为普遍。

4. 科技基础薄弱、创新投入水平低

虽然内蒙古自治区政府逐年加大了对科技创新的投入，增速较快，但与其他省份相比由于创新基数较低，科技要素基础薄弱，投入仍显不足。2016 年内蒙古自治区 R&D 经费系列数据说明内蒙古自治区创新投入水平较低，但却具有很大的投资能力。信息、高技术产业发展落后依赖资源驱动发展的内蒙古自治区产业结构不均衡，与资源有关的传统产业发展较好，信息、高技术产业发展缓慢。

（二）金融支撑科技创新动力不足

1. 科技投入渠道单一，多层次的金融支撑体系不健全

缺乏多层次的金融支撑体系是科技创新投入不足的主要因素。科技资金来源渠道单一，并且过度依赖财政科技的投入是内蒙古自治区缺乏科技创新能力的主要瓶颈。从内蒙古自治区科技经费投入现状看，其科技投入的渠道只有三种，即政府财政投入、企业自主投入和金融机构信贷，其他渠道因其金额较小尚不能列为科技投入的主渠道。就财政投入而言，尽管投入资金逐年增加，但在财政支出中所占的比例却不断下降。企业是科技投入的主体，就内蒙古自治区科技创新型企业而言，科技研发缺乏明显的科技投入和资金来源。内蒙古地区属于欠发达地

区，金融服务体系滞后，整体金融密集度较低，金融市场化程度低，至今尚未形成多层次、多元化的金融市场体系，严重制约了科技创新的发展和创新能力的提升。此外，内蒙古自治区是典型的资源依赖型地区，企业投资资源型行业获利空间较大，银行信贷的逐利行为致使信贷配给出现偏好，这是由于内蒙古自治区资源优势的利润空间促使银行把较多的金融资源配给到优势资源产业中去，进而出现高新技术企业的"信贷配给"问题。企业科研经费自我留存比重不足，导致研发经费占企业收益的比重低、挤占科技资金现象较为严重，难以支撑企业科技创新。

2. 财政科技投入结构和管理体制不能适应

内蒙古自治区财政科技投入结构虽有所改进，但是结构不合理问题仍没有得到根本解决。不同部门之间的财政科技投入差别很大，难以触动原有的既得利益。形成的基础研究、科技基础条件、公益性科技投入明显偏少的问题一直没有得到很好的解决；重点基础实验室、基地、院所经常运行经费不足，科研机构的研究开发以及设备构置等经费严重不足，科研积累不足、技术储备不够、环境和公共安全等方面的科技投入欠账太多，技术标准、行业共性技术、关键技术研究开发和联合攻关的基础投入更显得不足。科技支出的集中度不高，项目小而分散，互相关联和综合集成性差，经费资源整合力度小。此外，内蒙古自治区财政缺乏与科技工作特点相适应的财政科技预算管理机制。现行的部门预算不能适应现代科技跨行业、跨部门、跨领域的组织特点，不利于打破科技资源条块分割的布局，有些综合性、集成性强、覆盖面广的科技项目难以列入现行的部门预算；自治区各级财政科技投入的协调和整合工作有待提上日程，部门和项目之间的科技预算尚缺乏协调的管理和机制。

3. 科技金融发展落后

高科技产业独特的技术经济特点和融资特点需要政府发挥积极作用。因此，政府在科技创新融资体系中存在着重要的职能，通过制定金融支持科技创新的优惠政策，建立健全金融支持科技创新的法律保障系统、信息服务体系、科技倾斜的投资机制以及行之有效的税收优惠制度等，对金融支持科技创新活动起到应有的宏观引导和调控作用，为金融支持科技创新提供外部保障。然而，由于政府引领科技金融发展的动力不足，内蒙古自治区科技与金融结合的方案实施较为缓慢，表现在：科技信贷风险较大，政府科技风险补贴等相配套措施的缺位致使商业银行科技信贷积极性不高；科技保险发展缓慢，保险公司本身不够重视科技保险业务的发展，由于科技保险技术较为复杂需要保险公司开发新的模式来投入该业务的运营，致使相当部分的保险公司不愿向科技保险业务进行过多的投入，而是其他具有竞争关系的保险公司推出新型科技保险服务后，再去"复制"该业务，这样的投机心态直接造成了内蒙古自治区科技保险的发展缓慢。

四、内蒙古自治区风险投资与私募股权发展政策建议

随着我国金融改革的不断深化，特别是在多层次资本市场越来越受到方方面面高度重视的大背景下，内蒙古自治区风险投资与私募股权投资步入了新的发展阶段，无论是数量和规模都比过去有了很大的发展，已经成为内蒙古自治区金融体系和资本市场不可或缺的重要组成部分，但风险投资与私募股权在解决内蒙古科技型中小企业融资问题方面仍然存在很多差距和不足，特别是还存在很多制约因素，需要从提升内蒙古自治区科技创新能力（提高 R&D 投入强度）、风险投资机构数量、政府引导等多重因素入手。

（一）内蒙古自治区风险投资与私募股权发展政策梳理

1985 年 3 月，中共中央、国务院颁布《关于科学技术体制改革的决定》标志着风险投资在我国的正式开始。1998 年 3 月，全国政协九届一次会议召开，民建中央提出《关于尽快发展我国风险投资事业的提案》（即"一号"提案），我国本土风险投资企业开始组建。1999 年 12 月国务院出台了《关于建立风险投资机制的若干意见》进一步推动了我国风险投资事业的发展。内蒙古自治区出台的有关风险投资的政策始见于 2001 年 2 月自治区政府出台的《关于建立科技风险投资机制的意见》，标志着本土风险投资企业的产生和发展（见表 5 – 11）。

表 5 – 11　内蒙古自治区风险投资与私募股权投资相关政策解读

政策名称	政策内容	政府	时间
加快建立科技风险投资机制意见	注重资源优势与高科技相结合的原则、与国家相关法律法规保持一致的原则、与国际风险投资资源相结合的原则；拓宽市场准入渠道，培育以民间资本为主体的多元化风险资本结构；按市场化机制运营；成立自治区风险投资行业协会	内蒙古自治区人民政府	2001 年 2 月 16 日

政策名称	政策内容	政府	时间
实施自治区中长期科学和技术发展规划纲要（2006～2020年）	对主要投资中小型高新技术企业的创业风险投资企业，实行投资收益税收减免或投资额按比例抵扣应纳税所得额等税收优惠政策	内蒙古自治区人民政府	2007年2月8日
实施自治区中长期科学和技术发展规划纲要（2006～2021年）	开展自主创新风险投资试点，健全和完善风险投资进入和退出机制，引导社会资金流向创业风险投资企业，鼓励创业风险投资企业投资处于种子期和起步期的创业企业	内蒙古自治区人民政府	2007年2月9日
扶持小型微型企业加快发展八条措施	安排专项资金对旗县开展中小微企业助保类融资服务给予资金支持。引导社会资本支持创新型、成长型中小微企业发展	内蒙古自治区人民政府	2015年4月12日
自治区私募股权投资基金培育方案	做好私募股权投资基金市场主体的培育工作、加强人才队伍建设、建立促进发展的协调机制、促进私募股权投资市场规范健康发展。通过私募股权投资方式开展市场化运作。推动自治区区域性股权市场与私募股权投资市场协调发展	内蒙古自治区人民政府办公厅	2015年10月10日
大力发展非公有制经济的实施意见	从2013年起，第一年地方财政投入不低于2亿元，以后每年增加1亿元，建立市中小企业基金，每年市财政投入1亿元，吸纳民间资本，按照市场化模式创立3～5家股权投资基金，完善创业投资扶持机制。支持中小企业以股权融资、项目融资等手段筹集资金	中共呼和浩特市委员会、呼和浩特市人民政府	2013年12月26日
促进城乡居民增收的意见	创新金融服务产品，加快小额贷款公司、村镇银行的发展步伐，积极争取设立若干私募股权投资公司、创业投资引导基金等投融资主体	鄂尔多斯市人民政府	2011年5月3日

续表

政策名称	政策内容	政府	时间
2012 年市人民政府重点工作分解落实方案	制定出台扶持中小企业发展的具体政策措施，设立中小企业发展基金，集中扶持 100 户中小企业、200 户微型企业发展壮大。积极发展以私募股权基金为重点的新兴金融业态。鼓励企业发行债券和票据融资，推动 2 ~ 3 户企业上市融资	鄂尔多斯市人民政府	2012 年 4 月 16 日
《鄂尔多斯市规范民间借贷暂行办法》	市人民政府支持民间资本探索联合创立私募债权投资基金参与民间借贷，具体实施办法由市金融工作办公室另行制定	鄂尔多斯市人民政府	2012 年 6 月 5 日
包头市科学技术条例	高新技术研究开发机构和企业在税收、信贷、风险投资、进出口贸易等方面享受有关的优惠政策。高新技术研究开发机构和企业，要积极推进高新技术成果的商品化、产业化和国际化	包头市人民代表大会常务委员会	1995 年 6 月 2 日
包头市进一步促进高校毕业生就业实施办法	在三年（2009 ~ 2011 年）之内，高校毕业生在中小企业和非公有制企业实现就业的，在签订劳动合同期间，养老、失业保险缴费年限按实际缴费年限的 1.5 倍计算	包头市人民政府办公厅	2009 年 4 月 13 日
公开征集包头市 2013 年度科技发展计划项目	鼓励和引导科技型中小企业围绕优势特色产业实施技术研发和科技成果转化项目，延伸产业链	包头市科学技术局	2012 年 12 月 14 日
《乌海市金融工作奖励办法》	各家金融机构对建设城乡一体化、解决中小企业融资难、加快服务业发展、改善民生项目的支持力度	乌海市人民政府	2009 年 5 月 11 日
乌海市推动创业促进就业工作实施细则	鼓励有资质、有资金实力的人员设立信用评估、清算、企业诚信、私募基金等新兴金融辅助服务机构，搭建金融服务业、金融辅助产业平台	乌海市人民政府办公厅	2009 年 6 月 26 日

续表

政策名称	政策内容	政府	时间
促进小型微型企业持续健康发展的实施意见	推动小微企业融资渠道多元化；引导和支持符合条件的小微企业通过多种方式进行直接融资；加大小微企业直接融资工作力度；增强自治区再担保机构资金实力；充分发挥财政资金的杠杆作用	乌兰察布市人民政府	2012年9月18日
《乌兰察布市2012~2020年中长期人才发展规划纲要》	设立科技人员创业投资担保基金，出台科技人才创业风险投资、科研成果转化和技术转让的税收、贴息等优惠政策	中国共产党乌兰察布市委员会、乌兰察布市人民政府	2012年10月10日
进一步促进中小企业发展的实施意见	建立金融机构服务中小企业考评体系；积极创新中小企业融资模式；建立多元化的中小企业融资机构；推动中小企业直接融资	呼伦贝尔市人民政府	2009年9月9日
《赤峰市信息化2005~2010年发展规划（纲要）》	信息产业是高技术、高风险的产业，应纳入全市的风险投资机制中，所需资金也应纳入高新技术创业发展基金中	赤峰市人民政府	2005年3月30日
关于培育和发展战略性新兴产业的实施意见	积极引导民营企业投身战略性新兴产业，促进创新型中小企业迅速形成规模化发展能力	赤峰市人民政府	2013年5月20日
关于加强市校（院所）科技合作的意见	鼓励创建风险投资公司，建立多元化投融资体系，吸引社会各类投资主体参与市校科技合作项目实施	通辽市人民政府办公厅	2009年5月26日
加强铁矿开发项目管理促进产业健康有序发展	统一规划，合理布局。新建铁矿开发项目必须符合国家和我市相关规划，鼓励企业加大风险投资进行地质勘察，加强资源战略储备和有序开发	巴彦淖尔市人民政府办公厅	2010年6月7日

资料来源：自治区科技厅《科技政策法规汇编》以及政府官网整理。

（二）内蒙古风险投资与私募股权发展政策建议

1. 加强创新活动投入力度、完善创新创业人才引进机制

要切实加大政府对科技创新的投入，增加高新技术企业创新活动研发费用中的政府资金占比，通过政府的扶持使其更好地进行创新活动；同时，对一些重点产业和重点项目，政府要实行倾斜政策，发挥其引导作用，通过重点产业和项目的创新实践带动企业整体的创新活动，最终提高其创新能力。

科技创新人才是企业创新活动的主体。因此，创新人才的培育和引进对于提高企业创新能力至关重要。首先，要破除人才流动障碍，促进科技人才在发达地区与欠发达地区的合理流动，注重引进高层次人才，凸显人才引进的优惠政策；其次，明确高校在科技创新中的重要地位，加强高校重点实验室、工程技术研究中心、科技公共服务平台的建设，大力推进体制创新，形成促进高校科技创新的新体制和机制，积极为优秀人才营造多学科、多专业、多单位的合作空间，有针对地培育企业所需的创新人才；最后，加强科技人才储备体制建设，针对内蒙古自治区的特殊地理条件建立与之相适应的创新人才的长效吸引机制。

2. 加快提升工业企业科技创新能力

（1）全面深化产学研合作。要全面深化产学研体系建设，进一步完善以企业为主体、以市场为导向，充分调动企业与科研机构和院校合作的积极性。推动高等学校和科研机构以人才、智力和技术为要素，企业以资金、设备为要素，通过联营、参股、合作等多种形式，组建产学研联合体，实现产学研的深度合作。

（2）进一步加大科技创新投入，营造良好创新环境为进一步鼓励企业开展科技创新活动，应继续积极落实科技创新激励政策，积极组织符合申报奖励政策条件的小微企业进行申报；继续推行以政府资金引导、以企业资金为主、以专项资金扶持、以银行信贷为支撑的多元化科技投入机制，推动企业科技创新发展，营造良好的创新环境。

（3）多措并举，大力提升企业自主创新能力。一是强化创新意识，树立创新理念。通过理论创新不断推进制度创新、文化创新，为企业科技创新提供更科学的理论指导、有力的制度保障和良好的文化氛围。二是加快人才培养，注重培养创新人才和科技人才，鼓励科技人才到企业就业或自主创新，同时要建立良好的激励机制，充分调动科技人才的积极性，切实发挥科技人才的创新作用。三是积极支持企业建设高水平研发中心，加快完成以企业为主体的技术创新体系，使企业真正成为研究开发投入、技术创新活动、创新成果应用的主体。

3. 扩大风险和私募股权投资机构数量

风险投资与私募股权对于解决中小企业融资难题具有重要的价值，但目前最大的制度就是内蒙古自治区风险投资与私募股权机构数量不多，与中小企业数没有形成正比。因而一定要不断扩大内蒙古自治区本土风险投资与私募股权投资机构数量。内蒙古自治区政府以及各级地方政府应当制定相应的鼓励政策，着眼于促进内蒙古自治区金融体系以及资本市场规模以及层次的转型升级，特别是要发挥内蒙古自治区民间资本十分巨大的优势，使更多的企业、机构、投资人发展风险投资与私募股权，不断扩大风险投资与私募股权数量和规模，使其更多地投向内蒙古中小企业。在这方面国家和地方政府可以借鉴发达地区的做法，加大对风险投资与私募股权的支持力度，如内蒙古自治区可以出台有关的政策和措施，发展风险投资与私募股权和"双创"结合起来。地方政府更要高度重视风险投资与私募股权的发展，从促进企业转型发展以及解决内蒙古自治区中小企业融资难两个方面入手，引导社会资本和民营企业成立风险投资与私募股权机构等，能够不断扩大数量和规模。

4. 发挥政府引导作用，进一步贯彻落实好政策

内蒙古自治区政府为了更好地利用风险投资与私募股权解决内蒙古自治区中小企业融资难等问题，也积极出台了相关政策法规（见表5－11）。进一步发挥政府的引导性作用，努力使风险投资与私募股权的发展步入更加科学化的轨道，进而有利于破解中小企业融资等相关问题。内蒙古自治区各级政府首先要深刻认识到风险投资与私募股权在解决中小企业融资、促进中小企业发展方面的积极作用，积极引导更多的风险投资与私募股权机构投向内蒙古自治区中小企业，这就需要各级政府一定要建立引导性政策，如对于投向内蒙古自治区中小企业的风险投资与私募股权机构，可以给予一定的优惠，对于引入风险投资与私募股权的中小企业给予一定的支持等，这样既有利于引导更多风险投资与私募股权机构向中小企业倾斜，也有利于提高中小企业对风险投资与私募股权的认识，并且通过自身的努力引入更多的风险投资与私募股权。政府还应当发挥行业组织的积极作用，引导内蒙古自治区民营企业或个人构建风险投资与私募股权机构，既有利于

激活民间资本，也有利于为中小企业提供更多融资平台。由政府出面建立完善的中介机构，提供真实准确的企业评估报告来供风险投资机构参考。政府可以出面联合各行业出资建立健全的风险投资网络平台，为风险投资行业提供准确、及时的信息服务。

5. 提高中小企业对风险与私募股权投资的认识水平

对于内蒙古自治区中小企业来说，利用风险投资与私募股权开展融资具有极大的意义和价值，中小企业对此应当高度重视，特别是由于中小企业是融资的主体，如果中小企业对风险投资与私募股权认识不到位，必然无法运用这一融资模式。这就需要不断提高中小企业对风险投资与私募股权的认识，使更多的中小企业能够转变融资观念，切实发挥风险投资与私募股权的积极作用。要加大对风险投资与私募股权的宣传力度，特别是金融部门可以针对中小企业开展一些利用风险投资与私募股权进行融资的座谈会、培训会、交流会，使更多的中小企业加深对风险投资与私募股权的了解和认识，特别是对于通过引入风险投资与私募股权取得巨大成功的中小企业，可以采取"现身说法"的方式进行宣传。可以充分发挥与中小企业相关的工商联组织、行业商会、行业协会等作用，加大对风险投资与私募股权的宣传工作，使更多的中小企业能够认识到其巨大作用。由于风险投资与私募股权方向主要是具有很强发展潜力的企业，因而还让更多的中小企业强化自身经营管理理念的转型，使更多的中小企业能够规范经营、科学发展，赢得风险投资与私募股权机构的认可。

6. 重视风险投资金融人才的培养，加强人才培训与交流制度

高水平的风险投资金融管理人才和科技创新人才永远是科技金融领域的稀缺资源，是保障内蒙古地区科技金融健康发展的关键所在。因此要重视对人才的引进和培养，建立完善的人才交流制度。在内蒙古地区发展建设高水平的大学，培养优秀的金融管理人才，建立对内蒙古地区金融管理人员的定期交流培训制度，积极发展人才的交流机制，以优厚的条件吸引其他地区的金融管理和创新技术人才来内蒙古自治区就业。

第 六 章

内蒙古自治区科技资本市场发展与政策建议

　　科技资本市场是多层次资本市场的一个层次，是资本市场对高科技行业以及科技创新的特殊制度安排。当高科技企业发展到一定的阶段、达到一定的效益后，资本市场就成为高科技企业融资的重要场所，同时也成为企业发展的必然趋势。本章在分析内蒙古地区资本市场发展的基础上，重点阐述内蒙古自治区上市公司科技投入以及高新技术企业资本市场融资问题，并对内蒙古自治区科技资本市场发展提出相关政策建议。

一、主要发达国家资本市场发展概况

资本市场各层次之间不是孤立存在的，而是以企业成长的生命周期为内在纽带，相互配套协调，形成一个系统的有机整体。企业在不同生命周期对金融服务有着不同需求，不同层次的资本市场也存在持续演进的性质，与企业发展的不断演进进程相呼应。① 各个国家和地区的多层次资本市场发展和构成充分验证了上述观点。

美国的多层次资本市场为高科技企业提供了更多融资渠道，也为风险投资退出提供了退出渠道。以色列作为一个金融市场狭小的国家，提出了独特的双重上市制度，这一独特的制度促进了以色列高科技企业的上市融资和发展。中小企业高度发达的日本也得益于多层次资本市场的推动，日本资本市场具有内部分层为主、场外市场为辅的特点。由于经济发展和文化传统的差异，不同国家和地区科技资本市场发展有着不同的实践制度安排。以下介绍美国、以色列、日本等国家资本市场发展的经验，以供借鉴。

（一）美国的多层次资本市场发展情况

美国是典型的金融市场主导的金融体制，美国有全球最发达的资本市场，为不同企业提供了不同的资本市场进行融资。不同规模、不同发展阶段的高科技企业可以选择不同的资本市场来融资，同时也为风险投资提供了退出渠道，确保风险资金在适当时候以适当方式结束投资，使风险投资更加积极地投资于高新技术企业。美国既拥有多层次的股票市场，还拥有交易灵活的债券市场，美国的债券市场规模较大，发行条件较为宽松，企业债券市场交易灵活，成为大多数美国企业包括中小型企业融资的重要选择。

美国的资本市场体系发达、层次多样、功能完备，可分为三个层级。

第一层级是主板市场，主要是纽约证券交易所（NYSE）。纽约证券交易所成立于1792年，长期以来都是全球最大、流通量最高的证券市场，2006年1月与

---

① 张陆洋，傅浩. 多层次资本市场研究：理论、国际经验与中国实践［M］. 上海：复旦大学出版社，2009.

泛欧证券交易所合并组成纽约泛欧证交所（NYSE Euronext）。纽约泛欧证交所上市标准最高，上市要求最严格，但市场规模更大、融资能力更强，主要是成熟期科技企业的理想融资场所。

第二层级是二板市场，主要包括美国证券交易所（AMEX）和全国证券交易商协会自动报价系统——纳斯达克市场（NASDAQ）。AMEX 成立于 1849 年，相较于纽交所，上市公司门槛标准较低，融资范围较宽，对中小企业和新兴企业融资有利。NASDAQ 市场分为 NASDAQ 全球精选市场、NASDAQ 全球市场和 NAS-DAQ 小型股市场，融资非常灵活，能满足中小企业特别是高技术企业的融资需求，因此，美国最具成长性的中小企业中有 90% 以上在 NASDAQ 上市。同时，NASDAQ 也是风险投资市场的有效退出渠道。

除主板市场和二板市场之外，美国还有很多地方性证券交易所，这些证交所基本没有上市功能，只是作为纽约证交所和纳斯达克市场的区域交易中心。

第三层级是向广大中小企业提供股权融资的场外交易市场，是一种分散的无形市场。为不能上市的中小型高科技企业提供了股权交易的机会，使得这些高科技企业也可以利用股权融资，同时给风险投资和其他股权所有者提供了退出渠道。增加了企业股权的流动性，使企业价值得到了提升，见表 6 - 1。

表 6 - 1　美国多层次资本市场基本概况

名称	层次划分	上市条件	基本情况
纽约证券交易所	主板市场	公众持有不少于 250 万股股票；公司股票市值不少于 1 亿美元；必须在最近 3 个财政年度里连续盈利等	要求最严格，主要面向发展成熟、有良好业绩的大型企业，较适合成熟期科技企业融资
美国证券交易所	二板市场	公众持有不少于 50 万股股票；公司股票市值不少于 100 万美元；股东至少 800 名；上个会计年度需最低 75 万美元税前所得	上市条件相对纽约证券交易所低，主要为传统行业和国外公司，较适合成长期科技企业融资
纳斯达克市场	二板市场	超过 400 万美元净资产额；公司股票市值不少于 100 万美元；股东至少 300 名；上个会计年度需最低 75 万美元税前所得	世界上发展最为成功的创业板市场，主要为高成长、高风险的科技企业提供融资服务

名称	层次划分	上市条件	基本情况
场外电子公告板（OTCBB）	三板市场	无规模及盈利要求，需有三名以上做市商愿为证券做市	仅实时报价，不具备交易撮合功能，为不能满足上市标准的股票及退市的证券提供有效的证券交易
粉单交易市场	三板市场	并没有上市的财务要求，发行人也不必向 SEC 提交财务报告	纳斯达克最底层的报价系统

资料来源：刘文杰. 科技金融对科技创新的影响研究［D］. 广东省社会科学院，2017.

美国的资本市场具有层次分明的市场结构和严格的升降板制度。具体呈现以下特点：第一，多层次性。美国的资本市场由多个不同上市标准的市场构成，每个层次的市场都与特定规模、特定发展阶段的企业融资需求相适应，各有发展的侧重点和目标，是可以把不同科技创新者和科技投资者撮合到一起的机制，满足了不同企业、不同融资规模的需求，有力地推动了美国科技创新和经济增长[①]。第二，美国各个层次市场之间存在升降板机制（见图 6-1 箭头所指部分）。各个市场之间不是孤立的，具有上下变动的通道，上市公司一旦满足上一层次市场的准入条件，就可以选择进入上一层次，同样的，如果上市公司不再符合所在市场的上市条件，就会调入下一层次的市场。这种优胜劣汰的转板机制既可以有效促进中小企业成长，又能提高市场活力与企业质量。第三，场内交易所市场与场外交易市场的共同发展确保了美国资本市场的健康高效。尤其是大规模高质量的场外交易市场成为多层次市场的重要基础。第四，纳斯达克市场的合理定位实现了创新型企业的多元和规模性融资，为风险投资的退出提供了良好的退出渠道，实现了股票市场和风险投资的相互联动。

（二）以色列独特的双重上市模式

以色列通过一项双重上市法案，形成了其独特的资本市场格局。2000 年 10 月双重上市法案开始实行，双重上市法案规定，允许在纽约证券交易所（NYSE）、美国证券交易所（AMEX）和纳斯达克证券交易所（NASDAQ-MN）上市交易的以色列公司的股票，可以在不附加任何其他调整性要求的情况下，在

---

① 廖岷，王鑫泽. 科技金融创新：新结构与新动力［M］. 北京：中国金融出版社，2016.

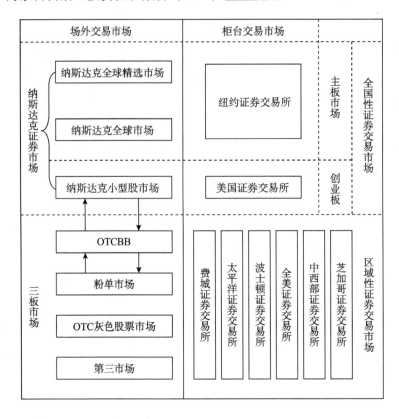

图 6 - 1 美国证券交易市场体系①

以色列特拉维夫证券交易所（TASE）上市。随着双重上市法案带来的良好效果，将拥有资格的公司的范围扩大到伦敦证券交易所（LSE）和纳斯达克小型资本市场（NASDAQ Small Cap）。这一法案的实施鼓励了很多高科技创业企业到美国和欧洲上市。作为一个金融体系不发达的国家，这种特有的模式也支撑了以色列风险投资的快速发展，使其风险投资成为以色列金融支持科技创新的最大亮点。

1. 对双重上市公司的资格要求

首先，申请双重上市的公司只要在纽约证券交易所（NYSE）、美国证券交易所（AMEX）和纳斯达克证券交易所（NASDAQ - MN）以及伦敦证券交易所（LSE）公开发行并且交易满一年，同时公司市值不少于 1.5 亿美元就可以申请

---

① 赵昌文，陈春发，唐英凯. 科技金融 [M]. 北京：科学出版社，1999.

在 TASE 上市。其次，在纳斯达克小型资本市场进行交易的公司的股票，只要市值不少于 1.35 亿美元就可以申请在 TASE 上市。最后，双重上市法案不仅有利于以色列的公司在以色列上市，同时还赋予以色列证券管理局批准在美国和英国上市的外国公司在 TASE 上市的权利。

2. 双重上市制度的作用和积极影响

首先，有资格申请双重上市的公司申请在 TASE 上市时，可以避免复杂的上市审核制度，既节省了时间也减少了上市费用。这使得双重上市的成本很低，从而鼓励了很多高科技企业积极地在海外市场上市，并且吸引海外上市的企业回到 TASE 上市。其次，双重上市扩大了投资者的规模，同时增加了股票交易量。第一，增加了新的投资群体：没有在海外投资的机构和个人投资者希望可以购买在海外上市的高科技公司的股票，双重上市给了他们这样的机会，同时 TASE 的交易成本低，交易时间和交易货币都给以色列投资者带来了很大的便利；同时，英国和欧洲大陆的机构投资者进入 TASE 购买股票要比进入华尔街购买股票更容易，并且可以从较低的交易费用中获取更高的利润。第二，以色列的公司在以色列上市会拥有更好的知名度，投资者对其产品、管理等情况比较清楚，拥有更高的信任度；在海外上市的以色列的高科技公司在海外市场一般都是小公司，但是在 TASE 市场却是体量较大的公司，可以有大公司的优势。第三，双重上市公司可以在两个交易市场 14 小时不间断地交易，在 TASE 上市的公司可以在周日和美国的法定假日交易，从而增加了流动性和交易规模，增加了公司的价值。最后，双重上市为上市的中小型高科技企业提供了额外的交易平台。从 2000 年开始，中小型高科技企业的交易量在海外急剧下降的情况下，本土优势对于中小型企业特别重要。双重上市制度给中小型高科技企业提供了更多更好的选择，支持了其融资和发展。

3. 双重上市制度的发展和效果

双重上市制度对中小型高科技企业有着很大的吸引力同时也推动着高科技企业的发展。如 2013 年，共有 44 家企业为双重上市企业，其中高新技术企业有 37 家，占所有双重上市企业的 84.1%。其中，互联网与软件开发企业有 7 家、通信类企业有 10 家、生物技术企业有 8 家、半导体企业有 4 家、医疗机械企业有 3 家、其他高科技企业有 5 家（见图 6－2）。

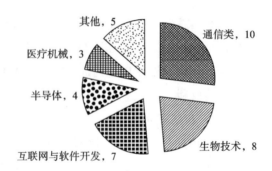

图 6 - 2 TASE 双重上市高科技公司分布

资料来源：TASE 证券交易所网站。

（三）日本的多层次资本市场

与其他国家一样，日本的资本市场也是由交易所市场和场外交易市场构成，交易所及场外市场内部又进行若干分层。日本的场内市场以东京证券交易所为主导，另有大阪、名古屋、京都、广岛、福冈、新泻和札幌七家证券交易所，以及由场外市场发展而来的日本自动报价系统市场（JASDAQ）。场外市场主要是绿单市场，分为新兴企业板块（成长型企业）、投资信托/特殊目的公司板块（优先股和投资信托）、凤凰板块（退市公司）和普通板块（其他公司），整体交易规模较小。①

为满足中小企业融资需求，拓展中小科技企业市场，自 1961 年以来，进行了多层次资本市场的构造。按照交易地点和准入条件的区别，日本资本市场分为四个层次，具体包括由东京、大阪等八家交易所构成的最上层主板市场，东京证券交易所的市场二部即中小板市场，新兴"MOTHERS"创业板市场和 OTC 市场。其中，东京证券交易所的一部市场为最高标准，二部市场为中等标准，新兴市场（Market of High - Growth and Emerging Stocks，MOTHERS）为最低标准，大阪证交所与此类似（见图 6 - 3）。

日本的场外交易市场出现于 1963 年，但发展缓慢，1984 年 7 月由日本证券交易商协会建立了场外交易自动报价系统，1991 年建立了日本证券商自动报价

---

① 廖岷，王鑫泽. 科技金融创新：新结构与新动力 [M]. 北京：中国金融出版社，2016.

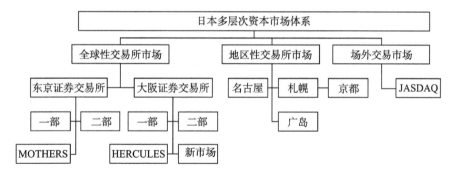

图 6 – 3 日本多层次资本市场体系

系统（JASDAQ）。JASDAQ 作为日本股票市场的二板市场，是风险企业筹资的最大市场。JASDAQ 主要吸引中小企业挂牌，有些被交易所摘牌的公司也在 JAS-DAQ 交易。1995 年 7 月，JASDAQ 引入"特别规则的 OTC 证券"制度，即第二柜台交易市场，作为 JASDAQ 的子市场，目的在于为有潜力的新公司提供融资方便。[1]

与美国类似，日本证券市场的市场一部、市场二部、JASDAQ、第二柜台市场之间也有上下通道，各个市场之间是有联系的。日本资本市场的多层次结构提高了市场的流动性，新兴企业面对的多是创业板市场，有了更多的融资选择机会，对促进日本中小企业的发展起到了强有力的助推作用。但是，通过分析日本的资本市场结构，也不难发现东京证交所、大阪证交所、HERCULES 和 JASDAQ 四大市场机构重复设置过多，导致横向竞争激烈、供需严重失衡，加之近些年来日本国内中小企业上市热情不高，因此，当前日本的多层次资本市场遇到前所未有的困境，减少层次、机构重组是未来发展的趋势，我国资本市场在快速发展过程中同样需要警惕。

二、我国多层次资本市场发展现状

从 20 世纪 90 年代发展至今，我国的资本市场规模不断壮大，结构不断完整，已经形成了以债券和股票为主体的多种证券形式并存，证券交易所市场、场

① 李心丹，束兰根. 科技金融——理论与实践 [M]. 南京：南京大学出版社，2013.

外市场和区域性股权交易市场构成的多层次资本市场体系。其中场内市场的主板（含中小板）、创业板（俗称二板）和场外市场的全国中小企业股份转让系统（俗称新三板）、区域性股权交易市场共同组成了我国多层次资本市场体系（见图6-4）。

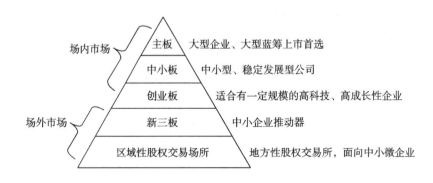

图6-4　我国多层次资本市场构成

（一）主板市场发展情况

主板市场是指传统意义上的证券市场或者股票市场，是我国证券发行、上市和交易的主要场所。主板市场对企业的营业期限、股本大小、盈利水平以及最低市值都有较高的要求，成功上市的多为具有较大规模和较好盈利能力的大型成熟企业。这类市场如同金字塔的塔尖，是资本市场少而精的部分。2004年5月，在国务院和中国证监会的批复下，中小企业板块在深圳证券交易所主板市场内设立，在资本市场架构上也从属于一板市场。大陆主板市场的公司股票在上交所和深交所上市交易，主板市场是中国资本市场最重要的组成部分，在很大程度上反映了经济发展的情况，也被称作"国民经济晴雨表"。

自20世纪90年代主板市场创立开始，资本市场获得了快速发展。沪深两市的上市公司数量和上市证券数量、总股本和总市值都充分验证了这一点（见图6-5和图6-6）。从2001年到2017年的17年中，沪深两市的上市公司总数增长了202%，上市证券总数增长了12.43倍，上市股票总数增长了188%，总股本增长了10.15倍，股票总市值增长了12.03倍。

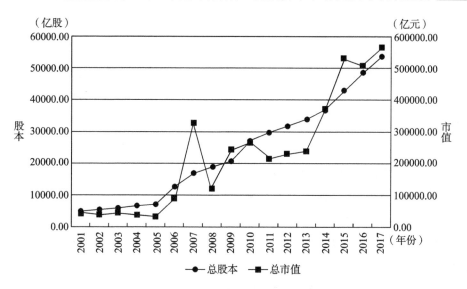

图6-5　2001～2017年中国股票市场（沪深两市）概况

资料来源：Wind资讯。

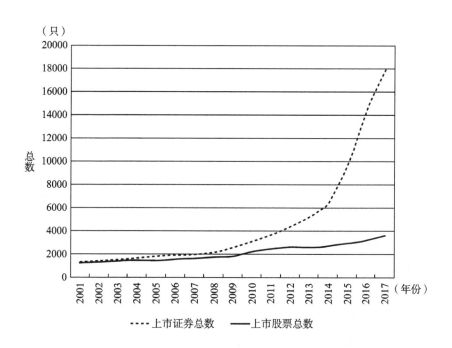

图6-6　2001～2017年中国股票市场（沪深两市）概况

资料来源：Wind资讯。

（二）二板市场发展情况

二板市场又被称作创业板市场，我国的二板市场是指深圳的创业板市场。创业板市场对企业的上市条件、监管方式、信息披露制度、投资者条件、投资的风险等方面的要求都不同于主板市场，其目的是为扶持处于产业化阶段初期的成长型中小企业以及为高科技企业提供资金融通的市场。该市场可以为成长型企业解决融资和资产价值评价、风险分散和股权交易问题，为风险投资和创投企业提供良好的退出渠道，为自主创新国家战略提供融资平台。

我国创业板市场于 2009 年 10 月 30 日正式启动，从设立之初始终秉承落实创新驱动发展战略和培育新兴产业的历史使命，着力打造创新资本形成的市场化引擎，逐渐形成了支持创业创新的市场特色，培育了鼓励创业创新的制度环境，形成了支持创新驱动发展的社会基础和市场内生力量，为深化供给侧结构性改革、建设创新型国家提供了有力支持。截至 2017 年 10 月 31 日，创业板共有 691 家上市公司，占上市公司总数量的 20%，总市值约 5.5 万亿元，占 A 股总市值的 9.5%，创业板已成为多层次资本市场中不可或缺的重要组成部分。成立以来，创业板公司平均收入规模由 2009 年的 3.05 亿元增长至 2016 年的 12.96 亿元，年复合增长率达 23%，平均净利润由 2009 年的 0.58 亿元增长至 2016 年的 1.5 亿元，年复合增长率达 15%，创业板公司营业收入始终保持稳定增长。

创业板自创立以来，充分发挥了直接融资功能。截至 2017 年 10 月 27 日，创业板累计 IPO 融资规模达 3481 亿元，股权再融资规模达 2576 亿元，创业板公司实际发行债券 48 家次，募集资金 238 亿元，债券平均利率从 2015 年的 7.4% 下降至 2017 年的 5.8%。创业板上市公司上市前一年平均资产负债率为 37.3%，上市后第一年迅速降为 18.9%。创业板显著降低了企业杠杆率和财务成本，有力地支持了创业创新企业成长，有效发挥了资本市场资源配置功能作用。

创业板有效发挥了服务创新型国家建设的功能。截至 2017 年 10 月 27 日，在 690 家创业板公司中，638 家拥有高新技术企业资格，600 家拥有核心专利技术，252 家拥有国家火炬计划项目，83 家拥有国家 863 计划项目，60 家为国家创新试点企业。创业板激励科技人才创造热情，构建产学研一体化的创新网络，建立了公平的利益共享机制和高效的价值发现机制，实现了为资本和人才牵线、为技术和市场搭桥。

从制度建设和监管方面，目前主要着力于各项基础制度的建立和完善，市场规则力求贴近创新型、成长型企业的产业规律和特征需求，在准入门槛、再融资等方面进行重点优化，行业指引规则体系逐渐形成。为更加准确地揭示新兴产业公司在业务模式、盈利模式等方面的鲜明特点，提高信息披露的可读性、可比性和有效性，创业板已发布影视、医药、光伏、节能环保、互联网游戏、视频、电子商务、营销、LED 产业链和医疗器械等 10 份新兴行业信息披露指引。从未来发展趋势来看，创业板还需要继续深化改革，优化创业板定位和制度安排，提高创业板对早期科技企业的支持能力，把创业板的服务对象向高新产业前端推进，向创新企业最需要资本市场支持的阶段推进，还需要增加创新企业供给，积极推进新三板向创业板转板试点，支持创新能力强、发展前景广、契合国家发展战略导向的优秀企业上市，不断增强服务实体经济的能力。

（三）"新三板"市场发展情况

我国的"新三板"市场是指全国中小企业股份转让系统，该交易系统是由国务院批准设立，设立目的是为广大中小企业提供股权转让和股权融资等资本市场服务。该系统于 2004 年 5 月设立，2006 年扩容，定位于高科技型企业。2006 年，中关村科技园区非上市股份公司进入代办转让系统进行股份报价转让，由此称为"新三板"。2012 年，经国务院批准，决定扩大股份公司转让试点，首批扩大试点新增上海张江高新技术产业开发区、武汉东湖高新技术产业开发区、天津滨海高新区。2013 年 1 月 16 日，全国中小企业股份转让系统有限责任公司正式挂牌成立。2013 年底，"新三板方案"突破国家高新区试点限制，扩容至所有符合"新三板"条件的企业。这些举措进一步拓宽了中小型高新技术企业的融资渠道，为其提供了一个股权挂牌转让和定向增发融资的平台。

全国中小企业股份转让系统（以下简称"新三板"）是经国务院批准，依据证券法设立的全国性证券交易场所，是继上海证券交易所、深圳证券交易所之后的第三家全国性证券交易场所。在场所性质和法律定位上，全国股份转让系统与证券交易所是相同的，都是多层次资本市场体系的重要组成部分。但二者之间的区别也是十分明显的，主要表现如下：一是服务对象不同。《国务院关于全国中小企业股份转让系统有关问题的决定》（以下简称《国务院决定》）明确了全国股份转让系统的定位主要是为创新型、创业型、成长型中小微企业发展服务。这类企业普遍规模较小，尚未形成稳定的盈利模式。在准入条件上，不设财务门槛，申请挂牌的公司可以尚未盈利，只要是股权结构清晰、经营合法规范、公司治理健全、业务明确并履行信息披露义务的股份公司均可以经主办券商推荐申请在全国股份转让系统挂牌。二是投资者群体不同。我国证券交易所的投资者结构以中小投资者为主，而全国股份转让系统实行了较为严格的投资者适当性制度，未来的发展方向将是一个以机构投资者为主的市场，这类投资者普遍具有较强的风险识别与承受能力。三是全国股份转让系统是中小微企业与产业资本的服务媒介，主要是为企业发展、资本投入与退出服务，不是以交易为主要目的。与主板、中小板和创业板相比，"新三板"上市（挂牌）条件十分宽松，具体条件对比如表6-2所示。

表6-2 我国主板、中小板、创业板与"新三板"上市（挂牌）条件对比①

指标	主板（含中小板）	创业板		"新三板"
		标准一	标准二	
主体资格	依法设立且合法存续的股份有限公司			非上市股份公司
经营年限	持续经营时间在三年以上			存续期必须满两年
资产要求	最近一期期末无形资产（扣除土地使用权、水面养殖权和采矿权等后）占净资产比例不高于20%	最近一期期末净资产不少于2000万元		无限制
股本要求	发行后总股本不低于5000万股	发行后总股本不低于3000万股		挂牌前总股本不低于500万股
主营业务要求	最近三年内未发生变更	最近两年内未发生变更		业务明确
营业收入或现金流	最近三年营业收入累计超过3亿元，或最近三年经营现金流量净额累计超过5000万元	—	最近一年营业收入不少于5000万元，最近两年营业收入增长率均不低于30%	无硬性财务指标要求具有持续盈利能力

---

① 杨正平，王淼，华秀萍. 科技金融：创新与发展 [M]. 北京：北京大学出版社，2017.

指标	主板（含中小板）	创业板		"新三板"
		标准一	标准二	
募集资金用途	（1）募集资金应用于主营业务，并有明确用途； （2）应当建立募集资金专项存储业务，募集资金应存放于董事会决定的专项账户			无限制
董事及管理层	最近三年内未发生变更	最近两年内未发生重大变更		无限制
实际控制人	最近三年内未发生变更	最近两年内未发生变更		无限制
股东人数	不少于 200 人			≤200 人，直接挂牌 > 200 人，证监会需要核准

由于挂牌条件宽松和政策推动的双重因素，"新三板"发展极为迅猛。自 2006 年在中关村试点以来，挂牌企业数量、总市值和交易活跃程度都大为改善，特别是 2012 年以后，更是进入快速发展阶段，挂牌企业数量骤然增加，企业交易的流动性和规模也实现了重大突破。截至 2016 年 12 月 31 日，新三板市场的挂牌公司达到 10163 家，其中 7681 家盈利，占所有披露年报企业的 76.17%。根据 Wind 资讯和股转系统提供的数据，截至 2016 年 12 月 31 日，已有 14 家新三板公司通过新三板摘牌、主板 IPO 登陆 A 股市场。其中，世纪瑞尔、北陆药业、博晖创新、华宇软件、佳讯飞鸿、东土科技、双杰电气、安控股份、康斯特、合纵科技、江苏中旗 11 家企业在创业板上市，久其软件、粤传媒 2 家企业在中小板上市，以及九鼎投资借壳中江地产上市。股东通过转板机制，将新三板公司股票置换为上市公司股票，可以在二级市场更为灵活地操作与交易，实现投资退出。

但是，值得注意的是迅速增长的公司数量并没有带来市场的繁荣，相反"新三板"市场问题重重：一是公司数量繁多，公司质量参差不齐，公司股票有价无市，零星交易导致资产价格虚高。二是公司股票无价无市，挂牌之后再无股票交易，新三板市场产生流动性危机。三是市场交易量缺乏，交易数据缺失，交易价格随机游走。① 四是缺乏绿色转板通道，真正的"转板升降"机制并未形成，"新三板"挂牌企业要想升板，必须走正常的 IPO 程序，遵循创业板和主板市场的准入规则，需要先退市再重新向证监会申请。以上问题的解决需要市场制度改进和参与各方积极推动。

（四）区域性股权交易市场发展情况

在我国，区域性的股权交易市场被称作四板市场，其设立是为特定区域内的企业提供股权、债权的转让和融资服务的私募市场，受省级行政单位的监管。区域股权市场是对我国多层次资本市场的重要补充，这类市场的设立能够促进中小微企业股权融资、增加股权的流动性、鼓励企业技术创新，同时还可以激活民间资本转化为股权投资并加强对实体经济薄弱环节的支持。

区域性股权交易市场由于在多层次市场中占据着重要地位，表现出了高度的基础性。金融市场改革将从金融市场宽度、金融市场深度、交易制度、发行退出机制四大方向推进。从目前来看，多层次股票市场存在"倒金字塔"问题，即主板和中小板规模体量大，其次是创业板；而"新三板"市场虽然挂牌企业数量超过了主板，但企业规模、融资体量、流动性等指标仍与主板市场不可同日而语；区域性股权交易市场则仍处于不断摸索之中。②

2017 年是区域性股权市场标准化运行的重要之年。2017 年初《国务院办公厅关于规范发展区域性股权市场的通知》（国办发〔2017〕11 号，以下简称《通知》）认为，区域性股权市场作为私募股权市场之一，其主要为区域内中小微企业提供服务支持，此外还是地方有关部门落实帮助中小微企业政策的一个有效渠道；并明确了区域性股权市场"一省一家、服务当地"的基本原则，以及兼具市场化运营及公益性政策运营平台的双重特性。5 月，证监会出台了《区域性股权市场监督管理试行办法》。该方案指出，区域性股权市场是为区域内中小微集团证券非公开发行等创建服务的主要根据地；明确地方其他交易场所禁止进行与证券发行和转让有关的行为；同时也规定了区域性股权市场不得采取集中竞价等场内交易方式，鼓励支持区域性股权市场采取措施，吸引合格投资者参与。可以

---

① 宋清华，李帅．中国上市公司并购新三板公司的财富效应研究［J］．证券市场导报，2018（3）．
② 孙菲菲，蒋冠．论区域性股权市场的功能建构［J］．证券市场导报，2018（3）．

说，随着区域性股权市场的法律定位上升，以往困扰区域性股权市场发展的法律问题基本厘清，对于其规范发展将起到重大的推动作用。①

从发展历程来看，我国区域性股权市场总体处于抑制状态，多年来的探索得到了不少有益的教训和经验。但无论与国外发达国家区域性股权市场相比，还是对照国内实体经济发展需求，我国区域性股权市场功能建设和完善程度都还有较大差距。据证监会数据，截至2016年底，40家区域性股权市场实现融资2871亿元，在支持多样化融资、推动企业规范运作、增强金融服务的覆盖面及普惠性等方面发挥了积极作用。区域性股权市场在多层次资本市场体系中的"塔基"地位已经得到落实，然而还存在不少短板，需要从覆盖投融资服务、增强流动性、引导资源配置、多层次进退通道、促进公司治理及投资平台等功能构建方面加以推进。②

三、内蒙古自治区资本市场发展现状

经过20多年的发展，内蒙古自治区多层次资本市场已经基本形成并向纵深发展，已形成除在主板、中小板、创业板和全国中小企业股份转让系统（"新三板"）等全国性企业直接融资平台实现融资外，还可在内蒙古自治区股权交易中心等区域性股权交易市场平台实现融资的多层次资本市场格局，成为内蒙古经济发展的重要推动力量。

（一）上市公司发展概况

1. 上市公司发展规模

截至2017年底，内蒙古辖区共有境内上市公司26家（见表6-3、表6-4），境外上市公司7家，新三板挂牌企业66家。境内上市公司中，A股24家，A＋B股1家，B＋H股1家；从板块分布来看，26家公司中，主板公司21家，中小板2家，创业板3家。成立仅三年多的内蒙古自治区股权交易中心已有1210家企业挂牌，累计实现融资90.89亿元，短期内实现了快速发展。

---

①②孙菲菲，蒋冠. 论区域性股权市场的功能建构 ［J］. 证券市场导报，2018（3）.

表6-3 内蒙古自治区上市公司概况

指标名称	内蒙古	全国	内蒙古占比（%）
上市公司家数（家）	26	3485	0.75
其中：上交所上市公司数（家）	16	1396	1.15
深交所主板上市公司数（家）	5	476	1.05
中小板上市公司数（家）	2	903	0.22
创业板上市公司数（家）	3	710	0.42
新三板挂牌公司家数（家）	65	11619	0.56
辅导备案企业家数（家）	16	528	3.03
上市公司总股本（亿股）	970.89	53746.67	1.81
上市公司总市值（亿元）	6873.38	567086.08	1.21
GDP总值（亿元）	16103.17	827000	1.95
上市公司总市值/GDP总值（%）	42.68	68.57	—

注：数据统计截至2017年12月31日。

资料来源：Wind资讯。

表6-4 内蒙古自治区26家境内上市公司基本情况

序号	证券代码	证券简称	首发上市日期	所属行业	上市板块	注册地
1	600863.SH	内蒙华电	1994/05/20	公用事业	主板	呼和浩特市
2	900936.SH	鄂资B股	1995/10/20	黑色金属	主板	鄂尔多斯市
	600295.SH	鄂尔多斯	2001/04/26			
3	600887.SH	伊利股份	1996/03/12	食品制造	主板	呼和浩特市
4	000426.SZ	兴业矿业	1996/08/28	有色金属	主板	赤峰市
5	000611.SZ	天首发展	1996/10/08	交通运输	主板	包头市
6	000683.SZ	远兴能源	1997/01/31	化工	主板	鄂尔多斯市
7	000780.SZ	*ST平能	1997/06/06	煤炭开采	主板	赤峰市
8	600091.SH	ST明科	1997/07/04	化工	主板	包头市
9	900948.SH	伊泰B股	1997/08/08	煤炭开采	主板	鄂尔多斯市
10	600111.SH	北方稀土	1997/09/24	有色金属	主板	包头市
11	600191.SH	华资实业	1998/12/10	农产品加工	主板	包头市
12	600201.SH	生物股份	1999/01/15	医疗保健	主板	呼和浩特市
13	600262.SH	北方股份	2000/06/30	机械设备	主板	包头市
14	600277.SH	亿利洁能	2000/07/25	综合	主板	鄂尔多斯市

续表

序号	证券代码	证券简称	首发上市日期	所属行业	上市板块	注册地
15	600291.SH	西水股份	2000/07/31	建筑材料	主板	乌海市
16	600328.SH	兰太实业	2000/12/22	化工	主板	阿拉善盟
17	600010.SH	包钢股份	2001/03/09	黑色金属	主板	包头市
18	600988.SH	赤峰黄金	2004/04/14	有色金属	主板	赤峰市
19	600967.SH	内蒙一机	2004/05/18	机械设备	主板	包头市
20	002128.SZ	露天煤业	2007/04/18	煤炭开采	中小企业板	通辽市
21	300049.SZ	福瑞股份	2010/01/20	医药生物	创业板	乌兰察布市
22	601216.SH	内蒙君正	2011/02/22	化工	主板	乌海市
23	300239.SZ	东宝生物	2011/07/06	医药生物	创业板	包头市
24	002688.SZ	金河生物	2012/07/13	医药生物	中小企业板	呼和浩特市
25	300355.SZ	蒙草抗旱	2012/09/02	建筑装饰	创业板	呼和浩特市
26	000975.SZ	银泰资源	2000/06/08	钢材	主板	锡林郭勒盟

资料来源：Wind 资讯。

2. 上市公司地区分布

内蒙古自治区股票市场主体多数集中在"呼包鄂金三角"地区，这三个地区上市公司的总数量为 17 家，占内蒙古自治区上市公司总数的 65%。除此之外，赤峰市有 3 家，乌海市有 2 家，乌兰察布市、阿拉善盟、锡林郭勒盟和通辽市都各有 1 家。而巴彦淖尔市、兴安盟和呼伦贝尔市到 2017 年底尚没有一家上市公司，但从新三板公司家数来看，这些盟市实现了零的突破。在东部盟市中，赤峰市发展较好，在主板上市家数和在新三板挂牌公司家数较为突出，尤其是新三板更为明显。从地区总体分布来看，呈现出西部活跃、东部缓慢的发展特征（见表 6 - 5）。

表 6 - 5　内蒙古自治区股票市场主体分布（2017 年 12 月）

地区	上市公司家数	新三板公司家数	辅导企业家数
呼和浩特市	5	23	4
包头市	8	15	6
呼伦贝尔市	0	5	0

地区	上市公司家数	新三板公司家数	辅导企业家数
兴安盟	0	1	1
通辽市	1	1	0
赤峰市	3	8	1
锡林郭勒盟	1	3	0
乌兰察布市	1	0	1
鄂尔多斯市	4	3	2
巴彦淖尔市	0	4	1
乌海市	2	1	0
阿拉善盟	1	1	0
合计	26	65	16

资料来源：Wind 资讯。

3. 上市公司行业分布

根据表 6-5 分析，境内 26 家上市公司的行业分布主要集中在煤炭、有色金属、冶金化工、电力、乳制品加工、机械装备制造等支柱性产业，其他行业的上市企业很少。以资源能源产业和全国知名品牌企业为主的上市公司成为行业性龙头公司，如伊利股份、伊泰 B 股、包钢稀土、蒙草生态、北方股份等，这些龙头上市公司的快速发展对区内企业产生了良好的示范效应，带动了相关产业的发展，对内蒙古自治区经济产生了积极的拉动作用。

从内蒙古自治区上市公司板块分布来看，主要集中于主板市场，截至 2017 年底，创业板和中小企业板上市公司仅有 5 家，而其中露天煤业还属传统煤炭开采业，中小科技型上市企业仅有 4 家，累计融资规模也仅为 51.42 亿元，4 家企业仅涵盖两类科技型产业，其中 3 家为生物制药产业，1 家为草原生态环保产业。这也反映出内蒙古自治区科技资本市场发展严重滞后，对地区科技创新发展的支持作用十分有限。

4. 上市公司发展相对水平

内蒙古自治区国民生产总值（GDP）从 1978 年的 58.04 亿元达到 2017 年的 16103.17 亿元，不考虑通货膨胀等因素，较改革开放初期增长了 298 倍。从内蒙古自治区股票市场总体发展情况来看，到 2017 年底，全区境内上市公司数量为

26 家,占全国沪深两市上市公司比重仅为 0.75%;从市场规模来看,全区境内上市公司总市值为 6873.38 亿元,占沪深总市值的 1.21%,占内蒙古自治区 GDP 总值的 42.68%,与全国沪深两市上市公司总市值占全国 GDP 总值的比值 68.57% 相比,低了 25.89 个百分点;从证券化率(上市公司总市值占 GDP 总值的比重)水平来看,全区资本市场证券化率较低,距同期全国平均水平有较大差距,全区资本市场发展程度与实体经济发展不相匹配,充分说明资本市场对内蒙古经济增长的贡献不足。

(二)新三板市场发展现状

在新三板市场方面,自 2013 年底新三板推广到全国以来,内蒙古自治区中小企业积极申报挂牌。截至 2017 年 6 月,内蒙古自治区已有 65 家企业在新三板挂牌,其中 9 家采取做市转让方式、13 家企业进入创新层。挂牌企业通过新三板已累计融资 12.91 亿元,融资功能初步显现。挂牌企业在内蒙古自治区中小企业中起到了良好的规范和引领作用,也为后续的直接融资、在交易所上市等打下了坚实基础。[①]

由表 6 - 6 统计数据可以看出,截至 2017 年底,内蒙古自治区在新三板挂牌 66 家,从数量上来看,自治区新三板发展在全国范围内处于落后地位,在全国占比仅为 0.57%。在五个民族自治区中,与宁夏回族自治区并列第三,落后于新疆维吾尔自治区和广西回族自治区。从表 6 - 6 数据还可得知,内蒙古自治区新三板挂牌公司的净利润均值与其他地区相比较高,因此,若按净资产收益率、资产回报率在全国范围内的排名,内蒙古自治区新三板挂牌公司的质量相对较高。

表 6 - 6 全国各地区新三板挂牌公司规模统计

所属地域	总挂牌家数	家数在全国占比	股份总量(万股)	可交易股份数量(万股)	总资产均值(万元)	净资产均值(万元)	营业收入均值(万元)	净利润均值(万元)	净资产收益率(净利润/净资产)	资产回报率(净利润/总资产)
广东(NEEQ)	1878	16.15	9000869	4097791	19417	9359	15686	963	10.3	5.0

① 苏虎超. 内蒙古资本市场回顾及展望 [J]. 中国金融,2017 (15).

所属地域	总挂牌家数	家数在全国占比	股份总量（万股）	可交易股份数量（万股）	总资产均值（万元）	净资产均值（万元）	营业收入均值（万元）	净利润均值（万元）	净资产收益率（净利润/净资产）	资产回报率（净利润/总资产）
北京（NEEQ）	1617	13.90	11620085	7198878	27653	13160	14621	761	5.8	2.8
江苏（NEEQ）	1390	11.95	7336427	3405533	28084	10786	15569	1043	9.7	3.7
浙江（NEEQ）	1032	8.87	5380503	2897542	21890	9709	19029	1016	10.5	4.6
上海（NEEQ）	989	8.50	4631182	2506396	16814	8979	18676	686	7.6	4.1
山东（NEEQ）	636	5.47	3926934	2172724	55047	12919	17119	1254	9.7	2.3
湖北（NEEQ）	406	3.49	1840514	850207	17785	8427	12785	734	8.7	4.1
福建（NEEQ）	405	3.48	2226193	1092731	24117	8810	17323	930	10.6	3.9
河南（NEEQ）	378	3.25	2187234	1043659	21029	11236	12566	1058	9.4	5.0
安徽（NEEQ）	358	3.08	2670327	1329366	32702	11646	14776	1135	9.7	3.5
四川（NEEQ）	332	2.85	1831729	825882	18521	9010	12258	659	7.3	3.6
河北（NEEQ）	241	2.07	1436868	644790	20207	10475	14874	989	9.4	4.9
湖南（NEEQ）	239	2.06	1800050	986341	31486	12208	16935	859	7.0	2.7
辽宁（NEEQ）	234	2.01	1423042	697702	19840	10917	10868	834	7.6	4.2
天津（NEEQ）	205	1.76	903525	387914	19674	9148	18011	971	10.6	4.9

续表

所属地域	总挂牌家数	家数在全国占比	股份总量（万股）	可交易股份数量（万股）	总资产均值（万元）	净资产均值（万元）	营业收入均值（万元）	净利润均值（万元）	净资产收益率(净利润/净资产)	资产回报率(净利润/总资产)
陕西（NEEQ）	164	1.41	1205740	699044	34699	17426	17322	1863	10.7	5.4
江西（NEEQ）	159	1.37	910237	406241	19667	9389	14586	1042	11.1	5.3
重庆（NEEQ）	141	1.21	881287	376740	20946	9947	16613	1087	10.9	5.2
新疆（NEEQ）	98	0.84	693159	402128	45560	14582	14919	1090	7.5	2.4
黑龙江（NEEQ）	97	0.83	578953	275394	20262	11560	16567	1669	14.4	8.2
云南（NEEQ）	92	0.79	705531	283332	41323	17951	19908	401	2.2	1.0
吉林（NEEQ）	88	0.76	419966	190148	16718	8149	8763	761	9.3	4.6
山西（NEEQ）	83	0.71	402781	178636	15142	8405	6570	447	5.3	3.0
广西（NEEQ）	72	0.62	489023	252454	21681	12073	15788	940	7.8	4.3
内蒙古（NEEQ）	66	0.57	559772	302375	36532	16465	19432	1400	8.5	3.8
宁夏（NEEQ）	66	0.57	399816	205859	22046	11574	14141	1030	8.9	4.7
贵州（NEEQ）	59	0.51	455856	260808	36257	12423	15536	984	7.9	2.7
海南（NEEQ）	43	0.37	646484	405725	61231	30571	23773	2331	7.6	3.8
甘肃（NEEQ）	34	0.29	989247	345920	142589	59829	20359	1994	3.3	1.4

所属地域	总挂牌家数	家数在全国占比	股份总量（万股）	可交易股份数量（万股）	总资产均值（万元）	净资产均值（万元）	营业收入均值（万元）	净利润均值（万元）	净资产收益率(净利润/净资产)	资产回报率(净利润/总资产)
西藏（NEEQ）	22	0.19	162812	81394	34278	20300	24704	3090	15.2	9.0
青海（NEEQ）	5	0.04	86600	10783	53510	26358	11142	813	3.1	1.5
合计（平均）	11629	100	2187185	1123046	32152	14316	15846	1124	8.64	4.05

注：数据统计截至 2017 年 12 月 31 日。

资料来源：Wind 资讯。

（三）区域股权交易中心发展现状

内蒙古自治区股权交易中心是内蒙古自治区唯一的区域股权交易市场，是内蒙古自治区多层次资本市场的重要组成部分，是为投融资双方提供股权、债权流通、转让和融资服务的场外交易市场。自 2014 年 5 月成立以来，内蒙古自治区股权交易中心对于促进中小微企业拓宽直接融资渠道、促进要素流通、优化市场资源配置、鼓励科技创新、激活民间资本，加强金融对实体经济的服务发挥了重要作用。截至 2017 年 12 月底，内蒙古自治区股权交易中心挂牌企业达 1210 家，初步实现了价值发现、企业融资、资本进退、上市培育等市场功能。

1. 挂牌公司行业属性特征

表 6－7 显示，内蒙古自治区在股权交易中心挂牌的公司行业分布，排在前十位的分别是食品饮料与烟草、资本货物、材料Ⅱ、消费者服务Ⅱ、软件与服务、商业和专业服务、零售业、媒体Ⅱ、多元金融和耐用消费品与服装。全国在股权交易中心挂牌的公司行业分布，排在前十位的分别是资本货物、软件与服务、材料Ⅱ、食品饮料与烟草、商业和专业服务、耐用消费品与服装、技术硬件与设备、消费者服务Ⅱ、零售业、制药和生物科技及生命科学。对比表 6－7 和表 6－8 可以看出，与全国相比，内蒙古自治区最大的差异是，制药和生物科技及生命科学行业的公司挂牌数量未进入前十，绝对数量只有 23 家；技术硬件与

设备行业同样未进入前十，总数只有9家。以上结果显示，内蒙古自治区挂牌公司的技术属性相对较弱。

表6-7 内蒙古自治区股权交易中心挂牌公司行业与区域分布交叉表

行业分布	兴安盟	乌海市	通辽市	赤峰市	巴彦淖尔市	乌兰察布市	阿拉善盟	锡林郭勒盟	鄂尔多斯市	呼伦贝尔市	呼和浩特市	包头市	合计
电信服务Ⅱ	0	0	0	0	0	0	0	0	0	0	0	1	1
家庭与个人用品	1	0	0	0	1	0	0	0	0	0	0	3	5
技术硬件与设备	0	0	0	0	0	0	1	0	0	2	2	4	9
医疗保健设备与服务	0	0	0	0	0	0	0	0	1	1	3	4	9
汽车与汽车零部件	0	0	1	0	0	0	0	0	1	6	0	7	15
制药、生物科技与生命科学	0	0	0	3	1	1	2	1	2	1	7	4	23
运输	0	3	0	1	0	0	1	1	1	1	4	15	27
食品与主要用品零售Ⅱ	0	1	2	1	3	2	1	1	1	3	2	12	29
能源Ⅱ	1	7	1	1	0	0	3	0	5	0	4	6	30
房地产Ⅱ	1	1	1	0	1	0	1	1	2	4	5	14	31
公用事业Ⅱ	1	1	1	1	1	1	6	2	4	2	6	7	33
耐用消费品与服装	0	0	1	0	0	8	3	7	3	1	4	9	36
多元金融	0	1	1	7	3	0	1	0	3	17	4	14	51
媒体Ⅱ	1	0	0	0	0	0	0	0	0	4	1	46	53
零售业	0	0	0	0	1	1	4	5	6	10	3	27	57
商业和专业服务	1	0	0	2	0	1	1	2	1	7	8	44	67
软件与服务	0	0	1	0	0	1	1	10	4	3	12	42	74
消费者服务Ⅱ	1	2	0	1	1	2	7	6	6	15	15	71	127
材料Ⅱ	5	4	5	13	3	11	11	11	6	7	14	44	134
资本货物	4	3	3	3	7	4	4	7	9	20	21	68	153
食品、饮料与烟草	5	1	11	8	27	27	13	19	27	25	44	39	246
合计	21	24	29	43	50	58	60	73	82	130	159	481	1210

注：数据统计截至2017年12月31日。

资料来源：Wind资讯。

表6-8 我国区域性股权交易市场挂牌公司的前十大行业

序号	行业名称	挂牌家数	占比
1	资本货物	13639	21.97
2	软件与服务	8889	14.32
3	材料Ⅱ	8856	14.26
4	食品、饮料与烟草	8289	13.35
5	商业和专业服务	6128	9.87
6	耐用消费品与服装	4096	6.6
7	技术硬件与设备	3608	5.81
8	消费者服务Ⅱ	3339	5.38
9	零售业	2895	4.66
10	制药、生物科技与生命科学	2347	3.78

注：数据统计截至2017年12月31日。

资料来源：Wind资讯。

2. 挂牌公司区域分布特征

表6-9显示了挂牌公司区域分布特征，排在前五位的分别是包头市、呼和浩特市、呼伦贝尔市、鄂尔多斯市和锡林郭勒盟。从注册资金来看，挂牌公司主要集中于50万~1499万元，其中50万~499万元的335家、500万~999万元的178家、1000万~1499万元的167家，分别排在第一位、第二位和第三位。

表6-9 内蒙古自治区股权交易中心挂牌公司注册资金与区域分布交叉表

注册资本	数量	50万元以下	50万~499万元	500万~999万元	1000万~1499万元	1500万~1999万元	2000万~2999万元	3000万~3999万元	4000万~4999万元	5000万~5999万元	6000万~1亿元	1亿元以上	合计
兴安盟	0	0	3	3	6	2	1	3	1	1	0	1	21
乌海	0	1	1	1	0		3	0		2	2	10	24
通辽	1	0	1	5	3	0	2	4		4	3	5	29
赤峰	0	0	7	3	6	2		7	4	6	5	2	43
巴彦淖尔	1	0	16	9	8	2	1	5	0	2	2	4	50
乌兰察布	1	2	17	10	10		2	4	0	3	2	6	1	58
阿拉善	1	1	11	7	6	2	5	5	4	10	6	2	60

续表

注册资本	数量	50万元以下	50万~499万元	500万~999万元	1000万~1499万元	1500万~1999万元	2000万~2999万元	3000万~3999万元	4000万~4999万元	5000万~5999万元	6000万~1亿元	1亿元以上	合计
锡林郭勒	1	5	32	8	7	3	5	5	1	3	2	1	73
鄂尔多斯	2	3	21	14	10	2	8	4	2	4	5	7	82
呼伦贝尔	9	11	35	20	18	3	8	6	0	9	5	6	130
呼和浩特	4	7	37	26	33	5	12	7	2	12	8	6	159
包头	22	63	154	72	60	13	21	17	7	17	15	20	481
合计	42	93	335	178	167	39	71	63	26	72	59	65	1210

注：数据统计截至 2017 年 12 月 31 日。

资料来源：Wind 资讯。

表 6 - 10 数据显示，内蒙古自治区在全国股权交易市场的挂牌公司总数为 1533 家，在内蒙古自治区股权交易中心挂牌公司数为 1210 家，占比为 78.93%，总体来看，内蒙古自治区在区域性股权交易中心挂牌的公司仍然比较集中于内蒙古自治区本地区。

表 6 - 10 内蒙古自治区挂牌公司股权交易市场分布

股权交易中心	挂牌公司数
内蒙古股权交易中心	1210
前海股权交易中心	227
上海股权交易中心	88
天津股权交易中心	5
石家庄股权交易所	1
天津滨海柜台交易市场	1
辽宁股权交易中心	1
合计	1533

注：数据统计截至 2017 年 12 月 31 日。

资料来源：Wind 资讯。

（四）内蒙古自治区私募股权投资基金发展情况

私募股权投资基金近年来在我国得到快速发展，截至 2017 年底，中国证券投资基金业协会已登记私募基金管理人 22446 家，同比增长 28.76%；已备案私募基金 66418 只，同比增长 42.82%；管理基金规模 11.10 万亿元，同比增长 40.68%。已登记私募基金管理人数量从注册地分布来看（按 36 个辖区），集中在上海市、深圳市、北京市、浙江省（除宁波）、广东省（除深圳），总计占比达 72.42%。其中，上海市 4581 家、深圳市 4377 家、北京市 4108 家、浙江省（除宁波）1807 家、广东省（除深圳）1382 家，数量占比分别为 20.41%、19.50%、18.30%、8.05%、6.16%。

内蒙古自治区私募股权投资基金发展的起步晚，但发展速度快，截至 2017 年底，在中国基金业协会登记的私募基金管理人数量为 42 家，在全国占比 0.19%；备案的私募管理基金 58 只，在全国占比 0.09%；管理基金规模 189 亿元，在全国占比 0.17%。以上三项指标在 36 个辖区中均排名第 33，发展程度极为落后，具体情况见表 6 - 11。

表 6 - 11　私募基金管理人按注册地分布情况（36 辖区）

序号	辖区名称	私募基金管理人数量（家）	管理基金数量（只）	管理基金规模（亿元）
1	上海	4581	19100	24860
2	深圳	4377	12143	16687
3	北京	4108	12482	26011
4	浙江（不含宁波）	1807	5127	6112
5	广东（不含深圳）	1382	3279	4274
6	江苏	1024	2601	4771
7	宁波	653	1652	2605
8	天津	452	1544	5792
9	四川	367	669	1747
10	厦门	327	613	603
11	湖北	318	563	911
12	山东（不含青岛）	252	442	1079

序号	辖区名称	私募基金管理人数量（家）	管理基金数量（只）	管理基金规模（亿元）
13	西藏	227	1013	2242
14	湖南	224	440	482
15	江西	219	412	1067
16	福建（不含厦门）	213	648	1301
17	重庆	211	477	1237
18	青岛	191	315	489
19	安徽	189	704	2797
20	陕西	188	262	736
21	新疆	147	303	1288
22	河北	128	242	365
23	河南	107	164	434
24	云南	100	150	624
25	大连	97	259	157
26	广西	71	102	271
27	贵州	71	160	975
28	吉林	70	100	293
29	辽宁（不含大连）	61	73	61
30	黑龙江	59	94	51
31	宁夏	55	71	206
32	山西	50	59	36
33	内蒙古	42	58	189
34	海南	36	39	22
35	甘肃	26	34	111
36	青海	16	24	115
	总计	22446	66418	111003

资料来源：中国证券业协会官网（2018.3）。

（五）内蒙古自治区债券市场发展情况

"十二五"时期以来，内蒙古自治区金融市场交易活跃，直接融资占比逐年上升，融资结构逐步改善，债券融资呈现多元化趋势。据内蒙古发改委统计，自治区通过债券市场发行了各类债务性融资产品，产品种类涵盖企业债券、公司债券、非公开发行公司债（私募债）、资产支持证券、可转换债券、可交换债、中期票据、短期融资券、定向融资工具、证券公司短期融资工具等（见表6-12），融资总规模超过3400亿元，为重大基础设施项目建设、民生工程和地方经济社会发展发挥了十分重要的作用，有效弥补了各地建设资金需求。

表6-12　内蒙古自治区"十二五"以来债券市场发行规模情况

单位：亿元

种类 年份	总计	企业债券	公司债券	非公开发行公司债	资产支持证券	可转换债券	可交换债	中期票据	短期融资券	定向融资工具	证券公司短期融资工具
2011	253	60	0	0	0	0	0	137	56	0	0
2012	463.7	123	67.1	4.5	0	0	0	121.1	118	30	0
2013	412.3	97	0	10.8	0	0	0	64	147	93.5	0
2014	721.3	110	75	15.8	0	0	0	88.8	222.2	181.5	28
2015	764.1	50.5	70.6	24.5	25.5	0	0	140	336	98	19
2016	487.84	47	16	53	19.34	0	33.5	70	236	13	0
2017	365.62	30	58.5	43.32	40.5	18.8	0	74	88	12.5	0
"十二五"以来	3467.86	517.5	287.2	151.92	85.34	18.8	33.5	694.9	1203.2	428.5	47

资料来源：内蒙古自治区发改委统计。

从融资额度看，据内蒙古自治区发改委统计，内蒙古自治区企业债券市场年均融资额近500亿元，2011~2017年，债券市场融资总规模分别为253亿元、463.7亿元、412.3亿元、721.3亿元、764.1亿元、487.84亿元和365.62亿元，其中，2014年、2015年为峰值年份；2016年、2017年受国内外宏观经济形势和政策影响，呈小幅回落态势。从产品类别看，短期融资券、中期票据、企业债券、定向融资工具等4种金融产品是资金筹集的"主力军"，占债券市场融资总规模的比重超过80%，融资额分别为1203.2亿元、694.9亿元、517.5亿元、428.5亿元，占比分别为34.7%、20%、14.9%、12.4%。公司债券、非公开发行公司债两种产品融资总额均超过百亿元，资产支持证券、可转换债券、可交换债、证券公司短期融资工具 4 种金融工具所占比重较小，融资规模均在百亿元以下。

四、内蒙古自治区科技资本市场发展现状与问题分析

以新产业、新业态、新商业模式为特征的新经济成为中国推动经济结构转型、新旧动能转换、实现可持续发展的重要推手。数据显示，随着中国经济结构加快优化，创新产业加速发展，新兴产业的主要经济指标已明显快于经济总体的增长。截至 2016 年底，A 股上市公司中共有 1152 家战略性新兴产业企业，占上市公司总数的 38%。2016 年战略性新兴产业上市公司实现营业收入 3.25 万亿元人民币，同比增速为 17.7%，连续 4 年保持增长；利润增速为 22.3%，较 2015年增长 8.5 个百分点，高出上市公司总体 16.2 个百分点，相对优势进一步扩大；企业平均销售毛利润率为 25.1%，高出 A 股平均水平 7.5 个百分点，效益持续领航 A 股市场。根据财新 BBD 中国新经济指数估算，新经济投入占整体经济投入的比重已从 2015 年底的 27.4% 增长至 2017 年 9 月的 29.6%，表明中国新旧经济结构对比已经发生明显变化，战略性新兴产业已发展为实现经济结构转型的主要动力[①]。

科技型企业独特的风险特征和盈利特点决定了传统的融资渠道较难满足新经济企业的融资需求。美国的科技快速发展与资本市场的关系充分证明了资本市场推动科技创新的巨大功效。然而，我国资本市场与科技创新的相关性并不显著，例如，2016 年我国资本市场主要为科创企业提供融资的中小企业板和创业板全年筹资额仅为 7068 亿元，而全国社会融资规模新增 17.8 万亿元，中小企业板和创业板提供的资金只占内地整个融资体系的一小部分。在无法获得高新技术或科创企业资质认定的情况下，相当部分的内地新经济企业倾向于选择海外上市。作为社会资源优化配置的最重要场所——资本市场，如何将金融资源以更有效的方式引入到创新型产业中，已成为当前资本市场发展的重要方向。

企业上市融资是许多高新技术企业渴望实现的长期融资方法，也是有效缓解

---

① 巴曙松. 香港资本市场发挥科技创新孵化器功能［N］. 中国证券报，2017 – 12 – 27.

银行信贷覆盖不全面和科研经费不足的良策。但基于我国目前的准入制度，上市的最低资本要求和经营年限对于内蒙古自治区很多中小型的高新技术企业来说很难达到，只有少数大型企业能获得上市资格。在境内上市的内蒙古自治区26家上市公司中，具有高科技特征的基本空白，只有福瑞制约1家创业板上市和内蒙古赛科星繁育生物技术（集团）股份公司、内蒙古华腾科技股份有限公司、内蒙古健隆生物科技股份有限公司、内蒙古瑞特优化科技股份有限公司、内蒙古元和药业股份有限公司和内蒙古浩源新材料公司6家高新技术企业成功在新三板挂牌。据统计，截至2016年，内蒙古自治区的高新技术企业已达238家，但成功上市的并不多，比例最高的呼和浩特市也仅有18家，占到呼和浩特市所有高新技术企业的20%。由此可见，大部分高新技术企业仍无法通过资本市场获得资金支持。

从上市公司科技投入看，内蒙古自治区境内上市的企业共有26家，其中项目投资资本运作中参与科技项目投资的总共有11家（见表6-13），只有北方股份和北方创业科技投资占比较高，分别达到了82%、62%，其余公司的科技投入占比均较低。目前内蒙古自治区资本市场仍然不健全，多层次的资本体系还未完全建立，经济结构仍旧单一化，科技创新与金融耦合的程度较低。

表6-13　内蒙古自治区上市公司科技投入投资与占比

	股票代码	股票	项目投资额（万元）	科技投资项目额（万元）	科技占比（%）
			内蒙古自治区上市公司项目投资资本运作与科技投入情况		
1	600262	北方股份	42946.24	35228	82.03
2	600967	北方创业	88267.68	55254.68	62.60
3	600291	西水股份	37997	16419	43.21
4	600191	华资实业	63652.91	13043.11	20.49
5	000780	平庄能源	220022.41	37918.37	17.23
6	600328	兰太实业	45112.39	6591.39	14.61
7	600295	鄂尔多斯	138588.2	15114.02	10.91
8	600887	伊利股份	607468.42	59655.92	9.82
9	000683	远兴能源	118330.05	9911.51	8.38
10	300049	福瑞股份	46184.63	3186.14	6.90
11	600277	亿利能源	350483.83	20887.12	5.96

资料来源：Wind资讯。

在得不到上市融资的条件下，科技信贷是内蒙古自治区高新技术企业的主要融资渠道。然而，由于高新技术企业研发创新阶段风险较高，前期资金投入量大，担保抵押要求过严，手续烦琐审批时间长，依靠自有资金虽融资成本低，但资金供给往往很难满足基础业务发展，更难以支持科技创新。促进内蒙古自治区高新技术的发展，增加内蒙古自治区高新技术产值，必须着力解决商业银行科技信贷惜贷问题，加大金融扶持的力度，解决企业融资难题，为高新技术的研发提供经济保障。

五、内蒙古自治区科技资本市场发展政策建议

适合科技企业特点的资本市场融资，既可以满足科技中小企业的直接融资需求，又可以推动企业规范运作和管理，还可以促进科技型中小企业通过并购等方式迅速成长壮大，加快科技成果的转化与产业化。基于内蒙古自治区资本市场发展缓慢，发展速度落后于国民经济增长的步伐，远远不能满足高新技术产业发展的需求，无法适应风险投资退出的需要，因此，应该全方位推动多层次资本市场建设。

（一）加快培育科技型企业分层上市

根据内蒙古自治区科技企业的发展特点，有针对性地组织开展上市培训工作。通过建立内蒙古自治区企业上市资源数据库和上市支持电子平台，对重点培育企业名录进行动态管理，加强对企业改制、上市过程的全方位综合配套服务。

加强与证券交易所的合作，建立与境内外证券交易所的良好沟通合作关系，加强联合推介，加强与证券交易所的沟通协调，加快企业上市进程，加强企业上市后的跟踪服务，促进企业规范发展。

加快推进科技企业在创业板上市。按照发行审核制度的改革方向和多层次资本市场的发展趋势，建立全区优质科技创新企业上市资源数据库，做好优质科技型上市后备资源的培育和辅导工作，推动更多符合条件的科技型企业在交易所、"新三板"和区域性股权交易市场上市、挂牌融资，鼓励上市公司建立市值管理制度，并通过增发、配股、发行公司债等方式开展再融资。加快建立推动企业创业板上市的政策和支持体系、上市促进体系、上市培育体系和信息支撑体系，发

挥内蒙古自治区国家级和自治区级高新区高成长企业资源丰富的优势，集中力量培育一批创新能力强、成长快、前景好的创业板上市企业。

加强科技主管部门与金融办、股权交易中心合作，推动内蒙古自治区股权市场设立"科技创新板"，引导各类资金投资科技型中小企业，促进区内科技型中小企业发展。

（二）推动科技企业债券融资

加快推动科技企业债券融资，拓宽科技企业债券融资渠道，满足企业中长期发展资金需求，积极推动科技型中小企业发展集合债券，对发债企业给予补贴或贴息支持。

一是加快推动科技企业在银行间市场融资，加强与银行间市场交易商协会长期全面合作机制的建设，建立企业在银行间市场融资的绿色通道，鼓励科技企业在银行间市场发行短期融资券、中期票据、集合票据等融资工具。积极支持银行间市场交易商协会和中债信用增进投资公司在内蒙古自治区的发展。大力发展企业票据融资市场，积极促进中小企业融资工具创新和票据发行规模。

二是鼓励和引导符合条件的科技型企业发行公司债、集合债券、集合票据、区域集优票据、非金融企业短期融资券和私募债。制定《高新技术企业发行高收益债券试点管理办法》，探索开展高新技术企业发行高收益债券试点。建立健全科技型企业债务融资增信机制，降低科技型企业债务成本和债务融资风险。

（三）大力发展各类股权基金

引进和设立公募基金管理公司，大力发展各类私募基金管理公司。充分发挥内蒙古股权投资基金、自治区创业投资引导基金等政府引导基金的作用，引导私募股权投资和各类风险投资基金聚集。鼓励创业投资、风险投资、私募股权投资基金投向优质"新三板"和内蒙古自治区产权交易中心挂牌企业，解决挂牌公司融资需求。引导内蒙古自治区私募股权基金与国家新兴产业创业投资基金、科技型中小企业创业投资引导基金、国家科技成果转化引导基金等深度合作，积极争取国家资本加大对自治区科技型企业的投资力度。

1. 做好私募股权投资基金市场主体的培育工作

支持、鼓励行业龙头企业、有资金实力的企业发起设立成长型企业股权投资基金，主要投资中后期成长型企业特别是未上市公司股权，扶持成长型企业加快发展。支持创业投资基金发展，推动有行业背景和专业特长的"天使投资人"及专业投资管理机构发起设立创业投资基金，主要投资种子期、成长初期的新型企业、高新技术企业。积极引进、培育私募股权投资基金管理机构，大力培育本土基金管理公司，积极引导鼓励区外、境外知名投资基金管理机构来自治区设立法人机构，发起设立私募股权基金。鼓励、支持证券经营机构、基金管理公司、投资银行等金融机构在自治区开展业务、加强服务，充分发挥其资本市场主体的作用，服务自治区私募股权投资基金市场发展。

2. 推动自治区区域性股权市场与私募股权投资市场协调发展

加强自治区区域性股权市场与私募股权投资市场的对接，鼓励私募股权投资企业进场交易，引导、鼓励私募股权投资企业投资在自治区股权市场挂牌企业，支持培育壮大自治区上市后备资源，推进后备企业规范改制，助力企业发展和区域性股权市场建设，积极探索股权投资企业与区域性股权市场合作的新路径和新模式，实现协调互惠发展。

（四）加快发展知识产权交易市场

支持设立内蒙古自治区知识产权交易中心，完善知识产权交易体系，促进知识产权转移转化，研究制订激励知识产权转化的各项政策，推进多层次知识产权转化、实施许可、出资入股等形式进行质押物处置。鼓励金融机构与知识产权交易机构合作，研究制定知识产权专项债券和信托产品的相关制度，探索备案发行知识产权专项债券和信托产品。鼓励金融机构在包头稀土高新区内先行开展知识产权资产证券化试点，结合地区实际选取部分企业发行知识产权集合债券，探索专利许可收益权质押融资等创新模式。

充分发挥内蒙古自治区产权交易中心和股权交易中心积极开展知识产权登记、产权质押融资和股权转让等业务，探索实施做市商制度，使之成为科技型企业投融资对接平台、企业改制规范平台和政府扶持资金运用平台，提升其为非上市公司金融服务水平。支持开展与知识产权相关的信托产品、私募债的登记交易，发挥好自治区政府已批准设立的各类要素市场作用。

第 七 章

内蒙古自治区科技与金融结合的评价指标体系构建

　　科技创新评价工作是科技管理工作的重要组成部分，是推动国家科技事业持续健康发展、促进科技资源优化配置的重要手段。建立科技与金融结合的创新评价指标体系，有助于对科技金融的发展进行综合定量评价，从而为科技金融运作的总体和局部分析提供有力工具，进而更好地制定科技金融政策。本章在归纳、总结现有科技金融评级指标体系的基础上，构建适合于内蒙古地区的科技与金融结合的创新指标体系，为科技与金融结合创新机制的设计提供依据。

一、区域科技创新能力评价研究现状

基于本项目研究的地区为内蒙古地区，属于区域范畴，针对科技金融创新能力的评价，从区域科技金融创新角度进行研究较为合适。

（一）区域科技创新能力的形成机理

区域科技创新主体主要由企业部门、科学研究机构、高等院校、政府，以及中介服务组织构成。企业是市场经济的主体，以市场需求为导向，以追求经济利润为目标，将大学与科研机构的科技成果以新产品或新服务的形式满足市场需要。政府为企业、大学与科研机构提供政策支持和基础设施条件。科技中介推动这些政策向更合理的方向发展，同时也推动这些政策能够得到切实的执行。科技中介组织是企业与大学及科研机构互相联系的桥梁，能够促进企业需求与科研机构及大学的对接，筛选并提取大学和科研机构的研究成果进而提高科技成果转化率。大学作为教育机构，主要进行培养人才、提供人才与知识产出。大学是培养人才的摇篮，大学会源源不断地向政府、企业以及科技中介组织输送人才。科技中介组织作为供需双方之间的纽带，将丰富的信息提供给政府、企业、科研机构，帮助他们获得能满足自身发展要求的人才。科技创新环境主要涵盖区域创新基础、市场环境、人文环境等因素。科技创新产出既包括科学知识的产出，也包括技术转化为经济价值的经济产出。

（二）区域科技创新能力评价指标体系研究

如何制定科学、系统、全面的评价指标体系是区域科技创新能力评价首先要解决的问题，而科技创新能力评价指标体系的构建又与评价对象有着密切联系，纵观已有研究成果，评价对象可分为宏观、中观和微观三个层次，无论是针对哪个层次的科技创新能力进行评价，其构建的评价指标体系普遍为三级指标体系。一级评价指标主要是对科技创新能力进行分解，普遍包括3~5个评价指标；二级评价指标是一级评价指标的细化，普遍包括8~12个评价指标；三级评价指标是可以用来直接测量和计算的指标，一般可从统计年鉴或调查研究中直接获取数据，学者们设计的区域科技创新能力评价的三级指标差异并不大，一般选择

25～45个。

从现有的区域科技创新能力研究现状来看，在宏观层面的研究颇多。邹林全（2010）从科技基础和科技投入、科技产出和科技成果、科技促进经济社会发展三个方面提出科技创新政策绩效评估指标体系，由科技基础和科技投入、科技产出和科技成果、科技促进经济社会发展3个一级指标，人力投入、财力投入、直接产出、高新技术产业发展、经济发展与环境保护、生活质量提高6个二级指标以及更加细得到的29个三级指标共同构成。蒋兴华（2012）构建的一级指标有5个，分别为知识创新能力、知识流动能力、企业技术创新能力、科技创新环境能力、科技创新的经济绩效；二级指标15个，分别为研究与发展投入、知识产权、科技成果、科技项目、国内合作、企业研究开发投入、设计与制造能力、产品创新能力、创新服务环境、市场需求、创业水平、宏观经济、产业结构化、居民收入与就业；三级指标46个。尤丹君（2014）构建一级指标6个，分别为创新产出、创新基础、市场环境、人文环境、创新资源、官产学研联系水平，二级指标13个和三级指标26个。范维（2009）构建一级指标5个，分别为科技创新环境、科技投入能力、科技产出能力、科技合作能力、科技创新效益，二级指标14个和三级指标40个。区域创新能力评价的一级指标如表7-1所示。这些学者们根据自己的研究问题不同，从不同角度和侧重点，选择不同的指标进行衡量，但是整体方向基本一致。

表7-1　区域科技创新能力评价的一级指标

作者（年份）	一级指标
范维（2009）	科技创新环境、科技投入能力、科技产出能力、科技合作能力、科技创新效益
邹林全（2010）	科技基础和科技投入、科技产出和科技成果、科技促进经济社会发展
蒋兴华（2012）	知识创新能力、知识流动能力、企业技术创新能力、科技创新环境能力、科技创新的经济绩效
尤丹君（2014）	创新产出、创新基础、市场环境、人文环境、创新资源、官产学研联系水平

（三）区域科技创新能力评价方法与模型

现代评价方法和模型种类众多，其中适用于区域科技创新能力评价的方法和模型也较多，评价功能也各有各的优势和不足之处。从现有研究成果来看，使用较多的区域科技创新能力评价方法和模型主要有因子分析法、层次分析法、灰色关联分析法、模糊综合评价法、神经网络模型、结构方程模型、组合评价模型及其他模型等。

1. 因子分析法

因子分析法是现有研究成果中使用得较多的评价方法。该法是从研究变量内部相关的依赖关系出发，把一些具有错综复杂关系的变量归结为少数几个综合因子的一种多变量统计分析方法。它的基本思想是将观测变量进行分类，将相关性较高即联系比较紧密的分在同一类中，而不同类变量之间的相关性则较低，那么每一类变量实际上就代表了一个基本结构即公共因子，对于所研究的问题就是试图用最少个数的不可测的公共因子的线性函数与特殊因子之和来描述原来观测的每一分量，具有代表性的是汪振明（2010），运用因子分析法和聚类分析法对我国 30 个省（自治区、直辖市）的区域科技创新能力进行了评价研究。

2. 层次分析法

层次分析法在确定评价指标体系时具有独特的优势，它是将一个复杂的多目标决策问题作为一个系统，将目标分解为多个目标或准则进而分解为多指标（或准则、约束）的若干层次，通过定性指标模糊量化方法算出层次单排序（权数）和总排序，以作为目标（多指标）、多方案优化决策的系统方法。层次分析法的特点是在对复杂的决策问题的本质影响因素及其内在关系等进行深入分析的基础上，利用较少的定量信息使决策的思维过程数学化，从而为多目标、多准则或无结构特性的复杂决策问题提供简便的决策方法。具有代表性的是蒋兴华（2012）通过采用层次分析的方法构建出了区域科技创新能力评价体系。

3. 灰色关联分析法

灰色关联分析方法是根据因素之间发展趋势的相似或相异程度，即"灰色关联"度作为衡量因素间关联程度的一种方法。对于两个系统之间的因素其随时间或不同对象而变化的关联性大小的量度称为关联度。在系统发展过程中，若两个因素变化的趋势具有一致性，即同步变化程度较高，说明二者关联程度较高，反之则较低。灰色关联分析法的具体计算步骤是先确定反映系统行为特征的参考数列和影响系统行为的比较数列，再对参考数列和比较数列进行无量纲化处理，然后求参考数列与比较数列的灰色关联系数和关联度，最后根据关联度进行排序。

现有文献中，具有代表性的是孙敏霞（2008）运用灰色综合评价法对福建省科技创新能力进行了评价。蒋兴华（2012）利用灰色关联度评价理论建立起区域科技创新能力评价模型，并以佛山市为样本，对其科技创新能力进行了综合评价。

4. 模糊综合评价法

模糊综合评价法是一种基于模糊数学的综合评价方法。该方法根据模糊数学的隶属度理论把定性评价转化为定量评价，用模糊数学对受到多种因素制约的事物或对象做出一个总体的评价，它具有结果清晰、系统性强的特点，能较好地解决模糊的难以量化的问题，适合各种非确定性问题的解决。现有文献中，具有代表性的是范维（2009）采用模糊综合评价方法对陕西省科技创新能力进行测度与评价，并对模糊综合评价的指标值进行聚类分析，从不同角度对陕西省科技创新能力进行了分析。

二、区域金融创新能力评价研究现状

（一）金融创新的内涵

对金融创新的内涵研究，具有代表性的是蒋瑞波（2014）结合相关理论，从行业组织的视角、演化经济的视角、经济增长的视角等对金融创新的内涵进行总结。

1. 行业组织的视角

行业组织的视角是基于行业组织内部的创新角度，从金融产品的设计创新程度去考量。在此角度下，金融创新是指产生一系列金融产品、技术、机构和市场的活动。主要分为两种形式：一是新的金融产品的产生，如新的衍生合同、新的公司证券、新形式的集资产品；二是新的流通方式，如承销证券、交易流程、定价流程。

2. 演化经济的视角

演化经济学的视野主要是以金融创新的微观主体为基础，更加重视金融产品创新的扩散，常常通过创新者（first - mover）和跟随者（follower）之间的利益比较和对金融产品的扩散来演绎金融创新。认为金融创新是创新者和后来者效仿和竞争的产物，更加注重金融创新产品的生命周期。

3. 经济增长的视角

经济增长视角定义的金融创新是从对经济增长的作用来解释金融创新。大体上分为：金融创新—经济增长模型、金融创新—经济波动模型。金融创新—经济增长模型认为金融创新是一种能够减少成本、减少风险，并能提供一个改善的金融产品、服务，以更好地满足参与者需求的活动。此定义更加强调金融创新的作用，无论金融创新会促进经济增长还是产生更大的经济波动，此界定从功能的角度赋予金融创新内涵必须更加全面地考虑到金融创新的作用机理和发生作用的渠道。

（二）金融创新的动因研究

王仁祥、喻平（2004）总结国内学者的研究结果并结合西方国家的理论经验，将金融创新的动因分为顺应需求、顺应供给与规避管制三类。

1. 顺应需求的动因

顺应需求的动因是指随着经济金融的发展以及环境的变化，经济主体产生了一些新的金融需求，金融部门为满足这些新需求来获取利润而进行的创新。这些新需求包括人们财富增长后对金融投资品的需求、金融市场信息不对称产生防范道德风险与逆向选择的需求以及利率汇率的波动所产生的防范风险的需求等。

2. 顺应供给的动因

顺应供给的动因是指由于新的交易技术、经营模式与管理理念的出现，金融部门对其加以应用来降低成本而进行的金融创新。降低金融部门成本的因素是多方面的，有新的科学技术、新的交易方式的出现，新的经营模式与管理理念的应用等。

3. 规避管制的动因

规避管制的动因是指由于金融业较其他行业受到更为严格的管理，当管理法规的某种约束可以合理地或被默认地予以规避，并可以带来收益，金融创新就会发生，政府管理法规就成为这个行业创新的重要推动力量。

虽然整体上把金融创新的动因分为三类，理论上论述了金融创新的动因，但并未进行定量分析。

（三）金融创新评价指标体系研究

近年来，国内一些学者对金融创新指标体系的构建与评测问题做出了不懈的探索，并已取得了一定成就。吴献金、苏学文（2003）从金融产业升级的视角，探讨了金融业的经营观念、组织体系、调控手段、金融工具、清算支付等金融创新的指标体系及其指标的计算公式。喻平（2004）定量化地建立了金融创新评价指标体系，主要针对4个基本方面，即技术先进指标、市场成长性指标、组织管理能力指标和投入产出效率指标。评价技术先进性主要是对金融机构的人力资源水平与物质基础进行评价；市场成长性包括产品目标市场的基本情况和本企业创新产品的前景预测；管理能力包括金融机构创新管理能力和金融家创新人民币两方面的内容；金融创新投入产出效率则通过统计金融创新资源的投入与创新成果之间的关系来分析金融机构的金融创新效率，具体指标设计见表7-2。

表7-2　金融创新评价指标体系

G1 技术 先进指标	F1 人力资本水平	T1 中高级技术职称人员占总人员的比重
		T2 R&D 人员占科技人员的比率
		T3 R&D 成功率
	F2 技术水平	T4 年度金融创新成果价值占年度 R&D 费用的比率
		T5 金融机构联合开发金融创新产品的能力
		T6 引进技术的吸收能力
G2 市场 成长指标	F3 目标市场情况	T7 新产品市场容量
		T8 新产品市场容量成长率
		T9 新产品竞争强度
	F4 新产品市场情况	T10 新产品市场占有率
		T11 新产品营业收入增长率
		T12 新产品营业收入占总营业收入的比率
G3 管理 能力指标	F5 管理定理指标	T13 管理层次的合理性
		T14 R&D 人员与管理人员的数量比值
		T15 管理人员占总人员的比率
	F6 管理定性指标	T16 金融家对风险的偏好
		T17 金融家对创新产品市场的熟悉程度
		T18 金融对员工的激励程度

G4 投入 产出指标	F7 金融创新投入指标	T19 R&D 费用增长率
		T20 R&D 平均费用占营业收入的比率
		T21 R&D 平均费用占净利润的比率
	F8 投入效率指标	T22 新产品营业利润占 R&D 平均费用的比率
		T23 新产品利润额的增长率
		T24 新产品营业利润占总营业利润的比率

孙竹（2007）引入金融创新贡献率、金融工具替换速度、金融工具引进系数、金融创新系数对金融创新水平评价模型进行系统仿真等。由于认识到金融创新的计量过于纷繁复杂，不少学者使用时间序列代替金融创新，如 Dostey（1985）和邱甲贤（2010），其中后者以 1990 年为临界点，结合规模变量、机会成本变量、物价指数和其他变量，设置金融创新 0 – 1 变量，来体现金融创新对现金需求的影响。

三、科技创新与金融创新评估指标体系关系分析

对于金融创新与科技创新之间的协同过程，一方面，科技创新为金融创新带来必要的技术支撑及不断扩大化的盈利空间；另一方面，金融机构通过金融创新不断完善金融服务体系，进一步助推科技研发并促进成果产业化。科技创新带来的信息技术优势，促进金融创新要素的发展，提高金融系统内部的信息透明化程度，技术支持下的金融机构通过降低交易成本、便捷交易以及不断推陈出新金融工具，使得更为高效、优质的金融服务成为可能，为金融创新确立新的增长点。由于高科技企业易被传统的金融服务所排斥，金融创新能够整合大量资本，不断改进金融工具、金融服务理念及方式，拓宽科研机构及企业的融资渠道，满足其金融需要。

在金融创新和科技创新结合方面的研究，最初学者们从两者的相互支持和促进作用进行理论研究，之后学者们从协同角度、耦合角度研究科技创新与金融创新的关系。童藤（2013）从耦合的视角出发，研究两者之间"共生、互动、匹配、协同"的动态复杂关系，根据喻平的金融创新指标体系，设计了一套指标体

系来反映中国金融创新能力的指标体系，选取了 10 个指标来评价金融创新能力，并考虑到这些指标之间的相关性，用主成分法把指标分成 3 类即金融创新效率、金融创新规模、金融创新结构（见表 7 - 3），并对中国金融创新与科技创新的耦合度进行了实证分析。

表 7 - 3　中国金融创新与科技创新的耦合度评价体系

一级指标	二级指标	反映特征
金融创新效率	金融机构贷款余额/GDP	反映金融中介资金配置效率
	银行信贷规模/GDP	反映金融杠杆率
	M2/GDP	反映金融深化程度
	（M2 - M1）/GDP	反映准流动性负债占 GDP 的比重
	金融资产总量/GDP	反映经济金融化程度
金融创新规模	股票交易总额/GDP	反映股市流动性指标
	股票市价总值（亿元）	反映股市规模
	金融资产总量/M1	反映金融创新程度
金融创新结构	中央银行资产/金融总资产	反映金融集中度
	中央银行总资产/GDP	反映中央银行在整个经济中的重要性

郑慧、李雪慧（2015）从供需角度出发，根据科技创新与金融创新以及科技金融各自参与主体要素的共同性，分析科技创新、金融创新以及科技金融三者之间协同发展的机理，构建科技创新、金融创新和科技金融子系统模型及复合系统协同度模型来研究科技创新与金融创新的协同程度，其指标体系如表 7 - 4 所示。

表 7 - 4　科技创新、金融创新和科技金融子系统模型及复合系统协同度模型

序参量	一级指标	二级指标
金融创新子系统	经济金融化指标 L1	金融资产总量与 GDP 之比
	金融深化指标 L2	准货币与 GDP 之比
	金融创新指标 L3	金融资产总量与 M1 之比
科技创新子系统	知识创新能力 S1	三大系统论文收录数、发明专利授权数
	技术创新能力 S2	高技术产业增加值占工业增加值比重
	产业化能力 S3	新产品销售收入占主营业务收入比重

王仁祥、杨曼（2015）从最优化视角论证了科技创新与金融创新最佳耦合协调的存在性，在此基础上，测算了 35 个最重要金融系统所在国家的科技创新与金融创新耦合协调度，并利用两阶段 GMM 回归方法实证检验了其对经济效率的影响。研究表明，科技创新与金融创新耦合协调度对经济效率的提升具有显著正向作用，且对于发展中国家经济效率作用的敏感性更高。和瑞亚、张玉喜（2014）基于协同学理论构建科技创新系统与公共金融系统耦合协调度评价模型，对我国 28 个省级区域的耦合协调度进行评价。从横向比较来看，我国各省级区域科技创新系统与公共金融系统的耦合协调程度整体较低，各区域耦合协调水平存在较大差异，大部分区域公共金融滞后于科技创新的发展；从纵向比较来看，2010 年以后，各省市耦合协调度有所提升，且东部、中部和西部均处于历史较高水平，说明科技金融的实施对科技创新发展具有积极作用。

四、内蒙古自治区科技创新与金融创新综合评价指标体系构建

（一）内蒙古自治区科技创新能力研究情况

当今世界各国之间的竞争归根结底是科学技术的竞争，创新能力则是科学技术竞争的核心。区域科技创新能力已经成为区域经济发展的主动力，并且日益成为地区经济获取竞争优势的决定性因素。而内蒙古自治区科技创新能力严重不足，全区科技整体水平与发达地区有很大差距。对于内蒙古自治区科技创新的研究大部分学者借助科技创新能力评价指标，通过定量分析、比较分析、文献分析等方法，从科技基础、科技投入、科技产出和科技人才等方面分析了内蒙古科技创新能力现状，指出其优势和问题，并学习借鉴国内外提升科技创新能力的经验，结合内蒙古自治区实际，提出提升内蒙古自治区科技创新能力的对策建议。如霍仲文（2006）、周黎长青（2011）、李旭阳（2015）等从不同视角研究了内蒙古自治区科技创新能力，并给出了评级指标体系。

（二）内蒙古自治区科技创新能力在西部地区的整体评价

从科技基础、科技投入、科技产出和科技人才等方面评价一个国家或地区的科技创新能力，统一使用 R&D 投入强度指标。根据联合国教科文组织对科技创

新能力的认定和世界各国发展的一般规律，R&D 经费占 GDP 不到 1% 的国家和地区，缺乏创新能力；在 1%~2% 的国家和地区，会有所作为；大于 2% 的国家和地区，创新能力比较强。到 2014 年底，我国 R&D 经费占 GDP 的比重首次超过 2%，说明具有科技创新能力，但地区分布不均，尤其是西部地区的大部分省市区还没有越过 1%，科技创新能力显著不足。内蒙古地区作为西部地区，地区 GDP 由 2010 年的 1.17 万亿元人民币增加到 2016 年的 1.86 万亿元人民币，年均增长 10%；人均 GDP 由 7070 美元增加到 1.11 万美元，居中国前列（见图 7－1），2016 年内蒙古自治区实现生产总值 18632.6 亿元，按可比价格计算，比 2015 年增长 7.2%，高于全国平均增速 0.5 个百分点。但是，R&D 经费占 GDP 比重在西部地区处于末端，略高于新疆、海南和西藏三地，显示内蒙古 R&D 投入与 GDP 总量极不匹配，内蒙古地区的科技创新能力在整个西部地区缺乏核心竞争力（见图 7－2）。

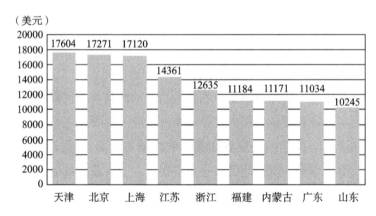

图 7－1　2016 年人均 GDP 超过 1 万美元的 9 个地区

资料来源：各地统计年鉴（2017）。

（三）内蒙古自治区金融创新能力研究情况

现阶段，内蒙古自治区经济正处于工业化和城市化加速发展时期，产业结构调整和消费结构升级进一步加快，为内蒙古自治区发挥资源优势、承接产业转移、全面提升产业分工地位、发展壮大产业集群、优化经济结构带来了战略机遇。但是，从增长方式来看，粗放型增长方式在内蒙古自治区经济增长中仍居支

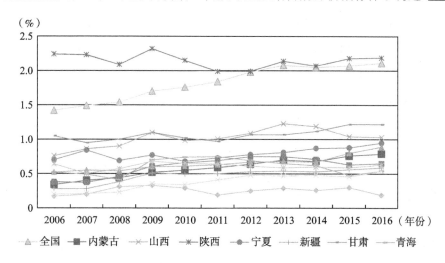

图 7 - 2　内蒙古自治区在西部地区的 R&D 投入

资料来源：《全国科技经费投入统计公报》（历年）。

配地位。当前，在挑战与机遇并存的反危机过程中，要实现粗放型增长方式向集约型增长方式的转变，保持经济的可持续发展，就必须依靠科学技术创新。而科技发展在内蒙古地区除了受到体制因素制约外，面临的最大问题就是资金支持问题。因此，建立强有力的现代区域金融支撑体系，高效率地配置金融资源，并建立金融资源配给的长效机制，是内蒙古自治区科技创新体系建设的重要途径，也是必经之路。为此，学者们对内蒙古自治区科技金融的研究大多也是从理论层面进行研究，具有代表性的是刘丽（2015）从国家科技金融政策和实践的宏观环境，国内科技金融试点地区经验借鉴和内蒙古自治区科技金融发展现状、存在问题及原因对策三个维度，探索适合内蒙古自治区高新技术产业、战略性新兴产业整体布局和创新发展的科技与金融结合的思路与对策研究。对内蒙古科技金融发展现状从金融的工作机制、科技金融的扶持政策、科技金融的服务体系、科技金融市场化运行模式等方面进行分析，认为内蒙古自治区科技金融发展面临的问题有现有科技金融渠道及产品不能满足社会需求、财政科技经费投入不足，资源配置不合理、科技金融专业服务机构和专业人才建设能力不足等问题。

（四）内蒙古自治区科技创新与金融创新评价指标体系的构建

在对现有的科技创新与金融创新评价体系进行梳理的基础上，并基于内蒙古区域科技创新发展的现实需要，构建内蒙古区域科技创新与金融创新综合评价指标体系，以便对内蒙古区域的科技创新与金融创新协同发展进行综合评价，为自治区制定科技创新发展的政策提供参考依据。

1. 设计思路

在综合借鉴科技创新、金融创新以及科技金融之间的协同关系的基础上，并结合内蒙古自治区的实际，遵循科学性、系统性、层次性、适应性、可操作性原则，我们提出以下包含科技创新能力、金融发展水平和科技金融三个相互联系的要素模块的综合评价模型及指标体系。

2. 评价要素构成及功能

在科技创新能力要素模块中，为体现其对另外两个要素模块技术支持的效果，指标设计重在反映不同时间阶段科技创新的绩效水平。在知识创新能力方面，考虑到创新主体主要为高校及科研机构，因此，以三大系统论文收录数以及发明专利授权数评价知识创新能力。技术创新主体主要为企业，高技术产业增加值与工业增加值比重能够体现企业的技术创新效率，总体反映企业在技术创新活动中的能力水平。产业化作为科技创新的最后阶段，主要体现在新产品的生产销售方面，基于此，选取新产品销售收入与主营业务收入比值实现对产业化能力的评价。

在金融发展水平要素模块中，着重于体现当前金融发展水平与未来发展的潜力，设置了金融集聚规模、金融深化程度以及金融效率三个二级指标。其中，金融集聚规模的三级指标分别为银行业金融机构资产总额占 GDP 比重、股票市场总市值占 GDP 比重、保费收入占 GDP 比重，主要反映当前金融市场的集聚规模；反映金融深化程度的三级指标分别为股票发行融资额占 GDP 比重、企业债发行融资额占 GDP 比重、本外币新增贷款额占 GDP 比重，主要反映当前金融市场的融资结构；而金融效率的三级指标主要由金融产业产值占银行业资产总额比重构成。

科技金融是一个复杂的要素模块，这里我们可将科技金融分为公共科技金融及市场科技金融两个二级指标。公共科技金融主要考虑国家与地方财政科技投入，体现政府部门对科技创新投入的重视程度；市场科技金融主要包括考虑银行业及资本市场对科技创新的参与程度。在公共科技金融要素中我们主要引入财政补贴力度（R&D 活动经费政府补贴/高新技术企业收入）、R&D 投入强度（R&D

投入/高新技术企业收入），主要反映政府引导金融市场、促进高新技术企业协调发展的能力；在市场科技金融要素中引入创业风险投资支持力度（创业风险投资额/高新技术企业收入）、科技贷款支持力度（科技贷款额/高新技术企业收入）、科技资本市场支持力度（科技资本市场融资额/高新技术企业收入）、科技保险风险保险深度（科技保险保费/高新技术企业收入）、R&D 市场化程度（企业 R&D 投入/R&D 总投入）共 5 个三级指标，其中创业风险投资支持力度的高低是衡量风险投资市场为初创期型的高新技术企业提供权益融资和相应服务的大小，科技贷款支持力度的高低是衡量科技贷款市场为成长型、成熟期和部分初创型企业提供贷款和相应金融服务的大小，科技资本市场支持力度是衡量科技资本市场为成长期和成熟期的大型高新技术企业提供债务融资和较少的权益融资以及相应金融服务的大小，这三个指数很好地解释了不同金融市场对不同时期高新技术企业的支持力度。科技保险风险深度的高低是衡量科技保险市场为高新技术企业提供风险控制工具和相关金融服务的大小，最后 R&D 市场化程度是反映企业自身竞争力的大小。

3. 内蒙古自治区科技创新与金融创新综合评价指标体系构建

综上所述，内蒙古自治区科技创新与金融创新综合评价指标体系由 3 个要素模块、8 个二级指标，共计 18 项指标组成。其中科技创新能力模块包含 3 个要素支撑点，共 4 项指标；金融发展水平模块包含 3 个要素支撑点，共 7 项指标；科技金融模块包含 2 个要素支撑点，共 7 个指标。内蒙古自治区科技创新与金融创新综合评价指标体系见表 7 - 5。

表 7 - 5 内蒙古自治区科技创新与金融创新综合评价指标体系

一级指标	二级指标	三级指标
科技创新能力	知识创新能力	三大系统论文收录数
		发明专利授权数
	技术创新能力	高新技术产业增加值占工业增加值比重
	产业化能力	新产品销售收入占主营业务收入比重
金融发展水平	金融集聚规模	银行业金融机构资产总额占 GDP 比重
		股票市场总市值占 GDP 比重
		保费收入占 GDP 比重

一级指标	二级指标	三级指标
金融发展水平	金融深化程度	股票发行融资额占 GDP 比重
		企业债发行融资额占 GDP 比重
		本外币新增贷款额占 GDP 比重
	金融效率	金融产业产值占银行业资产总额比重
科技金融	公共科技金融	财政补贴力度 （R&D 活动经费政府补贴/高新技术企业收入）
		R&D 投入强度（R&D 投入/高新技术企业收入）
	市场科技金融	创业风险投资支持力度 （创业风险投资额/高新技术企业收入）
		科技贷款支持力度 （科技贷款额/高新技术企业收入）
		科技资本市场支持力度 （科技资本市场融资额/高新技术企业收入）
		科技保险深度 （科技保险保费/高新技术企业收入）
		R&D 市场化程度 （企业 R&D 投入/R&D 总投入）

五、内蒙古自治区科技与金融结合的耦合度分析

由协同学可知，系统内部因素之间的协同作用，影响着系统变化的特征与规律，耦合度恰好反映了这种协同作用的度量，它是衡量系统之间或系统内部要素之间协调状况好坏的定量指标。科技创新与金融创新内部之间的结合程度可以使用耦合度得以测定两者的协同作用，耦合度的大小反映了科技创新与金融创新在某一时间段上的耦合协调关系。一般情况下，我们认为耦合度是一个相对静态的指标。

（一）科技创新与金融耦合的标准

国内学者对耦合度的标准有多种方式进行测量，考虑到选取指标的局限性可

能导致影响彼此之间的耦合程度，再综合科技创新与金融创新子系统因素较多、关系较为复杂的耦合特性，因此采用国内学者刘耀彬（2005）将其划分为四个阶段：低水平耦合；拮抗耦合；磨合耦合；高水平耦合。

本书耦合度评价标准划分如表7－6所示。

表7－6　耦合标准划分

耦合度	耦合标准	耦合解释
Z = 0	无耦合	完全不协调
0 < Z ≤ 0.3	低水平耦合	基本不协调
0.3 < Z ≤ 0.5	拮抗时期	勉强协调
0.5 < Z ≤ 0.8	磨合阶段	比较协调
0.8 < Z < 1	高水平耦合	协调性强
Z = 1	完全耦合	完全协调

（二）建立功效函数

功效函数法是衡量两者对系统耦合协调发展的贡献程度，即对各个指标设置一个稳定的极限值（含上、下限值），常见的功效函数有线性、指数型、对数型和幂函数型功效函数法，本书采取了线性功效函数法，因而科技创新子系统的功效系数可表示为式（7－1）：

$$\begin{cases} u_i = (X_i - B_i)/(A_i - B_i)，u_i \text{ 具有正功效}，\\ u_i = (A_i - X_i)/(A_i - B_i)，u_i \text{ 具有负功效}。\end{cases} \qquad (7-1)$$

其中 $0 \leq u_i \leq 1$，0 表示最不满意，1 表示满意度最高，A_i、B_i 分别为序参量的上下限值。

依据评价指标体系使用数据计算出的因子贡献率中得出的特征值变量确定各个序参量的权重 λ_i，利用线性加权法确定各自系统的最终功效值：

$$u = \sum \lambda_i u_i，\sum \lambda_i = 1 \qquad (7-2)$$

根据上述式（7－1）和式（7－2），在科技创新因子分析结果和金融创新分析结果的基础上得出内蒙古自治区科技创新与金融创新子系统的功效值，如表7－7、表7－8所示。其中 NF_1（即 u_1）、$NF_2(u_2)$ 分别代表了内蒙古自治区科技创新子系统序参量的功效系数，NF 是内蒙古自治区科技创新子系统的最终功效值；NG_1、NG_2、NG_3 分别代表内蒙古自治区金融创新子系统序参量的功效系数，NG 是内蒙古自治区金融创新子系统序参量的功效系数。

表 7-7 科技创新子系统功效值

年份	NF_1	NF_2	NF
2000	0	0	0
2001	0. 04584245	0. 152506098	0. 059512464
2002	0. 033757659	0. 117976042	0. 044829702
2003	0. 007666994	0. 046728764	0. 013715452
2004	0. 024509413	0. 156047579	0. 045026785
2005	0. 128813124	0. 424421636	0. 166496624
2006	0. 161769754	0. 505682927	0. 20425031
2007	0. 228279452	0. 610795462	0. 270002992
2008	0. 366791618	1	0. 437127916
2009	0. 334746982	0. 224986593	0. 277037008
2010	0. 472350622	0. 139091473	0. 35929607
2011	0. 570561657	0. 198977839	0. 439490343
2012	0. 731072651	0. 204508777	0. 554185571
2013	0. 77159918	0. 132611527	0. 570151354
2014	0. 811557014	0. 222245838	0. 614349381
2015	0. 885692093	0. 115756747	0. 647993103
2016	1	0. 322119056	0. 765557469

表 7-8 金融创新子系统功效值

年份	NG_1	NG_2	NG_3	NG
2000	0. 384631064	0. 274947209	0. 968275	0. 37184638
2001	0. 365057961	0	1	0. 305372384
2002	0. 216038446	0. 065391976	0. 494133967	0. 18412303
2003	0. 114488277	0. 507856012	0. 105984466	0. 182811909
2004	0. 121460378	0. 062016629	0. 330536089	0. 114780499
2005	0	0. 058951432	0	0. 012754946

年份	NG_1	NG_2	NG_3	NG
2006	0. 363834969	1	0. 01113663	0. 412306526
2007	0. 580103379	0. 882839514	0. 259306153	0. 529998826
2008	0. 55660259	0. 768447275	0. 708147668	0. 542043876
2009	0. 665409702	0. 691929524	0. 653354403	0. 577692546
2010	0. 558222794	0. 191490696	0. 167320993	0. 358587622
2011	0. 649210281	0. 185261317	0. 443390979	0. 436302359
2012	0. 619712126	0. 198432757	0. 142185057	0. 390232652
2013	0. 607247013	0. 170720602	0. 031698827	0. 365412162
2014	0. 613978697	0. 097739871	0. 042082982	0. 354366717
2015	1	0. 000541111	0. 323256712	0. 570857133
2016	0. 772544347	0. 068011746	0. 064336612	0. 435243984

（三）耦合度和耦合协调度函数

1. 耦合度函数

想要从整体上判别两个系统耦合强度的大小，需要在表7-8和表7-9的基础上构造金融创新与科技创新相互关联的耦度模型耦合，耦合度函数可定义为：

$$Z_m = \left\{ (u_1 \cdot u_2 \cdot u_3 \cdots u_m) \Big/ \left[\prod_{i=1,2,\cdots,m, j=1,2,\cdots,m} (u_i + u_j) \right] \right\}^{1/m} \tag{7-3}$$

本书是关于内蒙古自治区金融创新与科技创新之间的耦合，所以两者之间的耦合度函数可以表达为：

$$Z_2 = \left(\left\{ u_1 \cdot u_2 \Big/ \left[\prod_{i=1,2, j=1,2,3} (u_i + u_j) \right] \right\} \right)^{1/2} \tag{7-4}$$

其中，u_1、u_2分别代表了科技创新子系统和金融创新子系统的发展程度指标（即表7-8、表7-9的NF、NG各自系统的功效值）。根据公式7-4，就可以计算出内蒙古自治区科技创新与金融创新的耦合度。$Z_2 \in [0,1]$，Z_2值越大，代表两子系统之间的耦合程度越高。当$Z_2 = 0$，表示内蒙古自治区科技创新与金融创新的子系统无相互作用，$Z_2 = 1$，表示内蒙古自治区科技创新与金融创新的子系统彼此之间存在较大的影响，达到了最大程度的互动。

2. 耦合协调度函数

耦合度是反映两者耦合程度的重要指标，对于评价两者之间耦合效应的大小具有一定的指导意义。但是耦合度研究法本身有一定的局限性，使这种局限性表现较为明显的是两个子系统的发展程度或功效函数的上下限不一致的时候。具体到内蒙古自治区科技创新与金融创新关系的研究，首先从二者各自系统的因子得分结果可以看出：科技创新系统极限值为 F_1（-1.11535，1.76844）、F_2（-1.08881，2.95752），金融创新系统的极限值为 G_1（-1.84323，1.98345）、G_2（-0.93145，2.09935）、G_3（-1.03297，2.02361）。内蒙古自治区科技创新与金融创新子系统序参量的极限值差异较大，其次由科技金融子系统功效值看出，科技创新的变化范围比金融创新要大。因而，在耦合度函数的基础上，需要对耦合度函数做进一步改进，改进后得到耦合协调度函数，可表示为：

$$\begin{cases} C = \alpha u_{11} + \beta u_{22} \\ H = (z \cdot c)^{1/2} \end{cases} \tag{7-5}$$

其中，α、β 是待定的参数，此处定义 $\alpha = 0.5$，$\beta = 0.5$，u_{11}、u_{22}分别代表了内蒙古自治区科技创新系统和金融创新系统的功效值（与表7-7和表7-8中的NF、NG含义相同）H 为耦合协调度函数，C 可看作是内蒙古自治区科技创新与金融创新综合调和指数，反映两个子系统之间的整体协同效应。耦合协调度的评判标准也和耦合度的评判标准一样。

3. 耦合协调度测算结果

根据上面的分析及函数关系式（7-5），现得出内蒙古自治区科技创新与金融创新两者的耦合度与耦合协调度测算结果，如表7-9所示，每年（2000～2016年）相应的趋势分别如图7-3所示，左边纵轴是二者耦合度的刻度值，右边纵轴为耦合协调度的刻度值。

表7-9　内蒙古自治区科技创新与金融耦合度与耦合协调度结果

年份	Z（耦合度）	C 值	H（耦合协调度）
2000	0.0000	0.1859	0.0000
2001	0.3695	0.1824	0.2596
2002	0.3968	0.1145	0.2131
2003	0.2548	0.0983	0.1582
2004	0.4499	0.0799	0.1896
2005	0.2571	0.0896	0.1518

续表

年份	Z（耦合度）	C 值	H（耦合协调度）
2006	0.4707	0.3083	0.3809
2007	0.4729	0.4000	0.4349
2008	0.4971	0.4896	0.4933
2009	0.4680	0.4274	0.4472
2010	0.5000	0.3589	0.4236
2011	0.5000	0.4379	0.4679
2012	0.4924	0.4722	0.4822
2013	0.4879	0.4678	0.4777
2014	0.4817	0.4844	0.4830
2015	0.4990	0.6094	0.5515
2016	0.4807	0.6004	0.5372

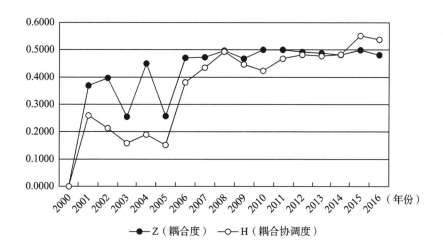

图 7 - 3　内蒙古自治区科技创新与金融创新耦合趋势（2000～2016 年）

（四）内蒙古自治区科技与金融耦合的实证研究结果分析

在构建指标体系和使用因子分析法研究时，发现内蒙古自治区科技创新与金融创新系统指标间耦合的机制是较为复杂的，总体表现在科技创新对金融发展的胁迫作用与金融创新对科技创新的约束作用两个方面。因子要素分析表明：科技创新对金融创新产生的主要因素是研发投入强度和政府对科技支出力度的大小，而支撑内蒙古自治区科技创新发展的主要因素是在资本市场的融资程度。

由图7-3可以看出，内蒙古自治区科技创新与金融创新的耦合度和耦合协调度差异表现虽不完全一致，但整体趋势表现也不明显，说明内蒙古科技创新与金融创新两个子系统之间核心变量的极限不一致，虽然有一定的影响，但却不影响内蒙古整体的耦合趋势。

由于内蒙古自治区科技创新与金融创新的起步都比较晚，与我国其他地区相比，存在很大的差异，图7-3显示，2000~2006年，两者的耦合度和耦合协调度都在0.2以下，对照耦合评价标准表，可以得知：内蒙古地区科技创新与金融创新之间协调程度差，处于低水平耦合状态，表明各系统要素之间相互作用的影响不强，金融给予的科技融资力度或者科技创新为金融产业提供的技术指导都没有很好地协调起来，没有更好地带动经济的发展。2007年内蒙古自治区科技创新与金融耦合度首次突破0.3，出现急速上升的趋势，这种趋势延续到2008年，耦合度和耦合协调度都达到中等水平，达到耦合的拮抗时期和磨合时期，双方相互作用都较强。2007年出现上升的原因是内蒙古自治区加大了对科技创新的重视程度，内蒙古自治区结合当地实际情况，2007年制定了"要加大科技投入，建立社会化、市场化、多元化的科技投入体系，力争实现全社会R&D投入占地区GDP的比例，2010年达到1.5%，2020年达到2.5%"的政策目标。但是这种耦合程度只维持了两年，自2009年以后，内蒙古科技创新与金融耦合度一直在0.4~0.5徘徊，由于核心变量的极限值不一致，相比这一段时间的耦合协调度要比耦合度稍大一些，尽管如此，耦合协调度也在0.4上下徘徊。事实上，低水平的耦合度一定程度上会造成资源的浪费。

从整体来看，内蒙古自治区科技创新与金融创新的耦合度处于低水平状态，两创之间的耦合效应在实际上并不如意。内蒙古自治区科技创新与金融创新的时序变动表现出明显的阶段性与波动性，这种阶段性特点正是国家政策、经济环境以及政治文化环境反馈综合作用的共同特点。因此，内蒙古科技创新与金融创新能力两者仍需进一步强化，耦合机制需进一步完善，促进两者要素之间多方面的结合，为建设创新型内蒙古自治区和实施创新驱动战略注入活力。

内蒙古自治区科技与金融结合的机制创新模式选择

党的十九大报告提出，创新是引领发展的第一动力，是建设现代化经济体系的战略支撑。在中国建设创新型国家的背景下，金融与科技的结合至关重要，金融创新与科技创新相结合将构成中国经济增长的原动力。为此，我国从中央到地方已出台许多鼓励金融与科技结合的政策，涉及银行、保险、担保、创业投资、多层次资本市场、债券等各个方面，各地金融与科技结合的新机制、新工具、新模式层出不穷。但是，在对待金融与科技的结合问题上，片面强调金融对科技的支持，忽视金融资本与科技创新的内在关系，导致科技金融某种程度上变成金融部门的单边行为，与科技资源投入脱节，这不仅不能促进金融创新与科技创新的真正结合，反而增大了金融风险。党的十八大以来，内蒙古自治区大力实施创新驱动发展战略，科技投入连年增长，激励政策接连出台，新技术、新成果加速转化，全区科技创新能力得到稳步提高。本章通过阐述国内外科技与金融结合的经验和启示，试图给出适合内蒙古地区的科技与金融相结合的机制模式，以便更好地探求科技与金融结合的内在机制。

一、科技与金融结合创新模式的国外经验

当今时代，经济高速发展，国际竞争日趋激烈。一些西方发达国家选择走创新之路，依靠金融促进科技发展，以提高国家的综合实力和核心竞争力。美国、日本、德国等国家在这方面积累了很多成功的经验，形成了一些值得学习借鉴的模式。

（一）以市场为主导的美国科技与金融结合的发展模式经验

作为一个发达国家，美国具备着世界顶尖的技术人才，他们有着很强的科技创新方面的意识和能力。20世纪50年代末，美国出现了一种新的科技企业的集群模式，即科技园模式，科技园的出现推动了科技的发展以及科技与金融的结合。1951年，世界上最早的科技园区硅谷成立，该地区已成为美国九大制造业中心之一，年销售额超过400亿元。受此影响，在美国已有一百多家这样的园区，如波士顿的"128号公路"沿线地区，北卡罗来纳州的"高新技术走廊"等。美国是典型的金融市场主导的金融体系，高度发达的美国风投市场和资本市场有力地支持了美国的高科技中小企业发展。

1. 政府对科技金融发展的支持推动作用

美国政府在科技金融方面的推动政策主要有两方面：一是完善法律环境，二是设立政策性金融机构。

（1）完善的法律环境对科技企业的发展起到保证作用。在以市场为核心的美国金融体系下，完善的法律环境是科技企业发展不可或缺的支持。1953年，美国颁布了有关中小企业的基本法及《中小企业法》；1985年美国颁布了《中小企业投资法》，并建立了企业投资公司（SBIC）；1982年，美国政府在资金补贴和税收优惠上，出台了《小企业创新研究计划》，该法案规定：所有研发经费超过1亿美元的项目，政府有关部门必须按一定比例向小企业创新计划提供资金；研发经费超过2000万元但不到1亿美元的项目，联邦政府机构每年要为小企业确定科研项目和目标，符合条件的小企业均可向SBA申请小企业创新研究资助，促使其专利发明变成现实。

税收优惠对高新技术企业的发展具有重要的影响。美国政府在20世纪60年

代对资本所得采取的是高税收政策，这严重阻碍了美国高新技术产业的发展。1978 年，美国国会降低投资所得税，税率从 49% 降到 28%。1981 年，里根总统签署了"经济复兴税法"，将税率进一步降到 20%。从美国税收政策对高新技术产业的影响上看，对高新技术产业实行低税率、高减免、加速折旧等税收优惠政策对高新技术产业的发展具有必然推动作用。

财政政策支持对高新技术产业的发展起着直接的资金支持作用。在美国"新经济"时期，风险投资受益于政策支持而快速发展，作为一种新的投融资机制，既向企业输入资金，又提供先进的技术指导，从而使资金与技术在企业内部巧妙结合。美国的政府机构、金融机构和企业进行有效合作，在具有增长潜力的项目上，充分配置资金和技术，通过担保贷款和科技型企业购买从优等政策支持硅谷科技企业的快速发展，如申请 1000 万美元时，可从银行贷款 700 万美元，余下300 万美元由政府提供，年息通常较低。这样使科技与金融有效结合，提高了整体经济的科技实力和金融实力。联邦政府在硅谷进行大量的国防采购，使这些高科技企业生存下来，并发展壮大，促进了硅谷集成电路和计算机产业的发展，如1955～1963 年，硅谷半导体产业 40% 左右的营业额来自于政府采购。

（2）政策性金融机构对科技企业发展的促进和支持。科技型企业在发展过程中存在着资金短缺、创新风险和成本大、需要较长时间的培育发展期等问题，这样的问题市场是没有办法完全解决的，折旧需要政策性机构填补市场的功能缺失，为科技企业提供完善的发展环境。为此，美国根据《中小企业法》成立了小企业管理局（SBA），是美国中小企业的主要管理机构和服务机构。小企业投资公司（SBIC）在 SBA 的审批和管理下开展业务，属于民间金融机构。1963 年，美国约有 692 家小企业投资公司（SBIC），其政策性色彩比较浓，其主要职能是向具有增长潜力的中小企业提供长期发展和科技创新的资金支持。其提供资金支持主要是通过证券投资、风险投资、抵押贷款和提供信用担保四种方式。

2. 风险投资对高新技术企业的支持和作用

1946 年美国第一家风险投资公司成立，在之后 20 多年时间内，美国风险投资平稳发展，1969 年投资规模达到 1.71 亿美元。1971 年美国 NASDAQ 建立，给风险资本提供退出机制；1972 年美国目前最大的风险投资公司红杉资本成立；1973 年全美风险投资协会成立。80 年代，大量风险资本进入高新技术领域，高科技得到迅速发展。在资金投向上，美国早期的风险资本主要集中在种子期，目前逐渐向扩张器转移，在行业投向上美国风险投资涉足最多的领域是软件行业，其次是生物技术行业。

根据美国国家风险投资联合会与 PitchBook 发布的 2017 年第一季度美国风投报告，从美国的风险投资市场情况看，2017 年第一季度总共完成 1808 笔投资案例，总额达 165 亿美元，同比分别下降 12% 和 24%，平均单笔投资金额为 912 万美元，较 2016 年平均规模水平下降 10.8%。第三季度，风投公司向 1699 家美国创业公司投资 215 亿美元，从资金数量来看，如果增长速度维持不变，2017 年年底之前可能会触及 10 年最高点。第二季度 VC 投入 229 亿美元，第三季度环比下降 6%，不过与 2016 年同期的 153 亿美元相比大增 29%。融资企业的数量大幅减少。第二季度有 2154 家企业融到资金，第三季度只有 1699 家，环比减少 21%；2016 年同期有 2056 家，同比减少 17%。这意味着，行业整体活跃度将回落到 2012～2013 年的投资水平。但这并不能代表创新创业公司的风险投资量出现了根本性下降，反而说明整个投资行业回归到了用更专业、更严格的眼光来看待投资机会的氛围里（见图 8-1）。

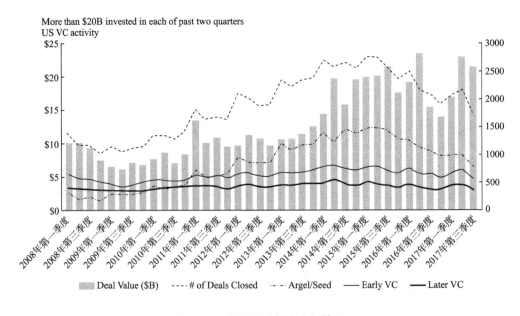

图 8-1　美国风险投资市场情况

资料来源：PitchBook。

企业在发展的不同阶段，所需资金优势不同。美国通过对不同阶段的公司提供不同数额的资金并提供差异化的金融服务，可以降低风险投资的风险，同时提高回报率。高科技企业不仅可以得到发展所需资金，而且可以借助风险投资提供的其他金融服务：专业技术指导、风险控制、财务管理、协助 IPO 及提供其他融资平台。

3. 风险信贷和信用担保市场对高科技企业的支持作用

美国在传统的信贷市场中，中小型高新技术企业由于高风险并不受到银行信贷的青睐，很难得到贷款。但随着风险租赁公司的出现，在 20 世纪 80 年代后，美国在传统的信贷市场中出现了风险贷款，这个市场为美国风险投资市场的 10%～20%，成为种子期企业融资的一个重要渠道。

美国的政府担保体系较为完善，目前从区域划分为三个层次：第一层次是美国联邦小企业管理局负责，该级别属于中央层次的担保体系；第二层次是地方层面的信用担保体系，由地方相关部门负责区域范围内的融资担保工作；第三层次是商业和居民社区担保网络。三个层次的担保体系职能并不相同，其中，中央担保公司主要和银行合作，通过授信担保等多种形式直接为大企业提供担保服务，有大约 7000 家银行加入该担保体系。地方担保体系则主要服务于地区企业的跨国业务活动，社区担保网络较为贴近居民生活，主要支持个人或个体户实现富裕。

4. 资本市场为科技金融成熟发展提供支撑

美国是最典型的金融市场主导的金融体制。美国发达的风险投资市场也是由美国完善的资本市场所推动并壮大的。美国发达的资本市场包括多层次的股票市场和交易活跃的债券市场，从而使科技型企业可以直接融资，降低融资成本，获得充裕的发展资金。美国资本市场分为三个层级：第一层级是主板市场，主要服务于发展成熟、有良好业绩的大型企业，所以该证交所是成熟期科技企业理想的融资场所。第二层级是二板市场，主要包括美国证券交易所和 NASDAQ。NAS-DAQ 市场融资非常灵活，能满足美国高科技企业的融资需求，因此 90% 以上最具成长性的中小企业在这里上市。第三层级是向广大中小企业提供股权融资的交易市场（OTC）。美国这种多层次的证券市场构成一个金字塔结构，位于底层的 OTC 市场的公司数量最多，而且各个层次市场之间不是孤立的，而是有上下变动的通道。上市公司一旦满足上一层市场的准入要求，就可以选择摘牌进入更高的层次。层次分明的市场结构和严格的升降板制度，一方面给很多高成长企业提供多元化的股权融资渠道，另一方面确保了美国资本市场上公司的质量。

（二）政府主导下的日本科技金融发展模式

日本是一个高度重视 R&D 投入的国家。1960 年，日本制定了"振兴科学技术的综合基本政策"，提出要力争将国民收入的 2% 用于科研。1971 年，日本提出的目标是将国民收入的 3% 用于科研。图 8-2 揭示了即使是经济处于低迷状态的日本，其研发费投入占国民收入及国内生产总值之比的实际增长情况。

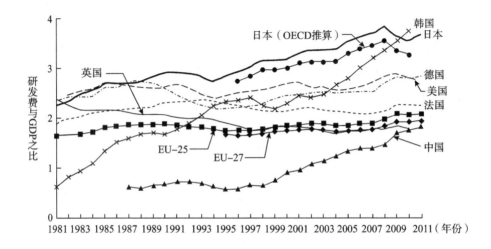

图 8-2　全球主要国家 R&D 投入强度对比

资料来源：新浪资讯。

图 8-2 显示，日本 R&D 投入强度领先于全球，特别是从 2000 年以来，R&D 投入强度始终保持在 3% 以上的最高水平，以至于 2000 年以来的 17 年间，日本共有 17 位科学家获得诺贝尔自然科学奖，平均每年一位，令世人惊叹。

日本紧随美国在 1963 年开始兴建科技园，日本科技园区建设分为两个模式，较为典型的一种方式是先在城市选取一块适合开发建设的土地，将地区基础设施建成后积极推动大学和企业科技研究所等搬到该地区，吸引科技人才，进行协同创新研究。还有一种模式也是日本首创的，在边缘和经济落后的地区建立科技研发孵化基地，用来推广最新科技的产业化，推进落后城市或地区的科技发展。

1. 政府对科技金融的支持政策

对于科技产业的金融支持，日本政府主要是通过利率政策，营造宽松的投资环境。为降低投资成本，日本实行给科技型中小企业贷款提供低利率，资产抵押政策放松，激发了企业的投资热情，也使其在国际竞争中占据优势。其次，在财政政策上予以倾斜。给予金融机构风险保证金，贴息政策，采取对科技企业减免税政策，为其提供稳定的长期贷款，并给予贷款补助金，降低门槛为其发放某些特殊产业进入的许可证，保证贷款信息对称，国家还拨出一定财政补贴专门用于项目研发的补助。同时根据"构思阶段技术开发补助金制度"设立了高达 5.15 亿日元的基金，用以补贴中小企业的技术创新。此外，在信息技术企业实行特别折旧制度及 IT 投资优惠措施，增进企业对新兴装备的升级，同时使得企业的折旧资金不断增加，对扩大再生产、促进经济的增长起到了巨大的作用。

2. 政策性金融促进科技金融发展

第一，日本成立了多个专职的政府机构，大力支持科技金融。日本政府于 1948 年建立了一套完备的信息网络，国家设立了中小企业厅，各级行政区域设立了中小企业局以及中小企业科，为中小企业提供了一个良好的技术和资金信息平台，促进了科技与金融有效结合。第二，日本建立了一系列政策性金融机构，促进科技金融的发展。其中针对科技型中小企业的有 6 个，分别是中小企业金融公库、国民金融公库、工商合作中央公库、中小企业信用保险公库、日本开发银行和北海道东北开发公库，这些机构长期为科技创新企业提供优惠、稳定和安全的贷款。此外，日本构建了完善的法律体系，促进科技金融的发展。颁布了《国民金融公库法》《中小企业金融公库法》和《日本开发银行法》等，为政策性金融的发展提供有效的法律保障，使科技与金融良好地结合，科技型中小企业健康地成长。

3. 金融中介对科技的资金支持

首先是商业银行对科技的资金支持。由于日本特殊的银行偏向型金融体制，银行系统的融资支持是科技型企业最直接和快捷的融资渠道。日本商业银行体系是以银行这类大型金融机构为主，以信用组合和劳动金库及地方银行为辅的小型金融机构并存。其中城市银行业务范围以大城市为基础，在全国设有众多分支机构，放宽对象偏向于大企业，为大企业的科技创新提供融资服务；中小金融机构业务范围以二级城市为主，分支机构较广泛，为中小企业的科技创新提供金融服务。可见，日本的银行体系为大型企业和中小企业的科技创新均提供融资服务，从而促进了科技金融的发展。其次，信用担保和贷款保险公司对科技的资金支持。日本中小科技企业的贷款既可以得到政府可靠信用担保的支持，又可以得到保险公司的保障。日本政府建立了中央和地方两级担保的信用补充制度，被称为世界上最完善的信用担保体系，这是日本金融机构对中小企业贷款的重要保障。日本担保体系风险分担、风险补偿机制到位，形成了有效的担保和再担保相结合的双重担保制度（见图8-3）。日本中小企业贷款保险公司（JCIC）由通产省和大藏省共同管理，为中小科技企业的科技创新提供了覆盖率高、总量巨大的贷款保险。JCIC还为信用担保公司提供贷款，增加其资产，通过杠杆效应为更多的中小企业提供担保。这些保障措施使中小科技企业的融资环境大为改善，因为有了政府的参与，即使信息不对称，银行也愿意提供贷款。此外，保险具有风险事件发生概率低的特点，中小科技企业为其贷款进行保险甚至再保险，比信用担保成本更低，从而降低了融资成本，增强了企业的融资能力，促进了科技和金融有效结合。

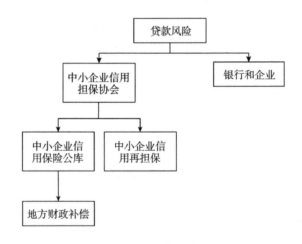

图8-3 日本担保体系的风险控制机制

4. 多层次资本市场对科技的资金支持

日本共有东京、大阪、名古屋、福冈、札幌五个证券交易所。其中，东京证券交易所、大阪证券交易所与名古屋证券交易所并列为日本三大证券交易所，且市场规模位居世界前三，成为日本最重要的经济中枢。2013 年成立的日本交易所集团将东京和大阪证券交易所合并，成为日本交易所集团的子公司。各家证券交易所均成立了创业板市场，分别是新 JASDAQ 市场、MOTHERS 市场、CEN-TREX 市场、AMBITIOUS 市场和 Q – BOARD 市场。其中，新 JASDAQ 市场与MOTHERS 市场是全国性的创业板市场，影响力较大。

5. 风险投资市场对科技创新起到了巨大的推动作用

日本风险投资市场发展较快有以下几方面原因：首先，政策的大力支持。日本于 1951 年成立风险企业开发银行，向高新企业提供低息贷款；1975 年，建立风险投资公司和研究开发企业培植中心，为风险企业提供债务担保；1995 年，制定《中小企业创造活动促进法》，促进各产业技术创新；1997 年，制定《天使投资税制》，使个人资本、外国资本和养老基金进入风险投资领域；2005 年，形成《关于促进中小企业的新事业活动的法律》，引导风险资本投向高新技术产业。其次，风险投资的方式、领域和阶段。风险投资对企业只输入资金，并不进行经营管理的指导；投入领域多为风险较低、收益较稳的传统行业；投入阶段多为成熟期的企业，随后，开始向种子期和创业期的企业投资。此外，公开上市和并购成为风险投资的主要退出渠道。调查表明，日本有 30% ~ 40% 的风险资本以IPO 的方式退出，以并购方式退出的企业比例上升为 30%。总之，完善的风险投资市场为科技产业的发展提供了充裕的资金。

（三）全能银行下的德国科技金融发展模式

目前，德国金融体系具有全能银行特征。全能银行不受金融业务分工限制，既提供传统的商业银行业务服务，又全面经营证券、金融衍生品、保险业务和其他新兴金融业务，同时还可以开展实业投资业务，持有非金融企业的股权。德国以全能银行为基础的金融体系模式，为企业建立稳定的所有权结构和控制权结构奠定了基础，促进了银行资本和产业资本的有效结合，有利于产业结构的优化升级。

1. 政府推动政策

（1）法律环境。德国积极打造有利于科技研发的制度环境，于 1957 年制定了《反对限制竞争法》，实行中小企业登记制度，鼓励中小企业联合，支持科技型中小企业参与市场竞争。另外，德国政府给予科技企业很多财政补贴，例如德国政府设立中小企业研究与技术专项基金；对投资东部提供总投资额15%~23%的补贴；对开发新产品的中小企业给予50%研究经费的补助。

（2）政策性金融。德国的政策性银行实行国家担保，且不上缴利润，它对企业的支持体现为以下两点：第一是对企业进行扩大再生产和技术研发的贷款给予优惠利率，降低企业成本；第二是负责管理发放政府对企业的补贴和基金。德国复兴银行和平衡银行是政府政策性银行，核心职能就是落实扶持中小企业的金融政策。此外，德国政府重视推动直接融资的发展，并积极参与投资建立了多个风投公司。

2. 银行控制下的风险投资市场对新技术企业的作用

鉴于风险投资对一国科技进步的重大推动作用，德国政府实施WFG计划，并于1975年成立了德国风险投资公司。该公司负责为科技产业提供资金，用于企业的科学研发和科技产业化，政府承担3/4的投资损失。德国WFG计划允许企业家以成本价加上合适的利润回购企业。通过这样的激励政策确实取得了一些成功的案例，但这样的运作模式并不是真正的风投机构。1980年后，德国风投市场加速发展并逐渐成熟。德国风险投资市场有其自己的特色：

（1）德国"风险投资"的内涵相比其他国家更为丰富，基本涵盖了科技金融的多种模式：第一，银保类金融机构合作成立产业投资机构，主要业务范围是成熟产业和制造业的技术研发；第二，地区性银行之间相互合作建立小型的风投公司，为本地区的企业提供金融服务；第三，由联邦政府、国有保险公司和信贷机构创办的MBG公司，为地区内较大规模的企业提供资金支持，部分地区的MBG也对初创期的科技企业进行投资；第四，由工业资本和金融资本成立的风险投资公司，主要为新兴科技型小企业提供风险资本；第五，种子资本公司，专门为初创的高科技公司提供启动资本。

（2）在资金来源上，银行和保险公司提供了绝大多数的风险资本。

（3）在退出机制上，德国的中小企业主对上市并不热衷，因为担心失去企业的控制权，且管理成本和上市费用高昂。而对于风险投资家来讲，对有市场潜力的企业投资他们并不急于套现，而是希望通过长期持有获得较高的持续性回报。

3. 信用担保和信贷市场占据主导地位

全能银行制度下的德国银行有向当地中小企业提供资金的传统，平均来讲企业总债务的 48% 是银行贷款。这些银行与企业保持长期的合作关系和良好畅通的沟通机制，同时银行还参与企业大部分的重要决策。同时在信用担保政策方面，政府和各州都成立了担保银行，最高提供贷款总额 80% 的担保。此外，政府还设立"欧洲复兴计划特殊产业基金"，新成立的中小企业尤其是科技企业可以向银行贷款的方式获得资金援助。

4. 资本市场逐渐受到重视

德国的股票交易市场由三部分组成：正式市场（Amtlicher Markt）、半正式市场（Geregelter Markt，主要交易小市值股票）和 OTC 市场（Freiverkehr），主要由德国证券股份有限公司（Deutsche Brse AG）负责运营。德国主要的股票交易所都坐落于法兰克福，其余的交易所较为分散，主要是一些私人交易所，所占份额也很小。德国 2015 年底股票市场总市值为 17158 亿美元，上市公司数量为 619家。相对于股票市场，德国债券市场规模较大。2015 年，德国债券市场规模为30461.6 亿欧元。

二、科技与金融结合创新模式的国内经验

在我国，政府一直重视科技型中小企业的发展，2006 年，国务院及相关部门颁布了《国家中长期科学和技术发展规划纲要（2006～2020 年）》，从多方面解释了科技创新与金融创新之间的密切关系，明确了发展中国家的创新目标，提出首先要大力发展科技创新，其次要发掘金融创新，重点是加强科技与金融结合的创新，形成一个稳健的科技金融体系。从《促进科技和金融结合试点方案》来看，国家采取的是一种渐进式的改革发展方式，选择国家高新区、国家自主创新示范区、国家技术创新工程试点省（市）等科技和金融资源密集的地区先行先试，经过这些年的探索，各地也形成了一些宝贵的经验财富。

（一）中关村科技金融发展模式

在我国，银行与非银行金融机构的服务还处于表面合作关系，各类金融机构接受不同的政府部门监管。但在中关村科技园区的建设中，可以看到金融资源的整合和集成得到初步实现，各金融机构之间有机会进行合作交流、取长补短，分散风险实现共赢，是金融成就了中关村科技产业，也是科技产业的多元化金融需

求倒逼了金融机构实现集成化的服务。

1. 专营化科技银行

2013年8月，中关村银行开始筹备申请。当时，中关村管委会发布了《支持中关村互联网金融产业发展的意见》，其中包括支持中关村企业发起设立中关村银行。中关村管委会对其的定位为科技银行、互联网银行，由众多民营资本发起并参与、风险自担的民营银行。设立以科技银行为定位的中关村银行，既是弥补现有银行体系及功能不足、进一步缓解科技型中小企业融资难问题的迫切需要，也具备盘活存量社会资金、释放示范区金融资源的现实可行性。

2. 银证合作

银证合作是科技金融发展模式中的典型代表，含义指以银行为代表的间接金融体系与以证券投资机构为代表的直接金融体系发挥各自比较优势、充分融合，共同带动新兴产业的发展。我国商业银行法规定商业银行不得向非金融机构进行股权投资，因此银行采取"股权＋债券"的投贷联盟模式在具体操作中没有固定的规范。中关村银证结合的实践特点表现为以下几方面：银行向获得创业投资的机构提供开户和基金托管服务；银行直接将信贷资源投放于创业投资机构；银行利用创投机构的专业化水平向获得创业投资机构投资的科技企业提供融资服务；创业投资机构配合银行的信贷资源为科技企业提供融资以外的服务。如其与银行签订债权转让协议或股权认购协议，一旦贷款出现风险，则由创业投资机构回购债券或者股权，通过债券转股权等创新金融形式加强对科技企业的资金支持力度。

3. 银保合作

保险公司与银行的合作主要表现在开发新型的保险模式以及科技保险的险种方面，以此推动科技企业贷款保险业务的发展，拓宽企业融资渠道。中关村保险公司根据市场需求，积极研发适合科技产业需求的险种，加大对科技产业的特点以及风险点的把控，为园区企业生产的产品市场推广和对外合作提供坚实后盾，为财政与民间资金、股权和债权融资、直接和间接融资的结合打下坚实的基础。

在中关村科技园中，银行与保险公司可采用信用保险与贸易融资相结合的模式。其中保险公司和银行利用比较优势进行分工，保险公司通过自身专业手段为信用不达标的科技企业进行信用增级，帮助企业达到银行的信贷标准，之后企业以真实的贸易背景为依据向银行申请贸易融资，从而获得银行的信用贷款，解决银行传统方式中要求抵押物的特权。

4. 银行与担保公司合作

相对于银行而言，担保公司的准入门槛较低，反担保物多样化，风险处置措施灵活高效，在促进科技园的成长中起到特殊的作用。但同时，担保公司存在无法有效监控企业与个人之间的结算往来，无法查询企业的银行征信记录等缺陷，在业务拓展和风险控制方面先天不足，这为"银行＋担保"合作模式提供了可能性。例如，银行与担保公司之间的合作除了传统贷款担保业务外，还开展了多项创新业务的合作，如设立担保基金，开展反担保和民间互保业务，形成企业、银行、担保公司、民间资金、政府共同分担风险的机制。担保公司还成立了专业化小微企业服务团队，与合作银行、投资机构专项从事"微金融"服务，服务对象以列入政府名单的高成长小微型科技企业为主，为其提供小额流动资金贷款担保。担保公司还与知名外资银行展开合作，充分发挥外资银行在国际贸易上的优势地位，在企业国际贸易活动中提供进口信用证担保、招/投标保函担保、履约保函担保、留置金保函担保等服务。在中关村，政府在完善的信贷担保体系中的重要措施就是政府设立政策性担保机构。政府出资设立的担保机构更具有权威性，对于解决科技型企业的融资问题更加有效。

5. 设立科技型企业创业投资引导基金

为了撬动民间资本到中关村投资，中关村管委会还特别设立了"中关村科技园区创业投资引导资金"，该基金主要是通过投资创业投资机构来间接投资新兴企业，并不直接参与市场竞争机制。创业投资引导资金的运作将采取以下两种模式进行运作：第一种是委托已认定的创业投资机构进行投资，第二种是委托有限合伙制的创业投资机构进行投资。

（二）上海张江科技园区科技金融发展模式

上海张江科技园区创建于1992年，经过20多年的发展，张江园区科技人才聚集、创新氛围浓厚，吸引了众多大型和中小型科技创新企业。2011年，上海科技厅等出台了《关于促进科技和金融结合加快实施自主创新战略的若干意见》，同时根据"十二五"规划的创新驱动目标，张江园区努力朝着科技创新先导区、新兴产业聚集区、创业争先活跃区、科技与金融结合区大幅度迈进。

1. 科技信贷服务

早在2011年，张江集团和中国工商银行、交通银行联合向张江园区内的科技型中小企业推出了 5 个特色的金融服务产品，分别为"未来星""启明星""科技支行""科灵通"和"投贷宝"，还为科技企业提供了专业性的融资服务。2012 年，交通银行携手张江园区探索科技金融创新之路，构建了"一个基地、一个中心、一个产品、五大试点"的新模式，推出了金融产品"科灵通"。2013 年，宁波银行、兴业银行、上海农商行纷纷为张江园区内的高科技企业创立特色的金融服务模式和创新产品。2014 年 4 月，《上海张江国家自主创新示范区促进科技型中小微企业融资资助办法（试行）》出台，支持张江示范区内科技型中小微企业使用多种金融产品获得发展资金。

2. 科技担保机构

上海担保行业的发展有十多年历史，其中科技担保是一种新兴的融资渠道，规模不断壮大，拓展了科技园区科技型企业的融资渠道。2013 年 1 月，上海浦东科技融资担保公司正式挂牌成立，这是上海第一家专门为科技中小微企业提供信用融资担保的公司。公司针对科技小微企业"短、小、频、急"的融资需求，提供信用担保、天使投资、企业上市辅导服务、融资咨询等全流程、定制化、创新性的融资服务。同时，上海市再担保公司推出"增信贷"产品，为科技型中小企业"增信"，有效降低科技企业的融资准入门槛。

3. 商业银行科技支行

科技支行是隶属于商业银行的主营科技型中小企业贷款的专营支行或分行。经过数年的探索，上海银行业科技金融专业化机制已初步建立。截至 2017 年末，辖内科技特色支行 89 家，较 2016 年末增加 12 家，增速为 15.59%；科技金融从业人员 1483 人，较 2016 年末增加 129 人，增速为 9.53%；上海辖内共有挂牌科技支行 7 家，较 2016 年末增加 1 家；7 家科技支行的科技企业贷款余额为 97.34 亿元。上海张江科技园区吸引了多家科技支行的入驻。如交通银行科技支行、浦发银行科技支行和上海农商银行科技支行等。这些科技支行通常将信贷的全流程整合到科技支行，并授予它一定的审批权限，为小企业提供授信审查审批"一站式"服务。

4. 科技小额贷款公司

张江小贷是上海 2008 年成立的第一批 8 家小额贷款公司之一。成立以来，张江小贷形成了独具特色的贷款模式。张江小贷 60% 以上的贷款以信用贷款的形式发放，服务对象定位于刚起步的科技企业；张江小贷在遵循主动服务园区内企业的理念下，在公司平台上已累积了大批园区内外的各类资本和服务中介机构，公司的服务能力和服务效率处于不断提升的进程中。为了更好地服务于科技型中小企业，2017 年 5 月 25 日，经上海市金融办核准、上海市工商局核名变更，原上海浦东新区小额贷款股份有限公司正式更名为"上海浦东新区张江科技小额贷款股份有限公司"（以下简称"张江科贷"），成为上海首家且唯一一家科创小贷。张江科贷于 2016 年底正式发布了一款全新的科创金融产品"融未来—投贷联动"，针对有过投资机构投资的科技型中小企业，在下一轮融资前，以科技贷款的形式，帮助企业提升估值。目前已有超过 15 家科技型中小企业享受到此项产品的服务。

5. 科技金融服务平台

为缓解中小微企业融资难，加速科技成果转化，1988 年 4 月，上海市科技创业中心成立。该中心努力营造良好的创新创业环境，逐步实现了上海科技创新创业服务全覆盖。2013 年 4 月，上海市科委依托市科创中心搭建了上海市科技金融信息服务平台。上海市科技金融信息服务平台为科技型中小企业提供科技贷款、股权融资、资本市场、科技保险、政府专项资金等信息或申请服务，也为注册的金融、投资机构提供科技企业贷款、股权融资对接和信息查询服务。上海市科技金融信息服务平台试运行期间，已与 15 家银行、31 家投资公司、8 家投资咨询服务机构共 54 家金融机构建立了合作关系。为保证科技金融服务平台线上线下部分的有机融合，上海市科委设计了一整套服务联动机制，依托上海市科技创业中心组建了三支队伍：一支覆盖全市 17 个区县和 89 个孵化器的 120 人"科技金融专员"队伍；一支 70 人的科技、信贷、投资、上市辅导专家队伍；一支来自银行和金融机构的 43 人科技信贷员队伍，网上网下有效贯通科技金融服务。2017 年上海科技金融工作取得新进展，得到了新发展。科创中心完成"3 + X"科技贷款总额 37.48 亿元，同比增长 28.4%，贷款企业 630 家，同比增长 7.5%，其中，科技履约贷实现贷款 22.02 亿元，其 25% 获贷企业是首次申请银行贷款。科技贷款支持一大批科技中小微企业快速成长。在科技贷款支持的企业中已有 4 家企业上市，39 家企业提交 IPO 材料或在市证监局辅导备案，220 家企业已在新三板挂牌（见表 8 - 1）。

表 8-1 2017 年 5 月科技贷款完成情况统计

科技信 贷产品	2017 年 5 月		2016 年 5 月		2017 年 1~5 月累计	
	信贷额	贷款家数	信贷额	贷款家数	信贷额	贷款家数
科技履约保	5900	16	12700	34	52530	139
小巨人信用贷	1380	3	1316	3	5680	11
科技微贷通	400	2	400	3	850	6
创投贷	300	1	2050	3	2100	4
合计（含其他）	7980	22	16466	43	61160	160

资料来源：上海市科技金融信息服务平台。

（三）武汉东湖高新区科技金融发展模式

武汉东湖高新区是全国首批国家级高新技术开发区，园区内科技金融体系已初具雏形，金融支持示范区建设工作呈现出起步良好、扎实推进、创新活跃的态势。

1. 建设多元化的科技金融体系

东湖高新区科技金融体系主要包括：信贷类机构、投资类机构、区域性的资本市场与要素市场以及担保类机构。其中，信贷类机构主要包括各类大中小型商业银行及部分小额贷款公司等贷款机构；投资类机构主要包括各类风险投资基金、产业投资基金、信托投资计划以及小型私募投资计划等；区域性资本市场与要素市场则含有地方产权市场、场外股权交易市场以及技术交易、产权市场等；此外，还有为企业融资服务的各类中介机构。这些机构、市场、中介等要素构成各层次的节点，形成一个立体的科技金融体系。与此同时，此类金融体系各要素表现出一定的趋势与特征。当前，金融机构设立分支机构趋势明显，就武汉市而言，银行金融机构在示范区内设立分支机构的已达 15 家，且信贷类机构正逐步尝试向科技专营机构转型；风险投资机构增长迅速，仅在高新区注册的风险投资机构已超过 15 家，注册资本达 42 亿元；区域性资本市场与要素市场则主要集中在武汉光谷联合产权交易所，技术产权、排污权和企业产股权等都可以在此通过竞价方式进行交易；担保类机构承担为区内企业贷款和发行债券提供担保的责任与义务，也为大中型企业提供过桥资金等。目前主要包括高新技术产业投资担保有限公司、东湖创新科技投资有限公司、高科农业集团有限公司。

2. 开展丰富的科技金融创新产品

科技金融产品的创新主要集中在直接融资、间接融资方面。在直接融资方面，高新区内的科技企业可利用主板、中小企业板、创业板和海外资本市场等市场融资，还可以通过银行间市场的创新性债券产品和各类股权投资基金融资。截至 2016 年底，光谷上市公司达到 36 家，累计实现资本市场融资额超过 800 亿元，并以每年 200 亿元的速度增长。在光谷，集聚各类金融服务机构超过 1000 家。在股权融资方面，武汉东湖高新区积极鼓励和引导风险投资参与"武汉·中国光谷"的建设。武汉东湖高新区管委会、国家开发银行和华中科技大学共同组建了资产规模 10 亿元的光谷创业投资基金。在债权融资方面，为缓解中小科技企业"融资难"问题，园区搭建了以东湖开发区生产力促进中心和武汉科技创新投资公司为借款平台、以武汉科技担保公司为担保平台、以武汉民营科技实业家协会为资信平台的科技投融资管理服务体系。在间接融资方面，较为突出的是知识产权质押贷款和股权质押贷款，光大、中信、农行、汉口银行和农商行等五家银行机构分别与示范区内 13 家高新技术企业签订了 3.9 亿元专利权质押贷款授信。

3. 建立合理的科技金融融资补偿机制

对于科技金融运行的机制建设，东湖高新区建立了中小企业融资担保机制，可以增强国有担保平台的担保能力，鼓励社会团体、协会、企业和自然人组建中小企业互助性融资担保机构以及担保基金，鼓励其能够有效创新中小企业融资担保方式。同时也已建立中小企业融资性的补偿机制，通过风险补偿的中小企业融资基金补偿中小企业的贷款风险、担保机构的风险和创业投资风险。与此同时，金融机构与政府及相关部门之间相互合作的运行机制也在建立之中，通过政府部门或有政府背景的公司在科技企业与金融机构之间搭建桥梁，降低银行风险，促进银行加大对科技企业的信贷支持，逐步形成"银行 + 科技推荐 + 财政贴息 + 高新企业""银行 + 产业引导基金 + 高新企业""银行 + 担保基金 + 科技企业"等多种联合信贷模式在高新区内兴起，呈现良好的发展态势。

4. 加大财政投入支持力度

武汉市政府在 2008 年出台的《关于进一步发挥财政支持经济发展专项资金作用的意见》中规定，"各专项资金用于贷款贴息和委托投资的比例原则上不得低于资金总额的 50%"。由此看来，武汉市一半以上的科技三项经费中用于科技贷款贴息、科技投资以及科技担保和保险服务。通过调整财政科技投入的方式，在市本级科技三项经费中，每年有 2.5 亿元左右的经费通过贷款、投资、贴息等方式，带动 9 亿元左右的资金投入到支持产业中，以带动企业发展，武汉市科技投融资体系的建设速度得到了快速提高。另外，东湖高新区有最大的税收扶持力度，截至 2017 年 10 月，高新区享受高新技术企业优惠政策的共 247 户，享受研发费用加计扣除优惠政策的有 559 户，共减免税收 60 亿元。

三、内蒙古自治区科技与金融结合的机制创新模式设计

综合国内外科技与金融结合的模式来看，集中体现在财政科技（含财政补贴）、科技信贷、科技担保以及创业投资等方面，尤其是科技信贷方面主要采取的是组建科技银行模式，设置在科技园区，取得较好的成功经验，并得到迅速推广。2016 年 6 月，包头市获批国家第二批科技金融结合试点城市。在试点期内，科技部、中国人民银行、银监会、证监会和保监会等五部委要求试点地区着重推进创新科技投入方式与机制、完善科技金融组织体系、深化科技金融产品和服务创新、拓宽科技创新发展的融资渠道、创新科技金融市场体系、加快推进科技保险发展和充实科技金融服务体系。按照此要求，为了探求科技与金融结合的内在机制，结合内蒙古自治区当前科技与金融结合的现状、国内外科技与金融结合的经验和启示，内蒙古自治区科技与金融结合的机制创新模式应从以下三大方面构建。

（一）科技金融创新要素服务平台模式

从科技金融的参与主体来看，科技金融体系是在科技金融环境下，由科技金融需求方、科技金融供给方、科技金融中介机构、政府和科技金融生态环境等科技金融要素构成的综合体。构建科技金融创新要素服务平台，是一个以信用平台为基础、以投融资平台为主体、以中介服务平台和信用担保平台为两翼的科技金融服务平台，以满足本地区科技型企业金融服务需求，实现科技与金融的高效对接。纵观国内外组建的各类科技金融服务平台运作来看，凭借着互联网技术，集中发挥了三大功能：科技创新投融资功能、引导与催化功能和综合服务功能。

1. 科技创新投融资服务功能

组建的平台可充分利用政府、科技、招商、财政等部门与金融机构的密切合

作关系，按照国家促进科技创新型企业发展的政策，深入了解科技型企业的资信状况、盈利能力、技术水平、市场前景和发展潜力等方面的情况，全面构建科技大数据和信息云端，寻找优质的科技企业和科技创新项目，及时推荐给投资机构和金融机构，投资机构和金融机构通过平台将融资业务品种介绍给企业，并根据科技企业的需求创新融资服务，提供存款、贷款、结算、担保、股权投资、融资顾问等方面的服务，通过投融资平台的服务功能实现资金需求方和提供方的无缝对接。

2. 科技创新引导与催化功能

除了财政科技和科技信贷介入外，科技投融资平台中的风险投资基金、中小企业担保机构和小额贷款机构优先选择区域内的高新技术企业，充分运用现有资金，通过参股、贷款、担保等方式支持高科技成长型企业。平台特别注重有针对性地在高科技企业初创期和发展期给予资助，强化天使投资角色，体现科技投融资平台的引导功能。同时，通过科技投融资的放大和拉动效应，使有限的科技投入发挥"四两拨千斤"的作用，以激活更多的社会资本、民营资本进入到科技创新领域。

3. 科技金融综合服务功能

每一次金融危机引发的科技创新浪潮与产能过剩现状倒逼传统金融机构转型的周期性演变，正是科技与金融结合的历史性机遇。金融机构转型发展迈向科技创新领域，无疑是金融业务新的利润增长点。但是，基于传统金融机构的谨慎原则和科技创新的高风险、高投入的不匹配性，导致科技与金融难以对接。为此，组建的科技金融服务平台，在整合所有的资源和完善的信用体系下，聚集了银行、证券、保险、基金、信托等各类金融机构，在为科技型企业提供全面综合金融服务的同时，还有助于金融机构之间业务的合作和综合化发展，有效地分散了高科技带来的高风险。尽管中国金融业仍然延续着分业经营的模式，但银行、证券、保险机构之间的交叉持股和业务合作已经启动，与国际经营模式接轨已是大势所趋。

采取科技金融创新要素平台模式的核心是以区域经济为基础，由政府引导组建，是各类银行机构、风险投资机构、担保公司、行业协会、科技园区以及专业融资中介机构组成的集合体，为区域内的高新技术企业提供风险投资、贷款担保、资金融通、引进战略投资者、上市融资等系列化的专业融资服务，解决高新技术企业融资难问题，促进区域内科技与金融的有效结合，最终实现本地区科技创新的全面发展。

（二）科技金融期权模式

本模式的设计理念是嵌入金融期权（股权投资）交易结构，以此深度反映科技与金融结合的内在机制。

科技金融的逻辑主线是"权益资本"加上"期权"的金融交易方式。科技金融在本质上是权益资本而不是债权融资，这样的交易有两个关键点：一是权益资本的剩余索取权可以为间接定价提供依据；二是围绕科技型公司的价值设置估值调整或风险控制的期权安排，即附加有超越价格协调机制的应对不确定型的契约安排，即期权。因此，按照科技金融权益资本的属性，在科技与金融结合的过程中，采取期权模式正是科技和金融结合内在机制的理论和现实反映。

科技金融期权模式可适用于科技信贷、科技担保、科技保险以及创业投资等科技融资渠道，各融资渠道可按照"风险—收益—流动性"的原则匹配，依据科技型企业的生命周期，分阶段设置估值调整或风险控制的期权安排，即在科技型企业发生风险后，即可转换为股权投资方式，执行期权合约。

（三）财政科技基金模式

财政科技的基本职能是发挥市场在科技资源配置中的决定性作用和政府的引导作用，在保证公益性、基础性研发投入的基础上，通过设立引导基金、投资基金等方式，吸引社会资金、金融资本参与和支持科技创新，提高财政科技资金的放大效应。财政科技的发展定位主要立足于重点支持基础前沿研究、共用技术研发和公益性项目以及支撑科技发展的重大创新平台、高端科技人才和团队；对重大关键技术研发、成果转化及产业化、市场化阶段的创新项目，采取无偿资助、贷款贴息、先导资金、后补助等多种方式给予支持，推动市场配置资源，共同促进科技创新体系的逐步建立。

按照财政科技的投资边界，充分发挥市场在科技资源配置中的决定性作用和政府的引导作用，财政科技的有效运作模式是采取科技创新母基金，运用创业投资引导机制，通过分级设立子基金吸引社会资金、金融资本参与和支持科技创新。模式设置见图 8 - 4。

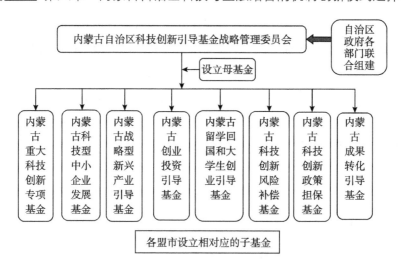

图 8-4 内蒙古自治区财政科技母基金设置框架体系

采取本模式要突出以下特点：一是充分发挥市场配置科技资源的决定性作用，由财政科技投入、金融资本、民间投资组建市场化运作的创业投资基金，交由专业管理团队进行投资运作，可改变以往政府组织选项目、评项目、管项目的立项资助模式；二是充分发挥中央财政的引导和放大作用，加强中央与地方政府设立引导性基金的合作，建立中央和地方联动机制，强化对各类民间投资的引导带动；三是充分发挥对促进科技成果转化的推动作用，着力推进由财政性资金形成的科技成果转化应用；四是充分发挥对突破科技企业融资难、融资贵的积极作用，增强对科技企业的直接投资能力，有效提高直接融资在企业融资中的比重，为科技创新营造良好的投融资环境。

四、内蒙古自治区科技与金融结合模式运行的政策措施

党的十八大以来，内蒙古自治区改写了没有国家重点实验室的历史，成功培育了自治区首家学科类国家重点实验室和 2 家企业国家重点实验室。呼和浩特金山开发区、鄂尔多斯开发区晋升为国家级高新技术开发区，形成呼包鄂国家级高新技术产业片区格局；高新技术企业达到 532 家，是 5 年前的 3 倍；开创性地建成了具有内蒙古自治区特色的新型研发机构 47 家；注册登记的院士工作站达到

147 家。全区各类国家级科技创新平台载体绝大多数是在党的十八大之后实现升级。五年来，自治区年度研发经费投入总量由 2012 年的 101.45 亿元增长到 2016 年的 147.51 亿元，年均增长速度达到 9.8%；高新技术产业增长对经济增长的贡献率达到 58.11%，跃居西部十二省市自治区第一位；劳动生产率达到 15.9 万元/人，位居西部十二省市自治区第一；全区专利申请量首次突破 1 万件大关，是 5 年前的 2.78 倍，PCT 国际专利受理增长率指数位列全国第 5；年技术合同交易总额达到 144.2 亿元，是 5 年前的近两倍。

走进新时代，新一轮科技创新号角声声，鼙鼓阵阵，内蒙古创新驱动发展深入破题的路径需要呼之而出。

（一）完善科技创新与金融结合的政策环境

1. 完善相关政策法规　强化政策落地

在金融发展支持科技创新的体系中，政府是特殊的参与主体，担当了科技创新主体、金融支持主体、金融中介机构三个角色。不论是科研开发，还是实验生产都离不开政府的支持。目前，内蒙古已出台了相关的政策法规和财政科技支持政策，但这些政策的系统性、全局性较差，且实际操作较为困难，已经不能适用于内蒙古目前的金融形势与科技现状。因此，内蒙古政府首先要完善多元化投入激励政策。健全财政科技资金以股权投资、贷款贴息、风险补偿、债权融资、保险资金等市场化手段支持技术创新的机制。制定金融支持科技创新的实施意见。金融机构要对创新型中小微企业进行差异化信贷管理。设立专营科技信贷事业部，引导社会资本积极参与企业技术改造升级，加大企业资产折旧力度。在自治区科技协同创新基金中设立天使投资基金、创新创业基金，开辟科技成果转化板块。引导鼓励金融机构积极向高新技术产业开发区科技型企业提供多元化的融资支持。实施企业研发准备金制度，对其研究开发投入予以一定比例的事后支持。在内蒙古股权交易市场启动科技创新板，拓宽科技型企业融资渠道。重点支持科技型企业挂牌上市融资。其次，出台科技创新税收激励政策。认真落实高新技术企业所得税优惠、技术转让所得税减免、固定资产加速折旧、企业职工教育经费扣除等优惠政策。落实国家有关完善激励企业研发的普惠性政策，优化企业研发费用加计扣除政策办理流程。落实增值税起征点和小微企业税收优惠、技术市场税收扶持政策，积极引导企业成为技术创新投入主体。再次，需要构建完整系统的金融支持科技创新的法律制度、促进建立金融机构和科技企业结合的政策机制，对存在的不足及时修改完善，使相关主体（包括政府部门、科技企业、风投机构和担保机构）的行为方式法律化规范化。最后，政府要加强各个机构部门间的协调与合作，使科技型中小企业、科研机构、金融机构发挥各自优势，优化资源配置，实现资金、技术、信息的深度合作，从而进一步发挥金融资源促进科技创新的支持作用。机构之间的联动效应不仅可以把政府出台制定的政策法规落到实处，提高行动执行力，还可以让金融机构明确企业的资金需求，为企业及时解决融资难题和科技创新贡献力量。

2. 最大限度发挥财政的先导作用

近年来，内蒙古加大了对科技创新的投入力度，按照 2017 年 3 月内蒙古自治区人民政府办公厅印发的《内蒙古自治区贯彻落实〈国家创新驱动发展战略纲要〉实施方案》的要求，到 2020 年全区各级财政科技支出占财政支出的比重达到全国平均水平和 20 位之前；自治区直属国有企业年均科技投入要达到主营业务收入的 1.5% 以上，落实好承担自治区各类科技计划项目企业资金匹配的要求。但目前内蒙古自治区科技投入的比例相对较小。地方政府财政投入的作用和能力都有别于中央财政投入，中央财政主要对基础研究、公益性研究、航空航天、国防等战略性技术领域进行投入，而地方财政投入则应结合当地经济实际情况，根据当地产业升级改造、结构优化的特点，对这些密切相关的应用技术进行合理投入。由于目前内蒙古自治区经济基础薄弱、财政收入能力有限，所以要有选择地对科技进行投入，投入的重点首先应为科技基础设施建设等公共科技领域和高新技术领域，以及内蒙古自治区具有竞争优势的主导产业。因此，内蒙古自治区应该在现有财政能力基础上，加大科技投入力度。另外，在税收上应采取减免政策，通过税收政策调整能够一定程度上将科技创新成本降低，有利于加强企业产品创新等科技活动的积极性和主动性，从而促进科技水平进步。

（二）拓宽多层次金融支持体系，创新科技金融运行模式

1. 创新银行对科技创新的金融支持模式

为适应经济发展新常态，解决好资金投向哪里、资金从哪里来的问题，2017年 4 月，内蒙古自治区人民政府办公厅下发《2017 年金融支持经济社会发展融资工作方案》，目标是通过加大信贷投放力度，扩大直接融资规模，扩宽新型融资渠道，激发民间资本的积极性，为自治区中小企业级科技型中小企业的创新发展提供保障服务。

一是深化改革，进行产权创新，引入竞争机制，提高银行对科技创新服务的积极性和服务效率。银行组合现有产品，提高风险控制能力，发展为科技创新服务的专业人员和部门，规范操作，批量授信，提高资金使用效率。转变经营理念，创新金融产品，如提供无形资产担保、知识产权抵押、无抵押贷款、股权质押贷款等，延长科技创新贷款的还款期，鼓励企业以长期利益为目标进行经营。

二是根据科技创新产业的发展特点和融资需求，建立专门信贷系统，将科技创新公司的研发水平、发展潜力等无形指标纳入对其进行信贷考核时的衡量系统中。对科技创新企业进行贷款时，可以在对企业财务、人员、主营业务以及企业以往信用记录等情况进行综合考察之后，建立各个企业的综合信用评价系统。建立征信记录数据库，继而规范化地建立科技创新企业征信记录制度。这样就可根据征信记录对企业进行分类评级和差异化授信，既规范了信用评价流程，提高了信用信息的真实性，也节约了银行的成本和时间，提高了银行业务的效率。

三是加强银企合作。银企合作是有效促进科技创新的方式。但如何解决借贷中存在的信息不对称问题，应该得到妥善解决。如建立科技创新贷款风险保障机制。

四是与科技创新企业合作。银行可以直接与科技创新企业进行对接为其提供服务。例如，银行可以为科技创新企业提供财务管理、结算、现金存管等服务，监督企业运营情况，为其提供融资指导。对于风险较大、期限较长、数额较大的科技创新项目可由几个银行合作完成，共同承担风险和收益。

2. 培育科技银行

与政府配合建立专门提供科技贷款的区域性中小型银行。政府要在营业税、企业所得税方面提供税收优惠，开发科技银行的盈利模式，如采用浮动利率分享科技创新企业利润。区域性科技银行在为科技创新型企业提供服务时有诸多优势。区域性银行都是根据当地情况因地制宜而成立，能充分契合当地文化和习惯，与企业建立长期的合作关系，更好地操控贷款风险。科技银行具有规模经济效应，在给当地的科技创新型企业提供服务时有成本优势。同时科技银行所具有的专业化服务背景、技术和经验能为科技创新企业实现融资便利。区域性科技银行一般规模不大，权力机构的层次少，审批程序相对简易，而且自身掌握着各类贷款的审批权和发放权，提高了科技创新型企业融资的效率。区域性银行也为民间金融与科技创新型企业的对接搭建了一条正规且有效的桥梁，为民间金融支持科技创新开辟了渠道。

由于内蒙古自治区金融发展水平较为滞后，因此在培育科技银行的过程中要循序渐进，不能一蹴而就。首先，可以在现有的商业银行中选取试点银行，设立科技支行，尽早开展专门面向科技型中小企业的科技贷款业务。同时，政府应当制定相关政策和优惠措施以支持科技支行的发展。其次，在积累了一定时间的经验后，可参考硅谷银行的模式，在科技资源比较集中的地区设立专门的科技银行，以政府注资的方式，针对创新型高新技术企业的融资需求行为，为科技创新活动提供股权与债券相结合的多种融资服务。

3. 完善科技企业的信用担保体系

科技型中小企业规模不大，固定资产有限，很难获得银行科技贷款，此时，担保机构就需要发挥作用，为企业贷款提供担保。内蒙古自治区需要加大支持担保机构的发展，为担保机构提供补贴，促进资金向"引导投入"的转变，同时建立多层次的信用担保体系，使担保机构提高对科技企业的担保能力。

此外，担保机构还要不断创新业务种类，担保资产单一并不能满足科技企业的融资需求，可以通过专利权质押、仓单质押、股权质押等方式扩大担保种类，为更多有潜力的科技企业提供资金，对于科技创新实力强和市场前景好的企业实行担保政策倾斜，从而实现担保机构自身的盈利目标。最后，担保机构还可以和科技支行合作，推进"小微科技企业集合债""工投集合债"项目的试点与运行，最大限度地解决科技企业的融资难问题，传播科技与金融结合的正能量。结合内蒙古自治区的实际情况，应当由自治区财政厅和科技厅共同设立内蒙古自治区科技担保公司，政府部门给予科技担保业务一定比例的贴息政策，与科技担保机构建立风险补偿机制，提高科技型中小企业科技贷款的积极性。

4. 积极发展多层次的资本市场

党的十九大报告强调，深化金融体制改革，增强金融服务实体经济能力，提高直接融资比重，促进多层次资本市场健康发展。完善的资本市场具有价值发现功能，可以更有效地为科技创新项目配合金融资源。多层次的资本市场可以为科技产业化的各个阶段提供特殊的资金支持，为企业科技创新项目提供股票发行、债券发行、股权回购、兼收并购、资产清算等的交易场所，并为风险投资的增值和退出提供路径。

由于内蒙古自治区资本市场发展较为落后，因此科技型企业从资本市场获取资金的可能性较小。当前工作的重点是要对资本市场支持科技企业发展的目标进行科学的规划。首先，应当明确科技型企业的上市目标，并与证券公司、专业服务机构一起，对企业进行上市辅导，支持和帮助科技型企业建立规范的现代企业制度，加快其上市进程。同时，还应加大对承担国家、区级重大科技专项的高成长性科技企业上市的支持力度。其次，应当积极鼓励和支持科技型企业通过发行短期融资券、中期票据和企业债券，拓宽科技企业的直接融资渠道，增强其投资能力。最后，大力发展场外市场，尤其是知识（技术）产权交易市场、股权交易市场的规模化发展。从内蒙古自治区目前的资本市场来看，主板市场或创业板市场仅仅能为少数优质企业提供筹集资金和资本运作的需要，无法满足众多科技型中小企业的融资需求。而知识（技术）产权交易平台正是在多层次的资本市场尚未形成的情况下，为解决科技型中小企业融资困难、科技成果转化率低等问题而产生的。因此，内蒙古自治区应当建立和完善知识（技术）产权交易市场，通过该平台进行科技成果专利技术的转让、合作开发、技术入股等一系列知识技术产权的交易，从而使科技与资金在充分的市场信息环境中相结合，以促进科技成果的产业化进程。在知识技术产权交易市场的建设中，应当采取规范化与市场化相结合的对策：一方面，通过市场机制为知识技术产权进行定价，并鼓励建立为知识技术产权交易提供相关服务的评估机构、担保机构和信托机构等中介机构，以揭示知识技术产权的真实价格；另一方面，应当制定标准化的交易规则与制度，使知识技术产权定价实现规范化、标准化，保证知识技术产权定价公平合理。

5. 发展天使投资

天使投资是指富有的个人出资协助具有专门技术或独特概念的原创项目或小型初创企业，进行一次性的前期投资。它是风险投资的一种形式。实际上，许多促进社会及人类文明进步的科技创新都发生在处于种子期或是成长期的企业之中，天使投资的介入就是对其最好的支持。首先，天使投资人是拿自己的资金做赌注，如果投资失败，则血本无归，因此对于小企业的分析肯定更加严肃与科学，资金的使用效率也肯定比较高，同时由于是天使投资者本人亲自考察项目，对项目的筛选准确度也能得到提升。其次，天使资金大多来自民间，渠道比较广泛，规模也较大。最后，天使投资人大多是企业家、有经验的技术骨干以及各种复合型人才，在提供资金的同时，也能传授初始阶段众企业所急需的管理经验，使企业少走弯路。天使投资在内蒙古自治区的发展一直比较缓慢，完全由政府出资支持天使投资极有可能出现权力寻租的现象，这样反而变相提高了企业融资所需的成本。要想将天使投资这一行业发展壮大，必须拓宽渠道，让更多的民间资本、社会资本进入这个领域，政府可以从中牵头组织建立天使引导资金，通过风险共同承担的方式吸纳社会中的天使投资人共同创业，同时，内蒙古自治区政府对天使投资者实行政策优惠与税费减免并按照协议给予相应比例的匹配投入，原则上政府不应插手选择项目，应当是具有专业经验的天使投资者选择投资项目并制定相应的投资方案，并且经由第三方认可之后方可实施，退出机制在制定方案时也需要考虑到。天使引导基金运作模式如图 8-5 所示。

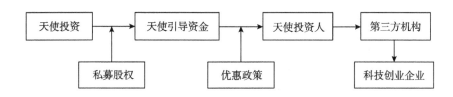

图 8-5　天使引导基金运作模式

6. 创新科技保险

科技保险可以为科技企业有效分散风险，创造优良的科技创新环境。2018年 1 月，太平科技保险股份有限公司开业，这是国内首家获准开业的科技保险公司。科技保险公司的成立，能使高投入、高风险的高新技术产业以及相关活动出现损失后获得补偿，让更多的资金、更多的人才在发展我国科技事业中充分发挥作用。目前科技保险虽能为科技创新型企业有效分散风险，但是基于科技的特殊性，科技保险的发展仍然存在不少问题。内蒙古自治区要扩大科技保险的支持范围，政府要逐步引导，加强宣传力度，同时鼓励经营管理体制完善的保险公司对科技企业投保，并适当给予政策优惠，完善科技保险保费补贴机制，支持企业购买科技企业产品研发责任保险、研发设备保险、出口信用保险、员工忠诚险等科技保险产品和服务。要鼓励保险公司开拓信用保险业务，充分利用信用保险的风险管理、信用保障、促进销售和融资推动功能。研究发展科技再保险，研究推动保险资金参与内蒙古自治区战略性新兴产业培育和重大科技项目投资。因此，保险公司要深入研究科技行业的风险特点，适时创新企业不同阶段的科技保险品种，为科技企业解决后顾之忧。

7. 充分运用互联网大数据平台

搞好科技创新体系建设既需要线下传统银行创新业务的支持，又要充分发挥互联网金融应用创新的综合优势，推动线上线下结合，传统模式和新兴模式相结合的模式，激发广大人民群众和市场主体的创业创新活动。运用互联网金融资源，运用好众创、众包、众扶、众筹"四众"新模式，加快线上线下融合，有效拓展创业创新与社会各资源、各需求对接，有效提升内蒙古自治区双创耦合的程度。

（三）培养科技金融创新人才，提高金融对科技企业的服务能力

党的十九大报告强调，人才是实现民族振兴、赢得国际竞争主动的战略资源。要聚天下英才而用之，加快建设人才强国，就要培养造就一大批具有国际水平的战略科技人才、科技领军人才、青年科技人才和高水平创新团队。科技金融的结合需要培养一支优秀的工作团队和专家队伍，具有风险投资、融资担保、小微贷款、科技要素服务等专业服务能力，这将为各项工作的开展提供有效的人力支撑，为自治区科技金融结合工作储备人才资源。目前，像内蒙古自治区这类经济金融发展欠发达的地区金融从业人员不少，但金融人才甚缺，既懂金融又懂科技的复合型金融人才更是稀有。在现阶段，建立一个适合于科技银行的专业团队是一个艰难和漫长的过程。首先，引进和利用外部团队。推行"人才＋项目＋平台"三位一体的引进培养模式。实施"草原英才院士引进培养计划"，实施高层次领军人才引进培养计划。健全高层次高技能急需紧缺人才引进绿色通道，在编制、住房、配偶就业、子女入学、职称认定等方面实施特殊政策。注重培养、引进青年拔尖创新人才和科研骨干，建立健全对青年人才普惠性支持措施，加大各类人才工程项目对青年人才培养支持力度。加强创新型企业家队伍建设，实施创新型企业家培养计划，依托国内外高水平大学、科研机构和跨国公司建设一批创新型企业家培训基地。结合内蒙古自治区已有的科技产业项目，实施高科技创新人才引进战略，吸纳外国专家学者、海外留学人员等优秀人才，并进行定期的人才培训计划，深挖科技创新思维。此外，建立人才的绿色通道，解决科技人才的

入户、住房、家人就业、社会保障等一系列问题，消除引进人才的制度壁垒。其次，培养内部人才。有针对性地招聘有理工科知识背景的从业人员，并进行专业化的培养，提升银行从业人员对科技型中小企业的风险识别能力。同时，加强对其信贷和投资专业的培养，更好地提升综合素质，从而更有效地建立起从事科技金融的复合型人才队伍。最后，内蒙古自治区可建立科技专家人才库，在科技部门和银监部门联合指导和大力支持下，遴选专业领域宽泛的、懂技术懂市场的科技专家，在银行贷款审批出现困难时，由这些专家提供技术咨询服务和专业指导，提升银行对科技型企业扶持的积极性和支持力度。另外，鼓励和引导企业积极参与高等学校、中等职业学校人才培养。有条件的高职院校可以本科高等学校通过合作办学、联合培养等方式，培养高层次应用技术人才。加强高等院校、科研院所、企业、基层及一线科技管理队伍建设，培养一支业务水平高、管理能力强、具有现代科学素质、创新意识和战略眼光的复合型、专业化、职业化科技管理人才队伍。

（四）创新科技金融服务内容和服务体系

创新科技金融服务内容和服务体系的重点是围绕金融服务与科技创新的目标制定配套政策、措施并组织实施。坚持以市场化为导向，以政府考核评价和政策支持为引导，设立专项资金专门用于奖励和扶持金融支持科技创新的突出贡献者和企业，补偿金融支持科技创新企业的信贷风险。创新"创投资金"的投入模式，充分放大财政资金对社会资本的撬动效应，鼓励金融机构创造条件开办科技支行或设立专门为科技企业服务的业务部门，积极开展服务和产品创新，形成符合科技企业发展规律的服务机制。

建立面向内蒙古自治区科技型企业的技术创新、推进自治区科技金融模式创新、增强自身服务能力的科技金融服务体系。设立专营机构，完善内蒙古自治区科技金融体系整合当前资源，成立科技金融投资公司，以此为基础，延伸科技投融资服务内容，最终形成股权投资、小微贷款、科技贷款、科技保险、科技担保要素服务、信息云储备等七大科技金融功能板块，实现内蒙古自治区科技金融体系的最优配置和良性循环。针对不同类型的科技型企业，根据其实际情况，量身打造专属产品，全力推动内蒙古自治区科技企业的创新创业。

（五）构建科技金融公共服务平台

内蒙古自治区科技创新与金融创新的协同发展不仅要有效地提供科技创新的相关信息服务，而且必须能够有效地提供科技金融的相关信息服务与支持。为有效整合内蒙古自治区的科技资源，加快创新型内蒙古自治区建设步伐，2014年，内蒙古自治区科技厅组织建立了"内蒙古科技创新综合信息服务平台"，该平台通过科技文献的共享、仪器设施的开放、试验基地的协作、资源条件的共用，为科技创新提供服务支持。该平台在促进产学研联盟，提升中小企业自主创新能力，降低创新成本，优化创新环境，加快科技成果转化等方面发挥了积极作用，但是该平台目前还缺少科技金融公共服务子平台，还不能为企业创新创业提供更多科技金融方面的信息服务和支持。为此，尽快建立科技金融公共服务平台已成为加快提升内蒙古自治区科技创新综合服务水平的必要手段之一。

1. 建立内蒙古自治区科技金融公共服务子平台

由于科技创新活动与科技金融活动密切相关，为了提高上述信息的集成性、有效性和实用性，建议在"内蒙古科技创新综合信息服务平台"上，构建集信息采集、发布、加工和管理功能于一身的"科技金融公共服务子平台"，以便为科技创新提供有效的科技金融服务支持。

2. 主动吸收科技金融主体要素加盟

由于科技金融公共服务子平台的建立及其平台公共服务作用的发挥都离不开科技金融各主体要素的参与，因此内蒙古自治区科技厅应协同财政厅主动邀请各商业银行、风险投资公司、有关行业协会、中介机构等单位加盟，共同创建内蒙古科技金融公共服务子平台。

3. 建立科技金融公共服务子平台运作规范

遵照"内蒙古科技创新综合信息服务平台"现行运作规则和总体要求，结合科技金融公共服务具体业务的实际特点和要求，建立一套先进、科学的科技金融公共服务规范，给出各项业务操作程序、要求和标准，以确保科技金融公共服务子平台能够有效运行。

内蒙古自治区科技与金融结合的机制创新设计

　　科技创新是创新驱动发展战略实施的核心内容，是"大众创业、万众创新"的本源。一国或一地区的科技创新程度取决于 R&D 投入的强度，凡 R&D 投入强度保持在 2% 以上，被认定为具有科技创新能力。然而，在全面推动供给侧结构性改革过程中，作为国家重要能源基地的内蒙古自治区，长期徘徊在 0.8% 以下的 R&D 投入强度严重制约了内蒙古自治区科技创新能力的提升。因此，通过机制创新，强化科技与金融的有效结合，实现全社会 R&D 投入的持续快速增长，是提升内蒙古自治区科技创新能力和推动供给侧结构性改革的有效途径。

　　本章给出的机制创新主要从科技与金融结合的平台机制设计、金融供给创新机制设计、财政科技引导机制设计三大机制进行研究。

一、内蒙古自治区科技创新与金融结合的平台机制设计

科技与金融深度融合的创新机制，最有效的结合路径之一是以"科技化的金融供给平台"为切入点，通过构建科技创新要素综合服务体系，实现金融资源的共享与合作，加快金融创新，提高科技金融资源配置效率，助推科技创新能力的提升，并进一步促进科技产业的发展和产业结构的调整。科技化的金融供给平台是一个新的金融业态，是建立在大数据背景下的、充分利用互联网信息技术的金融业态，是遵循资源共享模式下的科技创新要素整合系统。

为贯彻科技部和"一行三会"关于促进科技与金融结合试点的精神，按照内蒙古自治区科技厅、财政厅等相关金融部门出台的关于《推进内蒙古自治区科技金融结合工作的若干意见》，在自治区现有两个国家级高新区以及自治区级技术园区共建科技与金融综合服务平台。即通过三年的先行先试，基本建成功能较为完善的科技金融合作平台，形成以政府财政资金投入为导向，以银行、证券、保险、创投（含私募股权投资）、担保、信托租赁和股权交易等金融资源为支撑的金融供给体系，实现科技资源和金融资源深度对接，使各类高新技术园区成为自治区战略性新兴产业的增长极、经济结构转型和升级的主引擎、科技创新能力和成果转化的主阵地。该平台设计的基本思路见图9－1。

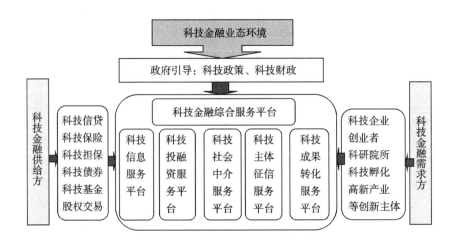

图9－1 共建共享型科技金融综合服务平台流程

本平台设计的基本思路是，在政府主导下，构建以科技政策和科技财政为引领的，以搭建科技信息服务平台、科技投融资服务平台、科技社会中介服务平台、科技主体征信服务平台、科技成果转化服务平台五大平台为主要内容的科技金融综合服务平台，全力打造"线上网络平台、线下服务载体、专业服务机构、政策制度安排"四位一体的科技金融资源共享服务体系。

构建五大科技金融综合服务平台需要创建以下四大创新机制。

（一）建立科技金融综合服务平台工作机制

实现科技金融深度融合，其核心理念是实现创新要素资源共享，为科技创新主体提供一个信息资源分享和供需双方便利对接的创新环境。基于政府在科技金融综合服务平台建设中负有直接主导地位，最大限度地消除科技创新和金融结合中存在的市场失灵问题，需要由财政、金融、科技等政府机构联合共建科技金融综合服务平台工作机制。为此，组建由政府部门主要领导牵头的科技金融领导协调小组，从科技金融财政政策制定、科技银行设置、科技保险产品创新设计、科技项目库和科技成果转化信息系统建设等多维要素整合进行顶层设计，尽快形成多渠道的资源汇集机制，加快建设自治区科技创新要素云端（构建科技大数据）。当前，自治区政府责成科技部门、政府金融办等相关部门加快构建和完善十大数据库：国家和自治区科技金融政策数据库、国家和自治区科技金融资讯数据库、自治区科技企业信用评级数据库、自治区科技金融机构数据库、自治区科技型企业数据库、自治区科技项目数据库、国家和自治区科技金融产品数据库、自治区科技金融专家数据库、国家和自治区科技技术数据库、自治区科技成果数据库。

（二）平台建设与财政科技投入机制

财政科技在整个科技金融综合服务平台建设中处于政策导向地位。它不是R&D投入的资金主渠道，而是通过政策的导向作用，通过发挥财政科技的杠杆作用和示范引领作用，以此激发全社会从事科技创新的积极性。它既可以激发出科技信贷、科技保险和科技担保等金融机构的科技资金供给，也可以激发社会资本进入到科技创新领域。因此，建立以财政资金为政策导向的科技投入长效机制对于科技创新与金融深度融合具有重要意义：①依据《内蒙古自治区中长期科学和技术发展规划纲要》（2006～2020年）所制定的科技发展战略，以自治区"五大基地""两个屏障"建设为核心，以推动供给侧结构性改革为目标，制定战略性新兴产业和产业转型升级的科技攻关计划，科技前沿项目库和中央、地方财政资金拨付的实施方案。②建立自治区级和地方财政科技投入依法稳定增长机制。基于内蒙古自治区财政科技投入在财政支出中的比例处于下降趋势，建议，从"十三五"时期起，建立科技财政投入在财政支出中的比重以每年不低于2%的稳定增长机制，力争到2018年底内蒙古自治区全社会R&D投入强度达到1%的最低目标，到2020年力争达到1.5%。③加大对高校科研团队的扶持力度，充分重视科研人才的劳动价值，按照"以人为本"的发展理念，建立"以培养科技人才为主、科研项目经费为辅"的科技财政投入机制。当前，出现科技经费寻租行为的根本原因在于科研经费使用机制的严格限定和没有充分体现科研劳动价值。为此，在实施自治区人才强区计划工程中，设置科研人才专项奖励基金，并相应地提高科研经费比例（在原有的基础上再提高20%）。例如，一个入选"草原人才"的科技人员，可直接奖励20万元（无须报账），相应的配套起点为100万元的科研经费（容许设定30%～50%的自行支配经费权限，主要体现人力资本的回报），可进一步激发科技创新团队建设和创新驱动战略的实施，助推"大众创业、万众创新"。

（三）建立高效的产业链金融联动机制

在科技金融综合服务平台中推广实施产业链金融是科技与金融结合的机制创新。产业链金融是以企业与金融的高度融合为目标，从渠道供给、资产管理、产品服务等多环节进行全面创新，为产业链客户提供深入、专业、综合的金融服务，从而建立细分市场的排他性竞争优势。与产业链客户共同发展分享利润，成为金融机构在未来复杂竞争环境下维护基本客户群，扩大基础资产，实现稳定盈利的重要手段。搭建科技金融综合服务平台，就是要发挥产业链金融在资源整合、专注于产业链客户服务的金融牵头作用。为此，实现科技与金融深度融合的产业链金融还要进一步做好以下工作：①完善政府、银行、企业联动的产业链投融资新机制。为了提升科技信贷强度，政府部门要建立风险补偿机制和科技贷款增长奖励机制，分担金融风险，为科技信贷、风险投资等科技资金供给提供基础保障，金融机构要推进科技型中小企业贷款模式、产品和服务创新，重点是在国家高新区、自治区级科技园区设立科技发展银行，创新科技贷款模式，做精科技型企业的信贷业务。②建立政府、银行、企业以及中介机构多元参与的产业链信贷风险分担机制，重点完善科技型中小企业贷款风险补偿机制，加快科技担保与创业投资的结合，推进多层次科技型企业融资担保体系建设。③地方政府探索建设区域性科技金融创新中心，推进科技金融综合改革试验，重点在科技金融主体聚集、多层次资本市场服务体系建设、金融工具创新、公共服务平台建设等方面开展先行先试。④借助于内蒙古自治区互联网金融协会的成立，开展科技股权众筹融资试点，创新发展科技金融结合新的投融资模式，为创业者提供一条低成本寻找合作伙伴的路径，改变创业创新融资高成本格局，这将是未来科技金融深度耦合的发展方向。

（四）健全产学研协同创新机制

为了加快实施创新驱动战略，构建以创新企业为主体、以市场配置创新资源为导向、以产学研相结合的科技创新体系是科技金融综合服务平台构建的重要内容，也是提升科技创新能力的有效途径。根据对内蒙古地区 24 家创投企业的调研得知，可供创投企业选择的项目源严重不足是内蒙古地区风险投资发展缓慢的主要因素之一。此外，内蒙古自治区科技信贷增长乏力也是基于科技项目本身的科技含量不高和市场前景的不确定性（而并非担保力的不足）；各类保险公司难以进入科技领域更是基于目标企业较高的科技风险。在政府和金融机构、创投企业等难以包容较高科技试错成本的背景下，加快健全由政府主导下的产学研协同创新机制是当务之急。①加快推进科技创新战略联盟行动计划，借助区内外高校的科技创新能力，在科技园区或科技企业内部、创业园区等科技要素相对集聚的园区成立产业研究院（如包头稀土研究院），重点组建"五大基地"技术研究院，积极推动产学研合作，全力打造内蒙古自治区绿色产业、新材料、新能源、现代装备制造等优势产业创新链；②充分发挥自治区各级科协的优势，组建地区科技服务业联盟，集聚成果转化、知识产权、投融资、生产力促进、科技数据等科技服务机构，创建科技沙龙，开展论坛、讲座、新产品新技术发布、成果推介、技术难题招标等科技服务活动；③根据自治区教育厅和财政厅颁布的《关于深入推进高等学校创新能力提升计划的意见》精神，鼓励自治区各高校组建具有学科优势的"协同创新中心"，政府和各高校要加大经费投入的力度，全面提升人才、学科、科研"三位一体"的科技创新能力。

二、科技与金融结合的金融供给创新机制设计

本部分的设计理念重在依托金融支撑的推动作用，强调以科技金融综合服务平台为中心，通过拓宽金融宽度和构建多层次资本市场体系，满足科技创新对金融资源的迫切需求。

针对内蒙古自治区科技创新面临的金融业态环境，本书给出金融供给机制设计框架（见图9－2）。

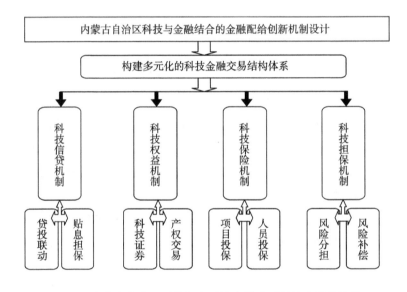

图9－2 内蒙古自治区科技与金融结合的金融配给交易结构体系

（一）科技与金融结合的信贷机制设置（科技信贷）

1. 政策性信贷资金与科技创新结合的机制设置

从世界政策性金融发展来看，政策性金融一般为政府拥有、赋权经营，具有国家信用，体现政府意志，其发展定位是专注科技与产业的开发和发展。就科技信贷而言，政策性金融一般有三个步骤和阶段：一是科技创新的初级阶段（早期），政策性金融发挥政府财政资金的功能，主要对新兴产业的技术开发进行支

持；二是制度建设阶段，政策性金融以政府信用参与新兴产业金融支持平台构建和制度建设；三是融合发展阶段，政策性金融在新兴产业金融支持体系中，作为重要的市场主体牵引体系的运行和发展，并作为战略合作者与新兴产业的相关企业共同发展，此阶段的主要任务是，牵引商业银行的信贷资金和引入担保机构，甚至创投公司的进入。

基于内蒙古自治区科技创新能力的不足和政策性资金的属性（稀缺性），按照政策性金融科技信贷的发展步骤，构建内蒙古地区政策性银行的科技信贷机制是成立科技金融事业部，专注于内蒙古自治区战略性新兴产业和现代农牧业科技创新的金融支持。具体的实施措施如下：

（1）设立专门的科技金融委员会。基于国家开发银行已经成立了专门的科技金融委员会，并相继成立总行一级部室——科技金融创新部，内蒙古自治区开发银行和农业发展银行应尽快成立相对应的科技金融事业部（或创新部），组建由创投公司和科技专家参与的科技信贷评审委员会，负责全自治区的科技信贷业务，并建立科技贷款评审指标体系。

（2）建立与其他金融机构共同参与的科技信贷战略联盟。为发挥两家政策性金融机构的牵引作用，有效地对接是积极参与内蒙古自治区科技金融综合服务平台建设。进入的前提是通过牵动商业银行、证券公司、担保公司、保险公司、创投机构等金融机构，构建一个系统性的科技信贷战略联盟，按照科技企业发展阶段融资的时间和空间需求进行合理有机的安排，形成科技信贷的完整流程和系统风险控制体系。

（3）创新经营模式和开发科技信贷产品。实施"四位一体"的经营模式，即银行与政府、创投机构、证券公司和担保公司合作模式，开展银政合作、银投合作、银证合作和银保合作。开发以知识产权质押贷款为主的多种信贷产品和服务，并以知识产权质押为原生金融工具，设置科技金融期权，包括科技企业的认股权和债权转股权等方式。

（4）构建风险补偿机制。许多国家鼓励专业金融机构针对科技型企业的风险特点进行金融创新，如科技银行在给高科技企业贷款的同时，通过要求企业提供相应的股票期权或采用知识产权担保等进行风险补偿，政府则通过建立知识产权鉴别和定价制度，为知识产权担保融资提供保障。为此，自治区政府与政策性银行牵头设立科技创新型企业贷款风险补偿基金，通过建立"政府＋担保＋银行

＋再担保"等多方参与、风险共担的合作模式，主要用于对科技贷款产生的风险进行补偿。

2. 商业银行信贷与科技结合的机制创新

商业银行科技信贷的机制创新主要从组织机构制度安排和运作模式两方面进行设计。

（1）科技信贷的组织机构设置。

其一，组建科技发展银行。科技银行是在专注于工具创新、技术创新、制度创新、观念创新等的基础上，对传统信贷模式加以真正意义上的创新，尤其是可探索债权转股权、利息转股权、信贷期权、灵活利率的贷款模式，使科技银行分享承担高风险的回报。组建科技发展银行可以采取两种模式：一是在政府主导下组建独立法人的混合所有制科技发展银行，设立在国家级和自治区级科技园区（盟市园区设立支行）；二是国有商业银行、股份制商业银行和城商行设立科技支行。因此，政府相关部门通过发布科技支行建设指引，为科技支行内部控制建设提供指导，至少包括以下三种制度建设：一是重构组织体系，使科技支行具有清晰组织架构，真正具有管理职能和业务功能，成为全行中小科技金融的中枢和核心；二是建立独立的风险评估制度，使其适合于"轻资产"的科技型企业；三是设置独特的考核机制，完全取消传统商业银行对贷款的要求，充分调动员工的积极性。

其二，大力发展和完善内蒙古地区的中小金融机构，是解决中小科技型企业融资难的根本出路。主要措施如下：一是通过金融资源整合，大力发展中心城市商业银行，并以政府控股的股权结构制定具有政策导向的科技信贷机制；二是加强对交通银行、招商银行等股份制商业银行的政策引导作用，通过建立信贷风险补偿机制加大对科技信贷的支持力度，并积极拓展金融市场宽度，大力吸引外资和区外的股份制商业银行入住内蒙古地区；三是组建以政府为背景的内蒙古自治区科技投资公司，吸引各大商业银行、证券公司、保险公司、各类财团和战略机构投资者积极参股，重点对关系到内蒙古科技创新体系中的高科技项目进行投资和管理；四是积极探索发展一批中小型民营银行，以满足民营中小型科技企业融资的需要。

其三，构建科技企业金融一体化服务战略联盟。为了打造出独具特色的内蒙古自治区科技金融综合服务平台，科技信贷组织机构的运营模式体现为"五方联动"，即加强科技银行与政府部门（包括科技主管部门、金融监管部门和经济管理部门）、创业风险投资机构、担保公司和工业园区的联动，构建银证合作平台、银投合作平台和银园合作平台，以及会计师事务所、律师事务所、行业协会、行业研究机构等中介服务机构介入的合作平台，形成科技企业金融一体化服务战略联盟。

典型案例是由重庆科技金融集团、重庆科技金融服务中心联合建行重庆市分行等 68 家银行、创投、科技中介机构、证券、担保公司等共同发起的重庆市科技金融服务联盟于 2016 年 4 月正式成立。该联盟旨在通过科技金融领域各种创新要素的集聚，进一步完善科技金融结合的服务体系，创新科技金融服务产品，促进科技金融资源的有效对接互动，为创新创业者解决融资难、融资贵的问题。

（2）科技信贷的运作模式设置——贷投联动机制。作为轻资产的中小型科技企业，因为缺乏有效抵押物，往往很难向银行贷款。而商业银行在向科技创新企业提供贷款时，承担较高风险，但其收益主要是利息收入，风险与收益不对称。为了鼓励商业银行的科技信贷，2015 年 3 月，中共中央、国务院发布《关于深化体制机制改革加快实施创新驱动发展战略的若干意见》，其中重点提及选择符合条件的银行业金融机构，探索试点为企业创新活动提供股权和债权相结合的融资服务方式，与创业投资、股权投资机构实现投贷联动。这种投贷联动服务方式，与本书第八章提出的科技金融期权模式基本吻合，即银行可以在贷款的同时，通过购买企业部分期权来分散风险；作为回报，银行除了获取贷款本息外，还可以分享企业潜在的高收益，并可在适当时间转让期权。

贷投联动机制（即科技金融期权机制）是通过"先贷后投、先投后贷、边投边贷"的联动机制，为科技企业提供"股权＋债权"的服务，满足科技企业多元化融资需求。模式运作流程设计见图 9－3。

本模式分两阶段：第一阶段设置为贷款模式，由政策性担保公司提供担保，在执行信贷谨慎原则的基础上为科技型企业提供贷款，期限设置为 1～3 年，到期后如能偿还即可结束；第二阶段设置为股权投资模式，即不能如期偿还的情况下，设计科技金融期权，由商业银行、科技企业和担保公司共同制定收益和风险分担方案，按照市场定价原则设置股权（3～5 年，也可允许展期），到期后，可选择资本市场退出（证券公司介入）。

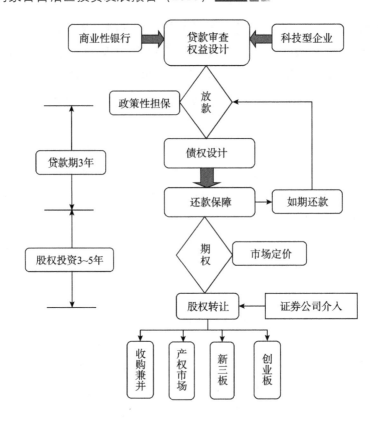

图 9-3 商业银行科技信贷运作模式设置

（二）科技与金融结合的权益资本机制设置（科技证券）

以股权投资为核心的金融产业链，是对银行业务模式的全面革新和深入拓展，并引领社会资本的创新、公司治理结构的完善，直至金融资源配置效率的提升。多层次资本市场的构建，可满足企业初创期、成长期、成熟期不同阶段、不同类型的金融服务，并依托证券公司、创投公司、基金管理公司、保险公司等金融机构的主体功能，在国家金融政策监管模式下，完善金融综合服务链条，实现科技与金融的迅速衔接和有效融合。为此，实施金融领先战略，加大对创新型、科技型企业的支持，发挥资本市场配置资源功能，形成信贷市场、资本市场等多轮驱动格局，是助推产业结构调整的有效手段，也是实施创新驱动发展战略的新引擎。

1. 科技型企业资本结构与权益资本配置

为充分体现企业各生命周期不同的融资属性，将科技型企业的资本结构分为股权资本、债权资本和公众资本三大类。

（1）股权资本分内源融资权益和外源融资权益，其中自企业内部的自有资金和留存收益，为内源融资，是企业的核心股权资本；天使投资、私募投资、风险投资、科技银行股权投资、科技小额信贷投资和创业担保投资等属于外源融资权益，是科技型企业发展成长不可或缺的资本来源。

（2）债权资本主要是银行信贷、科技小额债权融资、债券融资以及科技租赁等途径获得的资本。

（3）公众资本是科技企业向公众公开发行股票所募集的资金，主要体现在新三板、中小板、创业板、主板和海外股票市场募集的社会公众资金。

股权资本、债权资本和公众资本三者构成了科技型企业的资本结构，三种资本分别在科技型企业的不同生命周期中发挥着重要作用（见图9-4）。

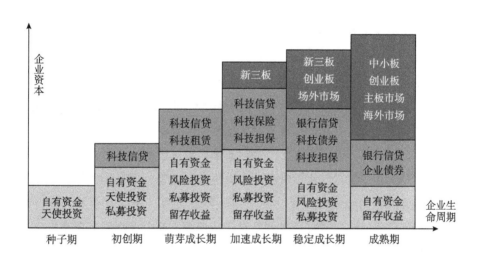

图9-4　科技型企业各生命周期三大权益资本分布情况

基于科技型企业发展的未来成长性和价值取向，科技创新与金融创新相结合的最佳契合点是权益性融资（股权资本），在市场化的发展过程中，"创业投资"或"风险资本"和私募股权等股权投资就成为资本市场上科技金融的主要实践形态。

2. 科技创新与权益资本结合机制实施方案

（1）依托资本市场的上市融资策略。稳步推进多层次的市场体系建设，健全资本市场功能，建设多层次资本市场更为有效地满足多元化的投融资需求，是当前内蒙古自治区资本市场发展的一项重要任务，也是进一步加快和发展直接融资的重要途径。①通过认真调查摸底，从自治区辖区高新技术企业中选择一批有较强辐射力和带动力的科技型企业作为重点，在资金安排、项目审批等方面予以积极扶持，支持企业进行重组整合，进一步促进自治区能源、冶金、化工、机械装备、生物制药、现代农牧业等行业科技创新能力的提升和高新技术产业发展，并用 3~5 年时间努力打造 10 个高新技术企业进入创业板市场。②依托国内主板市场和境外市场，鼓励具有优势产业及高科技含量的企业发行上市，充分利用自治区现有 32 家境内外上市公司，66 家新三板挂牌企业参股科技型中小企业。③寻求大型证券公司的做市商业务，进一步支持中小科技企业改制进入"新三板"，支持具备条件的科技型企业实现整体上市，支持高成长型中小企业在证券市场融资。

（2）壮大全区创业投资规模。成立于 2009 年的内蒙古创业投资引导基金，投资规模不足 2 亿元，尽管引导了包头红土、鄂尔多斯市昌盛创业投资以及内蒙古自治区第一只私募股权投资基金——金桥创投的相继成立，但因其规模较小，发挥政府财政资金"四两拨千斤"的作用极其有限。因此，加快建立和完善创业投资引导机制，壮大创业投资规模对实施创新驱动战略具有重要意义。

其一，发展国有资本创业投资。制定鼓励自治区国有资本参与创业投资的系统性政策措施，通过建立创业投资激励约束机制、监督管理机制引导和鼓励国有企业（主要是国有商业银行、保险公司、证券公司和当地国有企业）参与新兴产业创业投资基金、设立国有资本创业投资基金等，充分发挥国有资本在创业创新中的作用。不断完善新兴产业创业投资政策体系、制度体系、融资体系、监管和预警体系，加快建立考核评价体系，逐步建立支持创业创新和新兴产业发展的市场化长效运行机制。

其二，加快实施内蒙古自治区新兴产业"双创"三年行动计划，建立一批新兴产业"双创"示范基地，引导社会资金支持大众创业。推动商业银行在依法合规、风险隔离的前提下，与创业投资机构建立市场化长期性合作。进一步降低商业保险资金进入创业投资的门槛。全面推行联合投资等新模式，重点发展投贷联动、投保联动、投债联动等新模式，不断加大对创业创新企业的融资支持。

其三，建立以企业为主导的产学研一体化创新机制，实现技术、人才、资金和经营管理的最佳组合。在产学研一体化过程中，可吸引社会资本参与共建实验室、共建工程技术研究中心和高新技术经济实体等，实现科技创新的开放流动和竞争合作的新机制。

其四，通过机制创新，多渠道吸引社会资本进入创投领域。在设立内蒙古创业投资基金或设立内蒙古创业投资引导基金中，政府可以发行受益凭证或以入股的方式向社会资本开放，建议尽快设立内蒙古自治区区内外大学生创业基金，鼓励民营企业介入；鼓励各地方政府建立和完善创业投资引导基金，放宽民间科技类中介机构市场准入门槛，鼓励社会资本进入创业服务领域；通过税收减免和政府补贴等方式，鼓励社会资本设立各类创业投资公司，全面培育内蒙古地区的风险投资家。

其五，促进内蒙古自治区科技创新引导奖励资金、内蒙古科技型中小企业技术创新基金、内蒙古自治区科技协同创新基金、内蒙古新兴产业创业投资引导基金和内蒙古创业投资引导基金等协同联动，推进创业投资行业协会建设，加强行业自律。建议尽快出台具有可操作性的《内蒙古创业（风险）投资实施细则》，大力发展社会化、市场化、多元化的内蒙古地区私募股权基金（PE 或 VC）。

（3）尝试发展内蒙古自治区产权（股权）交易市场＋科技众筹模式。区域性产权或股权交易市场具有资本市场的投资、资源配置和定价三大功能，是为特定区域内的企业提供产权、股权、债券转让和融资服务的私募市场，是我国多层次资本市场的重要组成部分。内蒙古自治区现有的产权交易中心和股权交易中心，因其规模小，发展速度缓慢、透明度不够等因素未能发挥应有的投融资功能，因而加快扶持和培育产权交易市场及场外融资中介机构的发展，促使科技型企业的产权转让、股权交易和融资服务。建议在政府的主导下，充分应用互联网金融，依托政府的背景，先行先试科技众筹模式。具体运作机制见图 9－5。

（三）科技与金融结合的保险机制设置（科技保险）

为贯彻落实《国家中长期科学和技术发展规划纲要（2006～2020 年）》配套政策，根据中国保监会、科技部《关于加强和改善对高新技术企业保险服务有关问题的通知》（保监发〔2006〕129 号）精神，2007 年，科技部颁布了《关于开

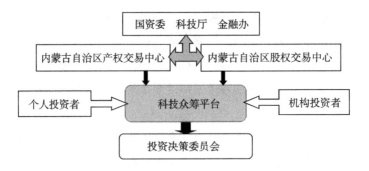

图 9－5　产权与股权交易中心科技众筹运作机制

展科技保险创新试点工作的通知》，重点在国家高新技术产业开发区、保险创新试点城市和火炬创新试验城市中选择科技保险试点地区，开展科技保险发展新模式的试点，推动科技保险事业的发展。从此，北京市、武汉市、天津市、上海市、深圳市、江苏省等 16 个地区相继开展科技保险试点工作。

1. 科技保险的模式选择

政策性是科技保险的重要特征。在政策性科技保险的运行中，政府可以通过法律、行政、财税等工具来搭建科技保险体系，对科技保险政策性业务进行制度供给和产品供给，对规定的科技保险产品给予财税支持。

根据政府与市场结合的程度和方式，科技保险的运作模式在理论上主要有以下三种：

（1）政府主办，政府经营模式。在该模式下，政府承担科技保险产品的供给，由政府亲自或通过其辅助机构经营。在市场环境下，政府通过成立科技保险公司或科技再保险公司，由政府提供所有经营科技保险的费用、超额赔付等，以保证准备金的积累和长期稳定经营。这样，政府既进行宏观干预，提供制度政策，又参与微观经营管理，既是裁判员又是运动员。所以，"政府主办、政府经营模式"是政策性最强的一种科技保险运行模式。政府参与运营，采取自行经营或成立科技保险公司方式，会同保险公司进行科技保险产品的选择和有效配置，共同作为供给主体，并面向科技型企业具体组织实施。

（2）政府主办，商业保险公司代理经营模式。在该模式下，政府提供科技保险产品的供给，委托给商业保险公司代理经营。由政府提供保单和代办费用，委托有经营经验、经营能力的保险公司代办科技保险业务，统筹收取保费和给予赔付，并将积余存入准备金或交付政府，此过程独立经营、独立核算。这种模式政府承担所有风险，代办保险公司只收取代办费用，不享受其他任何利益。在这一模式中，政府不参与具体经营管理，在一定程度上实现了市场化运作，但政府同时也承担了所有风险。

（3）政府主导下的市场运作模式。在该模式下，政府进行制度供给和险种设计，提供财政补贴或税收优惠等支持，但保险产品的供给（如何供给以及供给多少）则由商业保险公司决定，在市场机制引导下，保险公司自主经营、自负盈亏，政府不承担任何市场风险。在政府引导下，通过市场化运作，实现科技保险的供求对接与均衡，科技型企业和保险公司通过契约合同和价格信号等市场手段，进行科技保险产品的选择和有效配置。

依据上述三种模式的基本内涵和全国科技保险试点地区的成功经验，内蒙古自治区的科技保险运作模式应该采取政府引导下的市场化运作模式，通过政府和保险公司、社会中介服务机构的有效对接，创新使用科技保险产品，构建科技保险框架体系。目前国内保险市场提供的科技保险产品见表 9－1。

表 9－1　国家科技部和保监会批准的科技保险险种

保险公司	科技保险险种
中国人民财产保险股份有限公司	①责任保险（包括产品研发责任保险、产品责任保险、雇主责任保险、环境污染责任保险等）；②关键研发设备保险；③营业中断保险；④财产保险；⑤专利保险；⑥产品质量保证保险；⑦董事会监事会高级管理人员职业责任保险；⑧小额贷款保证保险；⑨高管人员和关键研发人员团体健康保险和意外保险；⑩项目投资损失保险等
华泰财产保险股份有限公司	①高新技术产品 R&D 责任保险；②关键 R&D 设备物质损失保险；③高新技术关键 R&D 设备物质损失险；④关键 R&D 人员团体和高管人员人身意外伤害保险；⑤企业高管人员和关键研发人员住院医疗费用团体保险条款 A 款；⑥企业高管人员和关键研发人员住院医疗费用团体保险条款 B 款；⑦高新技术研发营业中断保险
中国平安	①企业特殊人员团体意外伤害保险；②企业特殊人员意外伤害团体医疗保险；③企业特殊人员团体重大疾病保险
中国出口信用保险公司	①中长期出口信用保险；②短期出口信用保险；③进口预付款保险；④投资保险；⑤国内贸易信用保险；⑥其他保险产品及服务

2. 科技保险运作的机制设计

科技保险是科技创新的助推器。在市场经济条件下，运用科技保险工具，能为科技型企业解除后顾之忧，保障和激励科技创新活动的开展。基于内蒙古自治区科技保险市场发展缓慢的现状，尤其是科技型企业对科技保险的认知度不足（科技型企业的轻资产决定），科技保险运作机制的基本思路是科技企业股权投保与政府补偿相结合的运作模式。自治区政府应尽快责成财政厅、科技厅和银保监局联合组建内蒙古自治区科技保险补偿引导基金，初始规模设置为 2 亿元人民币（封闭期 5 年，之后滚动设立），按照科技型企业的潜在收益或年产值的大小给予保险补偿（相当于政府为科技企业投保），补偿比例可以设置为保费的 30%~50%，剩余部分由科技企业股权投保（即保费变股权）。运作机制见图 9 - 6。

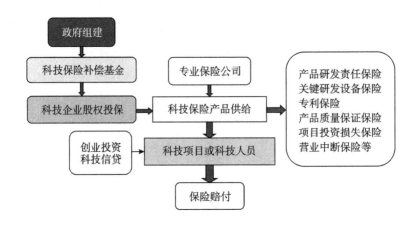

图 9 - 6 内蒙古自治区科技保险运行机制交易结构体系

以股权投保的运作机制适用于没有足够资金参保的科技企业、科研机构和自主创业的科技人员，可以在自治区两个国家级高新区以及自治区级技术园区先行先试。其他的科技企业可以以自有资金或外源资金进行投保，不足部分由政府补偿基金补足。股权投保的比例由科技企业（含科研机构）和保险公司、科技中介机构按照市场定价机制确定，再充分估算科技企业的生命周期执行股权期权策略（签订合约）。

（四）科技与金融结合的担保机制设置（科技担保）

科技型中小企业由于自身轻资产等原因导致信用等级低的属性，难以获得诸如商业信贷、发行债券和私募的资本市场等外源融资。因此，建立专门针对科技型中小企业的信用担保体系，充分利用担保机构的专营优势和信用优势，为科技型中小企业融资提供增值功能，强化融资风险管理，可有效拓宽融资渠道和提高金融资源配置效率。

从国内科技担保公司发展现状来看，我国组建的各类科技担保公司主要集中在东部沿海和经济发达地区，其中，江苏省、浙江省、福建省、上海市、北京市、天津市6个地区的科技担保机构占全国总数的约一半；中西部地区主要集中在四川省、湖南省、陕西省等地；科技创新能力严重不足的西部地区基本没有专属的科技担保公司。从发挥的担保效应看，因大部分担保公司实际担保能力有限，呈现出"小、少、散、弱"的特点，无法满足科技型中小企业的融资需求，科技担保的资金放大倍数较低。

1. 科技担保体系与主要运作模式

我国科技担保行业经过近20年的不断实践，已经建立起具有中国特色的"一体两翼四层"的科技型中小企业信用担保体系（见图9-7）。

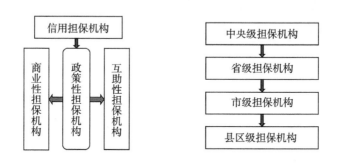

图9-7 "一体两翼四层"的科技型中小企业信用担保体系

在"一体两翼四层"的科技型中小企业信用担保体系中，政策性担保机构发挥引领作用，是由政府出资组建，不以盈利为目的的独立法人机构，是我国科技型中小企业信用担保体系建设的核心环节。因此，组建政府主导下的科技担保公司具有积极意义。

近年来，国内外科技担保事业快速发展，涌现出一批创新型的科技担保模式，主要有以下几种：

（1）信用担保共同体。是指由商业银行、政府部门、市场管理机构、行业协会等共同组织，信用程度高、资信状况好、经营管理较好的企业自愿申请加入而组成的，具有资金融通共同担保功能的相关组织或信用共同体。这种模式具有代表性的是天津茂鑫科技投资集团在2005年组建而成。之后在浙商相继组建联合担保模式和产业链担保等模式。

（2）担保换期权。是指担保公司在为科技型中小企业提供信贷担保时，赋予股权期权合约，当科技企业不能如期偿还贷款时，担保公司可以通过行权或回购等方式投资该企业，享受企业发展带来的收益，是现代期权理论在担保行业的有效运作，也是信用担保和风险投资有机结合的典范，有效地克服了以往科技担保收益和风险不成比例的缺点，是一种分散风险、实现共赢的创新模式。该模式由深圳高新技术风险投资公司所创立。担保换期权主要针对具有高成长性的科技中小企业，期权的有效期为5年。

（3）贷款担保基金。为了解决科技型中小企业融资难的问题，浙江温州科技局创建了民营科技企业贷款担保基金，由各级政府按一定比例出资设立，并成立专门的担保基金会进行管理，重点支持具有高科技、高附加值、高成长的民营科技型企业。之后，南方各地相继组建类似的担保基金，如广州市成立的规模2亿元的创业担保基金、甘南州小微企业互助贷款风险补偿担保基金等。

（4）桥隧担保模式。是指通过构建信贷市场和资本市场间的桥梁和隧道，使得高价值和高增长潜力的中小企业的贷款申请能够通过信用担保机构的信贷担保和风险投资公司的相应承诺及操作来满足贷款银行的风险控制要求，顺利获得贷款融资。"桥隧模式"最主要的特征就是，在担保机构、银行和中小企业三方关系中导入第四方（包括风险投资机构或行业上下游企业）。第四方事前以契约方式承诺，当企业发生财务危机而无法按时偿付银行贷款时，只要满足一定的条件，就可由第四方来购买企业股权，为企业注入现金流，偿付银行贷款，保持企业的持续经营，从而规避破产清算，最大可能地保留企业的潜在价值。其核心内容是在原有的银行信贷模式中引入风险投资股权融资反担保内容。在金融资本、风险投资、产业资本专业化分工合作的机制下，银行的担保代偿风险得到了有效改善。这种模式，对借款企业有一定要求，主要包括：符合国家产业政策；具有高价值和高增值潜力，资本市场价值高；有技术，有产品，有市场，在资金推动下可获得快速成长；具备一定的经营管理能力，无不良信用记录；同意用企业股权作为反担保，并释放一定比例期权。

2. 科技担保运作机制设置

为了加快推动内蒙古自治区"大众创业、万众创新"，加快构建创新型内蒙古自治区，构建内蒙古自治区科技担保信用体系已成为当务之急。为此，本书给出的科技担保创新机制的设计理念如下：首先，组建政府主导下的、注册资本金至少在 5 亿元的内蒙古科技担保投资集团股份有限公司，实行以国有资本为主体的、社会资本参股的混合所有制，遵循"政策性资金、市场化运作、科学化管理"的原则，以国家产业政策为导向，以科技信用担保为纽带搭建银企桥梁，构建起支持科技型中小企业发展、促进高新技术及内蒙古自治区新兴产业发展的担保运营平台。其次，组建内蒙古科技担保风险补偿基金，全部由财政出资，主要用于科技信贷风险补偿，并作为担保公司的风险补偿发挥再担保功能。最后，实行担保转期权，即当科技企业出现信贷风险，即可执行期权，充当风险投资的角色，进行投资管理。期权期限可设置为 3～5 年，并与证券公司合作，积极探索资本市场进行股权交易或进入新三板、中小板等市场。

此处，可间接使用桥隧担保模式，见图 9-8。

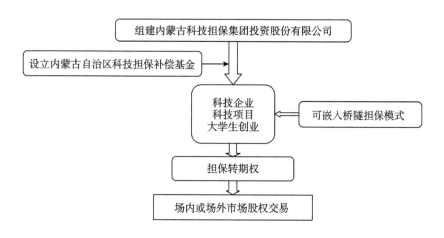

图 9-8　内蒙古自治区科技担保机制交易结构体系

为加快构建内蒙古自治区科技担保信用体系，充分发挥社会资本的力量，需要做好如下工作：

（1）鼓励发展民营担保机构，组建中小企业互助担保基金。民资担保机构是指由民营企业出资举办成立的、面向民营企业的担保机构。自治区主要担保机构的资金几乎全靠财政提供，主要来源于地方财政资金，普遍存在着资金来源单一的问题，由此引发的行政干预过强等政府失灵现象在所难免。另外，政策性担保机构的最终目的也是引导社会资金向中小企业流动，而通过政府资金的引导作用吸引其他社会资本补充担保机构的资本金，建立民资担保机构，组建中小企业互助担保基金则能够解决类似的问题。目前在内蒙古自治区的担保机构中，民资担保机构数量少，担保额度所占比例小。民资担保机构具有广阔的发展空间，它能充分调动民间游资的积极性，真正引导部分民间剩余资金流入中小企业担保体系。为此：①各盟市应该相继成立以政府为背景、各类金融机构和企业参股的高科技企业信用担保机构，专门从事对科技创新型企业的信用担保业务；②由各类科技型企业（可形成联保关系）和金融机构等共同参股的担保机构，政府成立再担保机构；③组建的科技担保公司履行尽职调查职能，对自治区所有的科技创新企业实施全面评估，并建立企业科技研发信息库，建立科技创新风险动态评估体系，动态实时检测。此外，担保公司的组成人员应当具备一定科技和金融知识，尤其是掌握风险投资的基本原理。

（2）通过企业联保制度打破银企合作中的担保壁垒。目前，国内很多地区开展了联保贷款业务，即3个或3个以上的中小企业自愿组成一个担保联合体，并仅限于为其成员提供连带责任担保。这种自愿组合、风险共担、利益共享、优势互补、联动发展的机制，可以为科技型中小企业提供更大的发展动力。金融机构按照"相互调剂，随用随贷，周转使用"的原则，只控制担保联合体的贷款总额，企业之间则可相互调节使用贷款资金。贷款机构根据联保小组所有成员办理抵押资产的金额确定信贷额度，然后确定小组每个成员最高借款额度和借款顺序、季节，各成员自主借款。担保联合体中任何成员的贷款，其他成员都要承担担保责任，一旦出现风险，所有成员集体负责偿还。为了防范信贷风险，联保成员必须按月向贷款行报送财务报表及相关资料，担保联合体成员之间相互监督制约，没有还清联保贷款本息，不准退出和抽逃资产。与企业单独从银行贷款的传统方式相比，企业联保贷款方式不需另外担保、不用抵押，不仅为企业节省了担保费、公证费等额外费用，而且大大提高了贷款效率，成员之间的经营情况也相对透明。

三、科技与金融结合的财政投入机制设计（财政科技机制）

一般而言，财政科技投入的领域是国家战略中具有高投资、高风险、投资周期长、社会资本不愿意投资但对国民经济和社会发展具有重大引领带头作用的技术前沿和战略性产业领域，它是一国介入科技领域最有效的方式之一。联合国教科文组织出版的《科学应用与发展》中指出，在工业化的第一阶段，政府在科技资金投入中起主导作用，它对科技创新起到了非常重要的推动作用；在工业化的第二阶段，逐步过渡到政府企业双主导型，并最终过渡到企业主导型。

（一）财政在科技与金融结合中的具体形式

实施在财政、金融、税收等方面的优惠扶持，进行直接或间接投资，是政府部门在科技创新中最主要、最普遍的职能，也是科学技术实现创新和发展最直接、最有力的动力。这主要有如下形式：

1. 直接投资

政府可以对整个科技研究和开发事业进行财政预算和投入，这也就是所谓的R&D投入。政府也可根据科技发展战略，选择重点创新领域予以投资。政府的直接投资，可以为科技创新提供物质支撑和资金储备，引导产业技术创新的方向，刺激企业技术创新经费的增长。

2. 财政补贴

政府可以根据企业和社会对科技创新的投资总额，进行一定比例的补贴。财政补贴不仅解决了企业在筹措技术创新经费上的困难，而且形成了对企业的刺激和促进。

3. 基金扶持

政府还可以依靠社会力量形成专门用于技术创新的基金，由政府掌握并进行有计划的发放和资助。它根据其用途可以分为不同的类型，其中比较常见的有小企业技术创新基金，这是政府为了鼓励和支持小企业技术创新而专门设立的基金。

4. 税收优惠

采取科技创新研究开发活动的税收优惠政策，这是政府推动科技创新的最集中的体现，也是企业从政府得到的最有力支持。主要优惠形式：加速折旧，对用于实验研究的新技术设备实行加速折旧制度；减免关税，对进口的先进技术和机械设备等降低或免除关税；减免所得税。减免风险资本收益的税收，对技术创新中的风险资本投资实行税额减免，对风险投资的收益免除所得税等。

5. 低息融资

政府通过政策金融机构以低息贷出公共资金支持科技创新，它同普通商业银行贷款之间的利率差也就是对科技创新的实质性资助。这些政府或政策性融资，一方面直接为企业技术创新提供了资金，另一方面也对民间金融机构产生了明确而有力的导向作用，调动了大量社会资金向科技创新转移。

（二）政府在区域科技创新体系建设中的任务及功能

在区域科技创新体系的建设中，政府既是区域科技创新体系的设计者、规划者，又是直接参与者。多重的角色与地位决定了政府将在区域科技创新体系建设的不同阶段中发挥不同的功能。在制定创新战略、培育创新主体、构建创新网络、生产公共产品、完善创新环境等方面，政府应发挥主导作用。只有准确界定政府在区域科技创新体系建设中的职能，才能找出财政科技发挥作用的有效途径。

1. 制定区域科技创新战略

区域科技创新战略是指为促进区域科技创新体系的建立，加快区域经济、社会协调发展而进行的全局性、根本性的谋划，是对区域科技创新体系建设的方向、步骤、阶段、重点等全局性问题的根本性决策。政府既是制定创新战略的决策者，又是执行创新战略的组织者、推动者，应在其中发挥主导性、决定性的作用。首先，政府应该站在地区整体利益的角度，确立创新的战略指导思想。政府始终要肩负着改革的艰巨任务，要完成改革的整体目标，追求经济与社会的可持续协调发展，就必须从整体出发，兼顾各创新主体的利益和创新各个不同阶段的特点，兼顾整体与局部、长远目标与阶段目标的协调，而市场机制不具备这样的功能，其他利益团体也不具备这样的地位和能力。其次，政府有能力承担这样的任务。在市场经济不断建立和完善的过程中，政府权威的确立是推动区域科技创新的保证。政府在着眼于长期成本—收益的基础上，可以对科技战略中的任何决策进行评估并上升为法律、地方条例、政策等制度；也可以通过组织创新，建立有利于创新的组织协调机制，还可以通过政策激励与引导，将稀缺资源向创新战略的指向点集中。最后，政府必须通过制定创新战略来推动区域科技创新体系的建立。在分析影响区域科技创新的决定性因素中，无论是以国家创新体系为指导，还是与区域经济发展战略相协调，都必须通过制定创新战略来落实，这是长远性、全局性和根本性的决策。在宏观战略的指导下，才可能进一步制定中期规划，将区域科技创新体系用规划的方式相对稳定下来，持续执行下去，政府的宏观协调职能才能体现。

2. 培育科技创新主体

培育创新主体，关键是要培育科技创新的主体。要确立企业在技术创新中的主体地位，培育一批具有独立利益要求、自负盈亏的企业法人实体，这也是科技创新的内在要求。在我国转型经济背景下，只有建立了现代企业制度的企业才能够真正追求创新，并且享受创新成果。因此，对于地区而言，尽快培育一批具有现代企业制度的、具有市场竞争力的科技型企业，拥有真正意义上的创新主体，是决定区域科技创新能力的关键。政府应在以下几方面发挥作用：

（1）要加大对国有企业改革的力度，加快国有企业建立现代企业制度的步伐。要加快产业结构的调整，加快产权制度的改革，真正把国有企业推向市场，并通过政府主导功能引导企业自主进行创新决策，分享创新收益，承担创新风险；要引导企业加大对科技创新的投入，通过加强与高校、研究机构的合作以及建立企业间的战略联盟，形成企业在科技创新上的竞争优势，从而不断增强企业的"核心竞争力"。

（2）要大力发展民营科技企业和科技型中小企业。可以利用城镇规划布局，规划科技产业园（区）的建设，要把城镇建设与高新技术产业区、民营科技园（区）、新兴产业带建设紧密结合起来，通过城镇建设的优化政策，推动和加速民营科技企业与科技型中小企业的发展；充分发挥民营科技企业在技术创新和产业化中的主力军作用，鼓励上市公司和民营科技企业建立自己的技术创新机构，促进金融资本、产业资本和知识资本的直接融合，使民营科技企业与其他类型的企业一起成为技术创新的主体，成为共性技术、关键技术的提供者和使用者。

（3）引进一批大型外资企业集团，特别是要吸引跨国公司建立研究开发机构。要鼓励外资企业加大对研究开发经费的投入，参与政府科技项目的投标，积极发挥外资企业在科技创新中的作用。

（4）加快科技开发类科研机构向企业化转变，大力发展科技型企业。要推动科研院所转制为科技型企业，发挥其在科技产业化中的骨干作用。鼓励科研机构、高校的科技人员通过兼职等形式创办或参与科技型中小企业。吸引出国留学人员来本区域创办科技型企业，鼓励他们与科研单位或企业合作开发创新项目。

3. 构建科技创新网络与平台

在区域科技创新体系建设的过程中，只培养具有核心竞争力的创新主体还远远不够，真正影响区域科技创新体系运行效率的是能否在各创新主体之间搭建起便利、快捷、畅通的科技创新网络。这种网络系统，是在区域内企业与企业之间、企业与科研院所之间、高等院校和行政部门之间长期合作的基础上建立的稳定关系。这样的网络，一方面可以提供比等级组织更为广阔的学习界面，使创新可以在多个层面、多个环节中发生；另一方面，其动态性又使其具有了比等级组织灵活，比市场组织稳定的双重优势，使网络联系成为当前复杂多变的经济环境中各创新行为主体所采用的新型组合与运作方式。同时，通过创新网络还可以达到技术的再组织，使新技术得以扩散和渗透，使企业更好地适应变化多端的经济环境。网络的交流是多层次、多渠道及相对稳定的。可以说，创新获得成功的核心条件是构建区域科技创新网络。

区域科技创新网络的构建途径有两种：一种是政府直接搭建交流平台，建立协调机制。科技创新协调机制是联结研究开发、成果产业化等环节的内在激励机制，是企业与高等院校、研究机构之间的协作关系。政府的作用应体现为沟通产、学、研之间的信息，加强科技创新体系各个环节之间的组织协调，促进经济、科技和金融的互动发展。针对计划经济体制造成的条块分割、行业壁垒、科技与经济"两张皮"、基础研究与应用研究相脱离等现象，可以采取建立协调机构、制定联席会议制度等方式进行定期协调。另一种是政府通过政策激励、扶持，引导市场发挥作用，自发形成、逐步扩大交流的网络。

4. 为科技创新提供公共产品

公共产品是经济学广泛使用的一个概念，也是公共财政的重要理论基础之一。在市场经济条件下，尽管市场机制能够发挥资源配置的基础性调节作用，但市场无法提供具有公共受益特征或联合消费特征的产品或劳务，也就是公共产品。在区域科技创新体系的建设中，为社会提供科技公共产品是政府的责任。政府组织首先应明确哪些产品的提供（如基础教育产品）必须由政府组织来承担，哪些产品生产则可以通过公私伙伴关系来实现,或采用使用者付费的规则来运行。哪些领域应该以初级产品的形式提供,哪些领域可以提供终端产品。其次,应明确公共产品的提供方式和途径。其中,制定、颁布和实施政策是政府提供公共产品的主要方式之一。在提供公共产品方面,政府的具体作用有以下几个方面:

第一,要对科学技术发展公用基础的研究与开发加强投入。例如,大幅度增加对基础研究和应用研究的自然科学基金资助,大幅度增加对基础研究的 R&D 实验室和基础设施的投入,增加知识产出,为全社会提供公共服务平台。

第二,要对涉及主导产业和产品生产的应用基础研究和开发给予资助,鼓励产业和产品技术集成开发,使其朝着形成具有自主知识产权的技术体系和产品体系发展。

第三,通过政府补贴、税收优惠等措施,激励产业进行产品创新,为市场开发和经济增长、创造更多新的就业机会提供基础。

第四,由于财力的限制,必须坚持"有限目标、重点突破"的原则,集中力量,争取在关键领域实现系统性的具有自主知识产权的成果。

第五,大幅度增加对图书馆、科技馆、科技情报机构、信息网络和其他公益性设施的投入。支持或赞助建立地区网络、全国网络和接入全球网络,共享公共技术、共性技术、技术信息资源、技术标准、计量信息,提供各类培训等服务,降低企业和投资者的外部风险和外部成本。

第六,为了保证社会的均衡发展,对那些于国民福利十分重要而市场又失效的领域的科学技术,政府有义务通过经济手段,投入人力、物力和财力,加速研究与开发。

(三)财政科技机制设置

本部分的设计理念重在依托财政资金的引导作用,强调以科技金融综合服务平台为中心,构建以中央和地方政府为引导的科技财政投入机制,以此激活金融机构和社会资本投入科技创新领域的积极性,充分发挥财政资金的杠杆作用。

针对内蒙古自治区科技创新面临的财政投入不足的现实环境,本书给出财政科技机制设计框架,见图9-9。

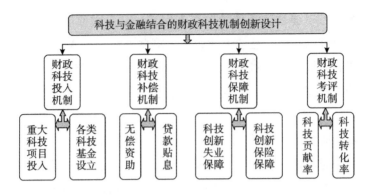

图9-9　内蒙古自治区科技与金融结合的财政科技机制设计体系

1. 中央和地方政府科技投入长效机制的构建

财政科技投入在整个科技创新体系建设的投入机制中处于政策导向地位。它不是 R&D 投入的资金主渠道，而是通过政策的导向作用，充分激发全社会从事科技创新的积极性。它既可以激发出金融信贷资金，也可以激发社会资本进入科技创新领域。因此，建立以中央和地方政府为政策导向的科技投入机制对于建立内蒙古自治区科技创新金融支撑体系具有重要意义：①依据《内蒙古自治区中长期科学和技术发展规划纲要》（2006～2020 年）所制定的科技发展战略，围绕自治区六大支柱产业的结构性战略调整（如以新能源为主），确立重大科技攻关项目，积极向中央申请科技经费，并制定科技攻关计划、科技前沿项目库和中央资金拨付的实施方案。②建立地方财政科技投入的长效机制，确保财政资金投入的可持续增加。基于内蒙古自治区财政科技投入在财政支出中的比例处于下降趋势，建议财政科技投入在财政支出中的比例以不低于2%的比例加以拨付，并以每年不低于 GDP 的增幅而增长。③壮大内蒙古自治区创业投资引导基金、新兴产业创业引导基金、科技型中小企业创业投资引导基金等现有科技创新引导基金的规模（建议在现有的规模上再翻一番），加大对自治区级自然科学项目基金、社科规划项目基金和高校教育科学研究基金的投入规模，并尽快组建内蒙古自治区大学生创业引导基金、科技担保（保险）补偿基金等。

2. 引导社会资本进入科技创新体系建设

科技创新体系建设需要充分调动财政资金和社会资本两股力量，充分发挥政府主导型创新和社会推动型创新两种优势，营造一个鼓励创业、支持创新的良好环境。具体来说，要进一步做好以下工作：

（1）优化资金配置，解决科技创新的融资难题。政府在加大基础科学研究投入力度的基础上，要集中力量解决社会创新的融资难题，引导社会资本参与技术创新。要进一步发挥财政资金在创新投入中的引导作用，加大财政支持和税收优惠，加强地方财政对创新基金的投入，提高中小企业创新基金的支持强度、扩大资助范围；建立以企业为主导的产学研一体化创新机制，实现技术、人才、资金和经营管理的最佳组合；通过财政税收优惠、组织制度创新，壮大风险投资事业，构建天使投资与创业企业的网络交流平台，鼓励民营企业家等先富人群通过天使投资参与技术创新；放松金融管制，借鉴我国村镇银行和美国硅谷银行的模式，优先在内蒙古自治区高新技术园区鼓励社会资本试办社区银行，化解科技型创业企业融资难问题。在民营经济发达地区（重点选择包头和鄂尔多斯两地区），引导民间非正规金融发展成社区银行、中小民营银行，从制度上解决民间创新融资难问题。

（2）优化创新载体，建设有竞争力的创新产业集群。创新需要有良好的空间载体和基地，高新技术园区是高技术产业集群的一种典型模式，也是创新型国家的先行区和示范区。内蒙古自治区高新技术园区和经济技术开发区的发展需要以创新创业为驱动力，转变竞争方式和增长方式，提升内生发展能力和创新能力。具体而言，要从以政策优惠为主向制度创新为主转变，从模仿创新向模仿和自主创新相结合的方式转变，从重空间规模扩张向重视人力资源开发转变。对于民营经济的产业集群和块状经济而言，要通过增加创新投入、技术改造、自主创新、品牌战略等途径，发挥集群内技术扩散途径通畅、创新网络建设便捷等优势，推动传统产业集群的优化升级。

（3）通过机制创新，多渠道吸引社会资本设立创业投资公司。加快构建科技协同创新机制，吸引社会资本进入科技创新体系建设领域。为此，在设立内蒙古自治区科技创业基金或设立内蒙古自治区风险投资基金时，政府可以发行受益凭证或以入股的方式向社会资本开放，建议尽快设立内蒙古自治区区内大学生创业基金，鼓励民营资本以股权形式介入；放宽民间科技类中介机构市场准入门槛，鼓励社会资本进入科技服务领域；通过税收减免和政府补贴等方式，鼓励社会资本设立风险投资公司，全面培育内蒙古地区的风险投资家；尽快制定相对应的法律法规，从法律上保护社会资本的权益。建议尽快出台具有可操作性的《内蒙古风险投资实施细则》，大力发展社会化、市场化、多元化的内蒙古地区私募股权基金（PE 或 VC）。

3. 构建健全的科技创新保障体系

科技创新保障主要针对自主科技创新人员的生活保障和科技创业失败后的失业保障，重点关照的创业人群主要适用于归国留学人员和大学生创业人员，兼顾下岗和下海科技创业人员。这类人群在从事科技创业和创新过程中，因没有固定收入，存在一定程度的生活担忧，如果政府能够提供最低生活保障，解决他们的顾虑，可全身心投入科技创新，这一机制可进一步推动"大众创业、万众创新"。建议责成内蒙古自治区人社厅出台相关政策，设计由政府支付的生活补贴和"五险一金"运作机制，率先在创业园区先行先试，并逐步在全区推行。

4. 建立财政科技绩效考评机制

如何加强对政府科技计划项目"有形之手"和市场配置科技资源"无形之手"的统筹协调，更好地发挥政府部门在科技发展中的规划布局、政策制定、引导服务和评估监督作用，2014 年底，国务院发布了《关于深化中央财政科技计划（专项、基金等）管理改革的方案》，提出了国家科技计划管理改革的总体目标和基本原则，可归纳为"重构计划体系，转变政府职能，创新实施方式，提高资金效益"。为此，建立科学的决策咨询机制、充分运用第三方专业机构开展项目管理、搭建较为完善的评估体系是全球发达国家组织科技计划项目的普遍做法。2015 年 9 月内蒙古自治区人民政府颁布的《关于深化科技计划管理改革加强科技项目和资金管理的意见》不够具体，建议出台更加具体的实施方案，参照《关于深化广东省级财政科技计划（专项、基金等）管理改革的实施方案》，建立以科技贡献率和转化率为目标的评审机制，优化内蒙古自治区科技专项资金使用结构，创新投入方式，形成专项资金与业务配置高度契合的新型科技计划（专项、基金等）体系。

5. 重视创新教育，培养高素质的创新型人才

教育能否发挥其培育创新人才、为经济社会发展提供智力和人力支持的作用，是创新型国家建设成败的关键。在创新型内蒙古自治区建设中，应充分发挥高等教育创新源和科研院所智力源的作用，增强高校科研投入，改革科研评价体系，激励科研人员的积极性；改革高校传统的教学方式、教育目标和评价体系，构建创新型教育平台，实施开放式、互动式、混合式教学，促进人才培养由注重知识学习向注重能力培养转变；大力发展职业教育，重视就业指导和创业培训，实现实验室人才和创业型人才结合，培养一批既懂科技又懂市场的创新创业人才，最终推动技术创新；改革高校、科研院所的管理体制，把大量原来依附于政府科研机构的技术创新人员推向市场，使其在市场竞争中实现流动重组和优化配置。鼓励各高校组建各类"协同创新中心""创新团队"等平台，激发大学与科研院所的创业动力，提高科技成果转化的效率，推进产学研密切合作。

6. 构建科技与金融结合的科技中介服务体系

科技中介服务是指与科研、技术开发和科技成果转化直接相关的交易、经纪、咨询、评估、代理以及科技企业孵化、创业服务等活动。科技中介服务机构是产学研的纽带，是连接科技与金融的桥梁，促进科技中介服务发展对于提高自主创新能力、优化科技资源配置、加速科技成果转化、促进高新技术产业发展具有重要意义。为此，政府要积极推进科技中介公共服务平台建设，建立技术成果交易、成果转化、科技评估、创新资源配置、创新决策和管理咨询等专业化服务体系。以官产学研合作体制改革为突破口，整体推进创新的中介服务体系建设，特别是要完善包括技术市场、人才市场、信息市场、产权交易市场等在内的生产要素市场体系，逐步培育和规范管理各类社会中介组织，强化中介组织的联动集成作用，形成有利于创新的市场体系结构。

第 十 章

内蒙古自治区科技与金融结合的机制创新实施路径

　　科技金融创新机制的实施在很大程度上采取先行先试的策略，这需要各级政府的推动和较强的政策执行力。为了进一步促进科技与金融的深度融合，科技部会同中国人民银行、中国银保监会、中国证监会联合开展"促进科技和金融结合试点"工作，并通过确定试点地区和城市加以推动。目前，被确定的试点地区和城市相继出台了科技与金融结合的实施方案。

　　为了确保内蒙古自治区科技与金融结合的创新机制有效实施，本章提出了推动创新机制实施的"三化"路径，即科技与金融资源共享服务平台化、科技金融期权化（或股权化）、财政科技资金使用基金化。上述"三化"主要从科技金融资源整合、科技金融期权实施以及创新财政科技资金使用方式等方面，给出具体的实施路径，确保内蒙古自治区在"十三五"时期科技投入的持续增长，力争到 2020 年全社会 R&D 投入强度达到 1.5%。

一、科技金融资源共享服务平台化

共建共享型科技金融服务平台是联合科技金融供给主体与需求主体共同出资，建立的一个集政策、产品、中介、信息服务等综合性金融服务于一身，针对科技型企业不同发展阶段的融资需求和融资条件，发挥科技综合服务优势，通过整合银行、担保、保险、创投、资本市场、政府、中介机构等资源，为科技型企业提供综合金融服务的特定载体。按照本书第九章给出的"内蒙古共建共享型科技金融综合服务平台"的设计理念，从以下几个方面推进全区科技金融资源整合平台化进程。

（一）强化组织领导，为科技金融资源整合平台化建设提供组织保障

搭建科技金融综合服务平台需要政府强有力的推动。基本路径：第一，成立内蒙古自治区科技与金融结合试点领导小组，由自治区政府分管科技、金融的主要领导担任组长，财政厅、科技厅、金融办、发改委等部门领导为主要成员，形成科技金融综合服务平台工作机制，从科技金融财政政策制定、科技金融组织机构设置、科技金融产品创新设计、科技企业和科技项目库建设与科技成果转化信息系统建设等多维要素整合进行顶层设计，率先在自治区各类高新区、产业集聚区、创业园区等搭建科技金融综合服务平台。第二，高校、科研机构和科技企业联合共建相对应的"科技创新协同中心"，创建科研团队和科研平台，并纳入科技金融综合服务平台体系中，进一步推动产学研用一体化进程。第三，基于包头市被列为国家级科技与金融结合的试点城市，出台《内蒙古自治区科技与金融结合试点实施方案》，并制定内蒙古自治区《关于发展众创空间推进大众创新创业的指导意见》，加快培育科技创新环境。第四，按照"线上网络平台、线下服务载体、专业服务机构、政策制度安排""四位一体"科技金融资源共享服务体系的构建思路，在科技创新资源共享的基本理念下，要求各类科技金融机构、科技企业（创新主体）和科技中介机构等均要进入自治区设立的科技与金融结合综合服务平台，以便为科技创新提供有效的"一站式"金融服务。为此，引入第三方评估机制，对各类进入平台的金融机构、科技企业、科技中介服务机构和相关职能部门实施评价考核，择优进行先奖励后补助。对于应纳入而未纳入开放共

享的资源单位，以及不按规定如实上报数据、开放效果与服务质量差、使用效率与用户满意度低的资源单位或者服务机构，将予以网上通报，纳入科技计划信用管理，情况严重者列入"黑名单"，终止项目申报和科技资金扶持等鼓励性政策待遇。

（二）组建科技创新要素战略联盟，构建科技云金融

1. 率先在"呼包鄂"组建科技金融战略联盟

基于"呼包鄂"在自治区经济发展和科技进步上的相对领先，充分利用《呼包鄂协同发展规划纲要（2016～2020年）》颁布后的发展机遇，在"呼包鄂"各类高新技术园区、经济技术开发区、创业园区等创新要素相对集聚的地区组建科技金融战略联盟，本着先行先试的原则，由地方政府牵头，汇集意愿从事科技金融活动的各类金融机构（科技银行、科技担保、科技保险、股权交易中心等机构）、科研院所、高科技企业以及科技中介服务机构联合签署战略联盟协议，通过建立日常的信息沟通、联席会议和项目合作机制，为示范区科技创新企业提供债权融资、股权融资、股份制改造、挂牌上市、并购重组、知识产权管理等系列化、全方位金融服务，提升金融为科技发展和经济转型服务的内涵和能力。

2. 组建内蒙古自治区大数据金融产业创新战略联盟

充分利用内蒙古自治区大数据产业发展优势，加快推进科技与金融结合综合服务平台数据化建设，组建由政府发起，由区内外高校、金融机构、资产管理公司等组成的内蒙古大数据金融产业创新战略联盟，通过组织开展大数据金融创新的理论和实践研究，建立"政产学研用"一体化综合数据信息库、大数据资产评估中心、大数据产业发展基金三个平台，构建内蒙古地区金融产业大数据应用（云金融），逐步形成内蒙古自治区大数据创业和科技投融资的独特模式，为科技企业和政府科学决策提供参考和依据。建成后将对科技企业数据资产进行评估、定价，推进数据资产进入企业资产负债表，促进大数据价值的实现。

建议充分利用包头市作为国家级科技与金融结合试点城市的发展机遇和包头市新都市区建设的重要契机，在包头市建设一个金融城（设在包头新都市区），构建一个集"政府＋银行＋保险＋担保＋创投＋券商"平台、科技孵化平台、科技成果展示平台、科技产权交易平台、科技与金融交流平台、商业平台、文化平台等于一身的金融生态圈，力争把包头市金融城打造成为中国西北地区最有影

响力的大数据金融中心，致力于成为科技企业成长孵化的产业基地。

贵州金融城倾力建设新金融平台——中国样本

贵州金融城，总占地面积约 200 公顷，总建筑面积约 780 万平方米，斥资约 450 亿元，是西南地区最大规模体量的金融中心，拥有 40 余栋全甲级写字楼。目前，金融一期已实现交付 291 万平方米，150 余家金融、类金融及金融服务性企业签约入驻，其中含 30 余家银行、保险及其他大型金融机构贵州总部，第一波产业要素聚集已基本完成。贵州金融城突出大数据金融特色，省市区联手打造大数据金融中心，充分运用贵州的大数据先发优势，打破传统金融中心的发展思路，积极结合大数据、新金融等产业的特征，形成并不断完善新的发展模式和定位，建成以大数据金融辐射全国乃至全球的特色金融中心。

2016 年 7 月，金融城确定了"一体、两核、四配套"的产业规划布局，构建起完善的生态产业链。"一体"即大数据金融产业体系，在此基础上形成以银行、证券、保险、信托、基金等为基础的传统金融区和以众筹、P2P、第三方支付为基础的新金融发展区，以及以律师事务所、审计师事务所、会计师事务所、评估事务所等为主的金融产业服务配套；以大数据金融博物馆、金融沙龙、金融大讲堂、图书馆等为主的文化休闲配套；以商务服务、缤纷社交等为主的商业服务配套和以住宅、国际教育、优质医疗等为基础的人才安居配套。

---

3. 加大政策组合供给，促进科技创新战略联盟建设

政策组合供给是指多种公共政策工具的优化和配套使用。这些公共财政工具包括专项经费投入、税收优惠和政府采购等。科技创新战略联盟进行科技研发和市场开发所需的经费投入，可以由联盟企业和政府共同投入，并按投入比例共享所产生的收益。当相关技术和市场逐渐成熟时，公共财政资金则要适时退出。

二、科技金融期权化

为完善科技金融服务模式，支持科技创新创业企业发展，中国银监会、科技部、中国人民银行出台了《关于支持银行业金融机构加大创新力度开展科创企业投贷联动试点的指导意见》（银监发〔2016〕14号），要求银行业金融机构加大创新力度，开展科创企业投贷联动试点。

科技金融期权制是科技与金融结合的有效运作机制。执行科技金融期权机制，可有效释放科技金融风险，使国家积极推动的"债转股"和"投贷联动机制"方案变为现实。

（一）科技信贷期权化

依据本书第九章内蒙古科技与金融结合的金融供给创新机制设计思路，按照"政府＋银行＋保险＋担保＋创投＋券商"模式，科技信贷期权化的基本路径重点从以下三方面实施。

1. 组建内蒙古科技发展银行（也可先组建包头市科技发展银行）

由于科技创新具有巨大的溢出效应与外部性，政府应该对有关科技创新型企业的金融支持提供一定的政策性支持安排。其中，组建以财政投资为主的股份制科技发展银行是一个比较好的途径。基于包头市作为国家级科技与金融结合的试点城市，按照先行先试原则，以自治区政府和包头市政府为发起人，以各类金融机构和规模以上的科技型企业以及社会资本入股的方式组建包头市科技发展银行，全面试行科技金融期权机制。组建后的科技发展银行除了主要对科技创新型企业提供科技贷款外，还进一步推行"投贷联动机制"，利用自己的独特优势，开展科技创新成果的吸纳与转化、技术转移中介、技术信托投资、科技投资银行等相关业务。特别是目前很多企业资金缺乏，无力购买科技创新成果，科技发展银行则可以通过贷款方式，或者与企业组建技术与资金合股形式的公司，联合开发产品，以达到科技创新转化为生产力的目的。

首家科技银行在上海市成立

2012 年 8 月，中国第一家专注于服务科技创新产业的合资银行——浦发硅谷银行在上海市成立。该银行专注于向科技创新型企业提供具有针对性和灵活性的全方位金融服务，并由此推动中国科技金融生态系统的发展和完善。浦发硅谷银行由上海浦东发展银行股份有限公司与美国硅谷银行有限公司合资建立，双方各持有 50% 的股权。

北京市成立第一家民营科技银行——中关村科技银行

2016 年 12 月 21 日，北京市银监局正式批准中关村科技银行成立。这是北京市成立的第一家民营银行，并专注于科技金融。北京中关村科技银行注册资本 40 亿元，其中用友网络出资 11.92 亿元，持有 29.8% 的股权，为公司第一大股东；碧水源出资 10.8 亿元，持有 27% 的股权，位列股东第二；光线传媒、东方园林、东华软件、华胜天成、东方雨虹、梅泰诺、鼎汉技术等上市公司也参与了该行的股权认购。

2. 设立内蒙古科技投资管理股份有限公司

"债转股"和"投贷联动机制"是典型的金融期权模式。为稳步推动国务院提出的"债转股"和"投贷联动机制"实施方案，有效运作科技信贷期权模式，组建以包商银行、内蒙古银行、乌海银行和鄂尔多斯农商银行四家城市商业银行为主要发起人，以证券公司、创业投资引导基金、创业投资企业和有长期投资意向的民营企业等为主要参股的内蒙古科技投资管理股份有限公司，以专业化的管理团队和投贷共同体为主要运作机制，建立与科技金融服务相适应的运营模式和机制，全面运作"债转股"和"投贷联动机制"。

首个"投贷保联动机制"试点产品——"投贷宝"投入运作

为支持科技型中小企业发展，上海国际集团创业投资有限公司、浦发银行、上海市再担保有限公司联合推出了"投贷宝"创新产品，按照"以投联贷、投保一体、利益共享、风险共担"的联动原则，积极推进以国际创投、浦发银行和市再担保公司为载体的投贷保联动试点。该产品以"一并联、二独立、三共享"为核心特色，即创投企业、商业银行和担保公司通过一体化、流程化的运作方式，按照一定的股权投资和银行贷款配置比例，共同为符合国家产业导向的七大新兴产业中的科技型中小企业提供"投资＋贷款＋担保"的一揽子解决方案。

3. 充分利用产权（股权）市场建立内蒙古自治区科技股权众筹平台

在内蒙古地区，为科技产权提供金融服务的区域资本市场主要有内蒙古产权交易中心有限责任公司和内蒙古股权交易中心两家。其中，产权交易市场是为科技项目、科技企业和成长性企业提供技术转让、产权交易和股权融资等服务的专业化非公开权益资本市场，并且以科技创新成果转化为先导，优化资源配置，其交易客体又具有智力资本的特征。为了发挥内蒙古区域资本市场的作用，充分利用产权（股权）交易中心拥有的科技资源（科技项目），在精选科技项目和提升科技企业信用度的基础上，搭建内蒙古自治区科技股权众筹平台，拓宽大众投资渠道，为构建内蒙古自治区科技金融综合服务平台、发展科技众筹、科技产权交易、风险投资提供直接通道。

（二）科技保险期权化

科技保险是国家科技部与保监会于 2006 年末联合推出的一项以保险服务于高新技术企业的活动，旨在支持高新技术企业的发展，促进国家自主创新战略的实施。由于该项保险具有一定的政策性，所以最初选取政策性保险公司——中国出口信用保险公司和商业性保险公司——华泰保险公司试点承办相关的保险业务，选取地方财政予以支持的城市作为科技保险创新试点城市。从目前科技保险创新试点城市的运作看，主要是以政府提供的保险补贴为主，对参保科技保险的高新技术企业、科技型中小企业、科研院所、科研机构等，按险种给予30%～70%保费补贴，其余的由科技企业负担。从实施的整体效果看，市场化程度较低。

以保费作为股权性质的期权化特征，相当于保险公司在科技型企业的股权投入，适应于暂无业务收入的科技型中小企业。按照本书科技与金融结合的保险机制设置基本原理，实现科技与保险的有效对接（保费转换为股权投资），科技保险期权化是一条有效途径。

1. 组建内蒙古科技保险股份有限公司

组建专营的科技保险公司，既能有效实现科技与保险的对接，又能有效推动科技保险期权化。建议组建以中国平安保险（集团）有限公司内蒙古分公司为发起人，联盟各家保险公司在内蒙古地区的分公司共同组成的，以社会资本参股（重点引进私募股权投资基金和创业投资企业）为补充的内蒙古科技保险股份有限公司。包头市作为科技与金融结合的试点城市，可先行先试，率先成立（设立在稀土高新区或包头新都市区）。作为政府，以科技保险补贴的方式参股，借以撬动社会资本参与科技保险事业。组建的科技保险公司，一方面为科技企业提供科技保险服务，另一方面可发挥如中国平安集团的整体资源优势，凭借其专业化的管理团队，推动内蒙古科技保险期权化的运作。基于当前保险公司对科技保险期权化积极性不高的现状，政府也可以先作为发起人，各家保险公司以参股的方式组建。

2. 鼓励具有一定实力的保险公司在科技园区组建科技保险支公司

充分利用包头市作为国家级科技与金融结合试点城市的发展机遇，在政府设立的科技保险费补贴资金和科技贷款贴息资金的支持下，以政府投入的科技保险补贴为杠杆，鼓励具有实力的保险公司在包头市成立科技保险支公司，积极推动"政府＋银行＋保险＋担保＋创投＋券商"模式，并通过出台《包头市科技信贷风险池专项资金管理办法》和《包头市科技保险费补贴资金使用管理办法》，搭建科技金融服务平台，加大对金融机构和科技型中小企业的补贴和扶持力度，为科技型企业提供融资保障支持，促进科技成果的转化及产业化。

我国首家专业科技保险公司落户嘉兴市

2016 年 6 月，由中国太平保险集团参与发起设立的太平科技保险股份有限公司（简称"太平科技保险"）获得中国保监会批准，成为中国首家专业科技保险公司。太平科技保险由太平财产保险有限公司、浙江省金融控股有限公司、浙江沪杭甬高速公路股份有限公司、浙江省科技风险投资有限公司、浙江省兴合集团有限责任公司、恒华融资租赁有限公司、浙江兴科科技发展投资有限公司、嘉兴市燃气集团有限公司、浙江浙华投资有限公司等九家公司共同发起设立，注册资本人民币 5 亿元，注册地为浙江省嘉兴市（嘉兴市是省科技金融改革创新试验区）。

（三）科技担保期权化

科技担保期权化的实质是担保换期权。担保换期权是深圳高新技术产业投资有限公司在我国率先推出的一种担保方式，是一种分散担保风险，实现共赢的业务模式。在签订期权转让计划中，一般包括了受益人、有效期、价格、购买额、股权实施等基本要素，期权的行权期通常为 5 年，期权价格以同意担保时企业的净资产为基础，根据担保额、企业成长性和抗风险能力而定；期权的数量占被担保企业总股本的 1%～5%。实施担保换期权，可补偿担保公司所承担的高风险，通过担保和风险投资的有机结合，以期权的方式弥补受规制的担保费所无法补偿的超额风险。

依据内蒙古自治区科技与金融结合的金融配给创新机制设计思路，按照"政府＋银行＋保险＋担保＋创投＋券商"模式，科技担保期权化实施的基本路径主要从以下两点实施。

1. 组建内蒙古科技担保投资股份有限公司

推动科技担保期权化的有效途径就是组建专营的科技担保公司，按照"担保＋股权投资"的期权模式，专做科技担保业务，撬动商业银行的科技信贷资金，做商业银行服务科技型中小企业融资的引领者。建议以内蒙古自治区财政厅、科技厅和金融办等政府主要部门为牵头单位，组建以财政资金为主体、各家担保公司参股为主要组成部分的政策性科技担保公司，同时吸收社会资本参股（重点引进私募股权投资基金和创业投资企业）。包头市作为科技与金融结合的试点城市，可先行先试，率先成立（可设立在稀土高新区或包头新都市区）。组建的科技担保公司，一方面为科技企业提供科技担保服务，另一方面可发挥各类担保公司和创业投资企业的专业化管理团队，推动内蒙古自治区科技担保期权化的运作。

北京中关村科技担保公司首次推行"投贷联动机制"

北京中关村科技融资担保有限公司成立于 1999 年，是北京市政府批准设立的国有政策性专业担保机构，是中关村国家自主创新示范区科技金融政策的重要实施渠道，是"瞪羚计划""展翼计划"的主要承办机构。公司注册资本 17.03 亿元，净资产超过 20 亿元，具备年 200 亿元以上的担保能力，已累计为科技型中小微企业提供 15500 余项、总额近 900 亿元的信用担保，服务客户中 239 家企业在国内外资本市场成功上市。

2016 年 8 月，北京中关村科技融资担保有限公司首次与中关村管委会、国开行北京分行、国开金融共同签署了《中关村国家自主创新示范区科创企业投贷联动合作协议》，就投贷联动模式、风险补偿机制、收益分享机制、政府支持政策及试点工作达成一致，拉开了科技担保与政策性银行共同推动"投贷联动机制"的序幕。

2. 加快构建内蒙古自治区科技信用体系，为科技担保期权化提供运作通道

近年来，内蒙古自治区社会信用体系建设在规划统筹、平台建设、制度建立、信息共享、信用应用、奖惩机制、诚信宣传等诸多方面和关键环节取得了积极进展。但是，在思想认识、资金投入、信用应用、信息共享等方面仍存在较大差距和不足。为此，加强科技型的信用体系建设，深入推进科技企业的征信、信用评级工作，为科技创新企业的发展、壮大提供全生命周期的金融服务与环境，构建科技金融服务链。当前，内蒙古自治区在"十三五"期间要加快完成以下五大任务：一是抓好社会信用体系建设，二是加快社会信用信息平台建设，三是

推进信用信息应用，四是建立完善信用奖惩机制，五是落实统一社会信用代码制度。

三、财政科技资金使用基金化

2014 年国务院出台的《关于改进加强中央财政科研项目和资金管理的若干意见》（国发〔2014〕11 号）和《关于深化中央财政科技计划（专项、基金等）管理改革方案的通知》（国发〔2014〕64 号）文件，重在解决我国当前财政科技资金使用的碎片化问题。其中，财政科技资金使用的效率问题是科技投入体制改革的核心问题。

推行财政科技资金使用基金化，打破了财政科技资金分配使用的传统模式，可厘清市场和政府投入的边界，发挥市场在科技资源配置中的决定性作用和政府的引导作用，有利于发挥财政资金的杠杆作用，有利于科技资源的有效配置，有利于引导社会资本投向创业创新，建立更加公平有效的新机制，最终解决财政科技资金使用的效率问题。

按照第九章给出的内蒙古自治区科技与金融结合的财政科技创新机制设计思路，推行财政资金使用基金化的基本路径重点从以下几个方面开展。

（一）厘清市场和政府投入的边界，统筹财政科技补贴资金

发挥市场在科技资源配置中的决定性作用和政府的引导作用，在增加公益性、基础性研发投入的基础上，丰富财政科技资金支持科技创新的方式，探索通过政府和社会资本合作（PPP），设立引导基金、投资基金等方式，吸引社会资金、金融资本参与和支持创新，提高财政科技资金的放大效应。财政科技资金逐步淡化对竞争性领域的扶持，重点支持基础前沿研究、共用技术研发和公益性项目以及支撑全区创新发展的重大创新平台、高端科技人才和团队；对重大关键技术研发、成果转化及产业化、市场化阶段的创新项目，由现在采取的无偿资助、贷款贴息、先导资金、后补助等补贴性财政资金统一组建科技投资基金统筹管理，采取市场化的原则推动市场配置资源，共同促进科技创新体系的逐步建立。

具体做法：建立公开统一的全区科技资金管理平台，加快推进将分散在各部门的资金、实行公开竞争方式的科技计划（专项、基金等），优化整合为自治区

自然科学基金、自治区科技重大专项、自治区重点研发计划、技术创新引导专项（基金）、基地和人才专项五类。逐步取消有关科技无偿资助、贷款贴息、先导资金、后补助等补贴性财政科技资金，统一组建内蒙古自治区科技补贴基金，由内蒙古科技厅统一管理和使用。

（二）增设新的科技创新基金，创新财政科技资金使用方式

2016 年，内蒙古自治区人民政府办公厅印发《内蒙古自治区人民政府办公厅转发国务院办公厅的通知》中明确要求，鼓励有条件的地方和部门设立科技创新基金，发挥财政资金的杠杆作用，引导带动社会资本和金融资本为创新创业企业和项目提供股权和债权相结合的融资支持。

1. 设立内蒙古自治区科技风险投资基金

科技风险投资基金是指由政府出资，并吸引有关地方政府、金融、投资机构和社会资本，不以营利为目的，以股权或债权等方式投资于创业风险投资机构或新设创业风险投资基金，以支持创业企业发展的专项资金。成立于 2009 年规模仅为 2 亿元的《内蒙古自治区创业投资引导基金》，旨在发挥政府资金杠杆放大效应，扶持创业投资企业发展，引导社会资金进入创业投资领域，投向自治区重点发展的行业领域。但因其规模较小，扶持的创业投资企业不足以发挥财政资金的杠杆放大效应，未能实施科技与金融结合的新模式（山西省组建的创业投资引导基金规模为 10 亿元）。建议组建设立规模至少 10 亿元的内蒙古自治区科技风险投资基金，财政出资至少不低于 30%，各类保险公司、证券公司、担保公司、国有资本入股、规模以上的科技企业和有意愿的民营企业参股，并组建专业化团队管理的基金管理公司，推动发展投贷联动、投保联动、投债联动等金融期权新模式。引导和鼓励有条件的地方国有企业、政府投融资平台公司和创业投资企业设立以新兴产业或本地区重点发展的产业为核心的科技风险创业投资基金，推动本地区科技创新发展（建议在包头市先行先试）。

政府与社会资本共建科技风险投资基金的样板

贵州省科技厅和贵阳市共建的规模达 44 亿元的科技风险投资基金，已引

导和撬动金融、保险、投行、企业和社会资金107亿元，支持了300多家科技型中小企业成果转化、产业化和创新发展，年均放大政府科技投入使用效率资金近10倍。与国家开发银行贵州省分行、中国银行贵州省分行、贵州省保监局开展了合作，综合运用风险补偿、贷款贴息、专利质押贷款以及后补助等方式，合力支持科技型企业发展。

2. 设立内蒙古自治区大学生科技创新基金

国务院总理李克强在首届中国"互联网＋"大学生创新创业大赛总决赛中做出的重要批示中指出，"大学生是实施创新驱动发展战略和推进'大众创业、万众创新'的生力军，既要认真扎实学习、掌握更多知识，也要投身创新创业、提高实践能力"。在内蒙古自治区经济全面进入结构转型发展的新常态下，推动"大众创业、万众创新"是欠发达地区发展的必然选择。目前，内蒙古自治区区内大学生科技创新基金的设立多见于自治区几所高校内，如内蒙古科技大学设立的大学生科技创新基金，每年从单位事业经费中拨出20万元用于在校大学生从事科技创新活动，有效地激发了在校大学生从事科技创新活动的热情。

为鼓励大学生投身于"大众创业、万众创新"，政府需要做两件事，一是创造一个有利于大学生创业创新的环境，二是资金扶持和助推。目前，有效的途径是组建内蒙古自治区大学生科技创新基金，其基本路径为以自治区教育厅为组建发起人和基金管理人，政府出资总规模的30%，各高校出资70%（各高校出资额度不低于50万元，其中理工类院校出资比例要高于其他），共建全区大学生科技创新基金，初始规模设置在5000万元，同时出台《内蒙古大学生科技创新基金管理办法》（可建立母基金）。鼓励社会资本投资入股设立子基金或捐赠设立子基金（可以捐赠人名称命名），分享科技成果。

3. 扩大现有科技创新基金的规模

目前，以内蒙古自治区财政厅、科技厅和发改委为主设立的有关科技创新基金主要有《内蒙古科技型中小企业技术创新基金》《内蒙古自治区创业投资引导基金》《内蒙古自治区科技协同创新基金》《内蒙古自治区新兴产业创业投资引导基金》《内蒙古自治区高新技术产业风险投资基金》以及《内蒙古自治区科技重大专项资金》《内蒙古自治区科技创新引导奖励资金》等。其中，2015年设立的《内蒙古自治区新兴产业创业投资引导基金》规模最大，但仅为 5 亿元（同期组建的国家新兴产业创投引导基金的规模为 500 亿元、四川省组建的新兴产业创业投资引导基金规模为 50 亿元），显示出规模小、实力弱的特点，财政资金的杠杆作用不显著，难以满足全区科技创新产业的发展需求。建议重新归纳现有基金的使用情况，尤其是基金结余等问题，依据财政科技投入机制，在原有基金规模的基础上，再翻一番，以此激发金融资本（尤其是保险资金）、国有资本、风险投资资本和民营资本进入对应的基金中（或设立子基金）。

四、科技与金融结合创新机制实施的政策保障

（一）加快出台科技与金融结合的鼓励性政策

为了加快推动科技与金融的有效结合，2011 年，科技部、中国人民银行等 5 部门确定了中关村国家自主创新示范区、天津市、上海市、深圳市、江苏省等 16 个地区为首批促进科技和金融结合试点地区。2016 年 6 月，又确定于郑州市、厦门市、宁波市、济南市、南昌市、贵阳市、银川市、包头市和沈阳市 9 个城市开展第二批促进科技和金融结合试点。这期间，国务院以及全国各试点地区相继出台了 350 多项科技金融政策，成立了近百家创投基金，基金注册资本总额超过 130 亿元，其中有 12 个地区设立了科技金融专项资金，总量近 40 亿元（新浪财经）。

为贯彻落实科技部等有关部委制订的《促进科技和金融结合试点实施方案》和《关于促进科技和金融结合，加快实施自主创新战略的若干意见》，2011 年 12 月 9 日，内蒙古自治区科技厅发布了《关于将包头国家稀土高新技术开发区列入自治区科技和金融结合工作试点的决定》，启动了自治区促进科技和金融结合试点。如今，内蒙古自治区的包头市作为第二批国家级科技与金融结合的试点城市，尽管也出台相关的科技金融政策，但至今没有出台《包头市关于促进科技和金融结合试点实施方案》，自治区政府也没有出台《内蒙古关于促进科技和金融结合的实施方案》，只是在 2013 年出台了《推进内蒙古自治区科技与金融结合工作的若干意见》。为此，建议内蒙古自治区政府加快制定《内蒙古关于促进科技和金融结合的实施方案》（细则），并要求全区各地制定适用于本地区科技发展的科技与金融结合实施细则；加快制定《内蒙古科技投资专项投资基金实施细

则》《内蒙古科技信贷风险补贴专项资金管理办法》等以及《关于深化人才工作体制机制改革促进人才创新创业的实施意见》（参见上海市《人才新政20条》）等鼓励性科技投入政策；研究制定鼓励创新创业的普惠税制、探索开展投贷联动等金融服务模式创新、改革股权托管交易中心市场制度、简化外商投资管理等新政。

（二）加大科技金融政策的执行力

1. 加强科技与金融结合的组织领导，健全工作机制

建立自治区政府促进科技金融结合工作协调机制，明确目标任务，完善政策保障体系和监管机制，统筹各地、各有关部门资源，形成上下联动、协同推进的工作格局。自治区科技、金融部门要会同发展改革、经济和信息化、财政、工商、税务、人行、银保监、证监以及知识产权等部门，充分发挥各自优势，加快形成具有内蒙古自治区特色的科技和金融结合发展模式。以包头市作为国家级试点城市，采取先行先试，积极创新工作思路，切实发挥示范引领作用。

2. 完善科技项目评审和经费投入机制

探索建立财政科技计划经费与创业投资协同支持科技项目的机制，进一步降低科技型企业融资成本和创业投资机构经营风险。收集科技项目投融资需求信息，加强与创业投资、银行等机构联系沟通，建立产学研金合作信息共享机制。发挥自治区科技咨询专家库作用，增加金融、投资、财税类入库专家数量，鼓励其参与具有明确产业化目标的科技项目评审、咨询和验收工作，增进科技界和金融界的交流合作。

3. 建立评估监测机制，营造良好发展环境

开展科技金融理论和应用研究，建立完善统计指标体系，加强动态监测评估，编制发布科技金融发展规划和年度报告等。抓好促进科技和金融结合宣传工作，举办各类培训交流活动，促进有关扶持政策落实，总结推广先进经验，形成有利于创新创业的良好氛围。

（三）健全科技人才激励机制

人是最重要、最活跃的生产力要素，是推进科技进步的主体力量。当今国际间的科技竞争，归根结底是人才的竞争，核心是尖子人才的竞争。

1. 加快培养造就一批具有世界前沿水平的高级专家

要依托重大科研和建设项目、重点学科和科研基地以及国际学术交流与合作项目，加大学科带头人的培养力度，积极推进创新团队建设。注重发现和培养一批战略科学家、科技管理专家。对核心技术领域的高级专家要实行特殊政策。进一步破除科学研究中的论资排辈和急功近利现象，抓紧培养造就一批中青年高级专家。此外，加大吸引留学和海外高层次人才工作力度，通过加大对高层次留学人才回区的资助力度、加强留学人员创业基地建设和制定吸引优秀留学人才回内蒙古自治区工作服务计划，重点吸引高层次人才和紧缺人才。

2. 充分发挥教育在创新人才培养中的重要作用

加强科技创新与人才培养的有机结合，鼓励内蒙古自治区科研院所与高等院校合作培养研究型人才。支持研究生参与或承担科研项目，鼓励本科生投入科研工作，在创新实践中培养他们的探索兴趣和科学精神。内蒙古自治区高等院校要适应国家科技发展战略和市场对创新人才的需求，及时合理地设置一些交叉学科、新兴学科并调整专业结构。加强职业教育、继续教育与培训，培养适应经济社会发展需求的各类实用技术专业人才。要深化中小学教学内容和方法的改革，全面推进素质教育，提高科学文化素养。

3. 支持企业培养和吸引科技人才

鼓励和引导科研院所和高等院校的科技人员进入市场创新创业。允许内蒙古自治区高等院校和科研院所的科技人员到企业兼职进行技术开发。鼓励企业与高等院校和科研院所共同培养技术人才。多方式、多渠道地培养企业高层次工程技术人才。允许国有高新技术企业对技术骨干和管理骨干实施期权等激励政策，探索建立知识、技术、管理等要素参与分配的具体办法。支持企业吸引和招聘外籍科学家和工程师。

4. 加大资金投入，完善人才机制

充分利用好现有的科技、金融、贷款贴息等相关专项资金，重点支持包头市科技金融工作试点、建设科技金融公共服务平台，促进科技金融人才队伍建设。鼓励各地以及各高新技术产业开发区实际加大对科技和金融结合的投入力度。探索与发达国家及港澳台地区建立科技金融人才交流培养机制，加大科技金融人才培养和引进力度。鼓励高等院校建立科技金融教育、培训和研究基地，加强科技金融相关学科建设，提高科技金融人才培养水平。落实和完善扶持政策，进一步完善对科技金融人才激励机制（有关人才激励机制可学习上海模式）。

参考文献

［1］龙云安，李泽明．科技与金融结合机制突破的研究［J］.科学管理研究，2012（1）.

［2］徐玉莲．区域科技创新与科技金融协同发展模式与机制研究［D］.哈尔滨理工大学博士学位论文，2012.

［3］吴翌琳，谷彬．金融支持创新影响机制的三阶段递推CDM型研究［J］.财经问题研究，2012（12）.

［4］童藤．金融创新与科技创新的耦合研究［D］.武汉理工大学博士学位论文，2013.

［5］马红．科技与金融结合的研究［D］.西南财经大学博士学位论文，2013.

［6］郑萌．科技创新与金融创新耦合的机制与实证研究［D］.武汉理工大学硕士学位论文，2013.

［7］雷良海．财政科技支出：理论与实践［M］.北京：中国财政经济出版社，2013.

［8］崔兵．科技银行的"中国模式"——基于科技支行与科技小额贷款公司的比较［J］.上海金融，2013（1）.

［9］董丽杰．金融支持内蒙古科技创新：基于协同创新理论视角下的研究［D］.内蒙古大学硕士学位论文，2013.

［10］柏娟．我国科技与金融耦合研究综述与展望［J］.青岛科技大学学报（社会科学版），2014（3）.

［11］吴勇民，纪玉山，吕永刚．科技创新与金融结构的协同演化研究——来自美国的经验证据［J］．贵州财经大学学报，2014（4）．

［12］乌兰．我国西部地区财政科技投入：规模、结构及效率分析——以内蒙古为例［J］．中国行政管理，2014（4）．

［13］王环．环渤海经济圈科技创新与科技金融耦合研究［D］．中国海洋大学硕士学位论文，2014.

［14］胡国晖，郑萌．科技创新与金融创新耦合的机制与模式探讨［J］．武汉金融，2014（10）．

［15］袁永，陈丽佳．科技创新与金融发展的耦合机理及政策建议［J］．科技管理研究，2014（20）．

［16］张启智，金桩，严存宝．内蒙古自治区投资发展报告（2013）［M］．经济管理出版社，2014.

［17］李健，马亚．科技金融：理论进展与滨海金谷的构建［M］．中国金融出版社，2014.

［18］中国科技金融促进会．首届全国科技金融征文文集（2013）［M］．经济管理出版社，2014.

［19］张启智．科技创新与金融配给研究［M］．经济科学出版社，2015.

［20］储敏伟．上海科技金融发展报告（2014）［M］．中国财政经济出版社，2015.

［21］韩冰．科技金融的模式研究——以中关村科技园为例［D］．暨南大学硕士学位论文，2015.

［22］刘丽．内蒙古推动科技金融创新发展研究［D］．内蒙古大学硕士学位论文，2015.

［23］阙方平，曾繁华，王飞．中国科技金融创新与政策研究［M］．中国金融出版社，2015.

［24］王仁祥，杨曼．科技创新与金融创新耦合关系及其对经济效率的影响——来自35个国家的经验证据［J］．软科学，2015（1）．

［25］应婷婷．科技信贷在宁波的应用和发展［J］．新经济，2015（9）．

［26］张英杰．供给侧改革背景下商业银行科技信贷创新研究——基于浙江台州市的实证研究［J］．经济论坛，2017（1）．

［27］王亚．江苏省科技信贷现状分析和对策研究［J］．江苏科技信息，2017（12）．

［28］孙杰光，任春玲，王文昭．吉林省科技金融发展理论与实践研究［M］．中国财富出版社，2018．

后　记

作为 21 世纪经济增长的两艘巨轮,现代科技和现代金融缺一不可。只有金融资源和科技资源高效地有机组合,才能推动经济增长的高质量发展,才能实现经济发展方式的转变和新兴产业的培育,即推动供给侧结构性改革以及全面实施创新驱动战略才能成为现实。"十三五"时期,是我国全面推动供给侧结构性改革的重要时期,按照"创新、协调、绿色、开放、共享"五大发展理念,坚持以创新驱动发展为核心,以质量和效益为中心,通过科技创新推动新技术、新产业、新业态的发展,加快推动我国经济发展方式转变和社会生产力水平的整体跃升。

内蒙古地区科技投入与地区 GDP 匹配的严重失衡所导致的全区缺乏科技创新能力而难以在较短时间内改变经济发展方式的粗放型和资源过度依赖性的格局,严重制约了内蒙古新旧动能转换、产业结构的优化和升级、自主创新能力和核心竞争力的提升,也限制了现代装备制造业的稳步推进和科技人才的引进。因此,为了加快实施创新驱动发展战略,扎实推进以科技创新为核心的全面创新,内蒙古自治区必须加大科技投入的力度,加快形成科技与金融结合的有效机制,高效率地配置金融资源,破解长期制约内蒙古自治区科技投入短板的体制和社会因素,是本报告研究的主要内容。

本报告的研究为内蒙古自治区全面落实创新驱动发展战略、加快推进科技与金融的深度融合、加快实现产业结构的转型和升级遇到的金融资源配给问题提供了一些具有实际意义的政策意见和参考建议,尤其是在科技与金融结合的机制创新方面提出的建设性研究突破,具有理论上的创新和应用上的价值。但由于编写组成员在时间上和能力上的不足，本报告在研究和写作的过程中难免有不足之处，在此，敬请长期关注科技金融的各位专家对本报告研究中存在的不妥之处提出批评指正。

张启智

2019 年 7 月